KB049172

Identity and Violence

The Illusion of Destiny

정체성과 폭력

우리 시대의 이슈 **02**

정체성과 폭력 운명이라는 환영

원제 _ Identity and Violence: The Illusion of Destiny

초판 1쇄 발행 _ 2009년 11월 30일
개정판 1쇄 발행 _ 2020년 11월 1일

지은이 _ 아마르티아 센
옮긴이 _ 이상환 · 김지현

펴낸곳 _ 바이북스
펴낸이 _ 윤옥초

편집팀 _ 김태윤
디자인팀 _ 이민영

ISBN _ 979-11-5877-202-4 04080
978-89-92467-18-6 (세트)

등록 _ 2005. 7. 12 | 제 313-2005-000148호

서울시 영등포구 선유로49길 23 아이에스비즈타워2차 1005호
편집 02)333-0812 | **마케팅** 02)333-9918 | **팩스** 02)333-9960
이메일 postmaster@bybooks.co.kr | **홈페이지** www.bybooks.co.kr

책값은 뒤표지에 있습니다.

책으로 아름다운 세상을 만듭니다. — 바이북스

미래를 함께 꿈꿀 작가님의 참신한 아이디어나 원고를 기다립니다.
이메일로 접수한 원고는 검토 후 연락드리겠습니다.

Identity and Violence

The Illusion of Destiny

정체성과 폭력

— 운명이라는 환영 —

아마르티아 센 지음 — 이상환 · 김지현 옮김

Amartya Sen

'우리 시대의 이슈'를 펴내며

Issues of Our Time

우리 시대는 정보의 시대라 불린다. 정보가 지금처럼 풍부했던 적은 일찍이 없었다. 그러나 우리의 세계를 형성하고 새롭게 만들어 주는 것은 정보가 아니라 바로 '생각들'이다. '우리 시대의 이슈Issues of Our Time'는 오늘의 선도적인 사상가들이 새 밀레니엄에서 중요시되고 있는 '생각들'을 탐구하는 기획 총서다. 철학자 콰메 앤터니 애피아Kwame Anthony Appiah, 법률가이자 법학자인 앨런 더쇼위츠Alan Dershowitz, 노벨 경제학상을 수상한 경제학자 아마르티아 센Amartya Sen과 함께 시작하는 이 총서에는 모두 복잡함을 피하고 명료함을 추구하는 공통점을 가진 저자들이 참여한다. 진심을 가지고 적극적으로 임해 준 저자들 덕에 정말 매력적인 책들이 나오게 되었다. 각각의 책은 우리가 중요시하는 가치들뿐 아니라 가치들 사이의 갈등을 해결할 방법의 중요성도 인지하고 있다. 법률, 정의, 정체성, 도덕, 자유와 같은 개념들은 추상적이지만 동시에 우리와 매우 밀접한 것들이다. 우리가 이 개념들에 관해 이해하는 것은 우리가 누구이며 우리가 무엇이 되고 싶은지 정의하는 데 도움을 준다. 이 개념들을 어떻게 정의하느냐에 따라 우리도 정의될 것이다. 따라서 이 총서는 독자로 하여금 기존의 가정들을 재검토하고 지배적 경향에 맞서 싸울 수 있도록 도와줄 것이다. 여러분이 이 저자들의 편에서 생각하든 저자들과 논쟁하든 간에, 저자들은 여러분의 마음을 움직이기까지는 하지 못해도 여러분이 자신의 생각을 테스트해 볼 수 있는 기회는 분명히 마련해 줄 것이다. 이들에겐 각양각색의 시각과 독특한 목소리와 생동감 넘치는 이슈가 있기 때문이다.

총서 편집자 헨리 루이스 게이츠Henry Louis Gates, Jr.

_ 하버드대 인문학부 'W.E.B. 듀보이스' 교수

추천사

대가다운 산문, 박학에서 비롯된 편안함, 아이러니한 유머를 가진 센은 우리가 존재적 혼란을 이해하기 위해 의지할 수 있는 몇 안 되는 세계 지성의 한 사람이다.

1991년 노벨 문학상 수상 작가_ **네이딘 고디머**Nadine Gordimer

아마르티아 센은 우리 세대에게 평화를 획득하는 방법에 대한 참신하고 현대적인 전망을 제시한다.

2001년 노벨 경제학상 수상 경제학자_ **조지 애컬로프**George Akerlof

『정체성과 폭력』은 '문명의 충돌'과 같은 그릇된 이론들에 대해 훌륭하면서도 풍부하게 정련된 응답을 내놓는다. …… 센의 글은 이 이론들이 수많은 오류와 결함이 있음을 분명히 하고, 그 이론들이 실행으로 옮겨질 때의 위험에 대해서도 밝힌다. 센은 복잡한 사회를 일차원적으로 단순화하는 것이 우리 공공 정책과 사고방식을 좌우하게 되면, 우리 사회 내의 가장 극단적이고 가장 불관용적인 구성원들의 세력을 뜻하지 않게 강화시킬 수도 있음을 탁월하게 보여준다.

경제학자_ **제프리 색스**Jeffrey Sachs

아마르티아 센이야말로 정체성의 정치학과 그 위험을 논할 최적임자다. …… 『정체성과 폭력』은 나쁜 생각들이 끼치는 해악에 대한 감동적이고 강력한 에세이다.

《**이코노미스트**Economist》

센은 이제 아시아의 걸출한 자유 철학자다. …… 『정체성과 폭력』은 필수 불가결한 책이다.

말레이시아 전 총리_ **안와르 이브라힘** Anwar Ibrahim

『정체성과 폭력』은 세계를 더 나은 곳으로 만드는 데 필요한 긍정적인 공공 행위가 무엇일지 그 정체를 밝힌다.

헤지펀드 투자자_ **조지 소로스** George Soros

아마 센은 지난 30년의 세월에서 세계에서 가장 탁월하게 가난한 이들의 후생을 분석한 학자일 것이다. …… 그는 경제적 세계화를 짧고 재치 있으면서도 설득력 있게 논한다. …… 센은 특히 현 영국 정부가 사로잡혀 있는 교육적 어리석음에 대해서도 꿰뚫고 있다.

《뉴욕 리뷰 오브 북스New York Review of Books》_ **앨런 라이언** Alan Ryan

아마르티아 센은 우리 시대의 핵심 난제들을 탐험하는 데 독보적인 적임자다. 센이 인도 분할의 폭발적인 정체성의 폭력을 직접 목격한 1947년부터, 내가 보스니아와 르완다, 팔레스타인과 수단에서 목격한 정체성의 만행까지, 그리고 지금 극단주의 이슬람과 서구 사이의 전쟁에 이르기까지, 우리 세계는 그 해결책을 찾아내고자 절규하고 있다. 아마르티아 센은 일반적인 통념에 이의를 제기하고 그 통념에 사형 선고를 내림으로써 새로운 해답을 찾아낸다.

《시엔엔CNN》_ **크리스티안 아만푸르** Christiane Amanpour

아마르티아 센은 그와 같은 배경과 학식을 가진 학자만이 할 수 있는 방식으로 현대 정체성의 복잡성과 다차원성을 강조하면서, 공동체주의적 사고 및 문화론적 사고의 현 흐름에 대해 명석하고 설득력 있는 비판을 제공한다.

정치경제학자_ **프랜시스 후쿠야마** Francis Fukuyama

센은 민족적 정체성과 종교적 정체성, 또는 기타 정체성이 독보적인 정체성이라고 여기는 믿음을 가공의 믿음이라고 설득력 있게 특징짓고, 그 믿음하에 저지르는 폭력을 웅변적이고 눈부신 논증으로 고발한다.

『공통 가치Common Values』를 쓴 윤리학자_ **시셀라 보크** Sissela Bok

센은 결정적인 시기에 결정적인 통찰을 제시한다. 『정체성과 폭력』은 사람들이 스스로를 정의하는 것이 단순한 문제가 아님을 깨닫게 해주며, 그가 아니라면 단색의 정형화된 틀에 갇힐지도 모를 세계 여러 지역에 대해 훌륭한 이해를 보여준다. 그리고 이러한 미묘한 논의로부터 정체성과 폭력, 좀더 평화로운 세계로 가는 길에 대한 더욱 정밀한 방식의 논의가 나온다. 이 책이 현재의 전쟁과 평화 담론에는 선물이 될 것이며, 센은 개인적인 이야기들과 관찰력으로 지적 이론에 인간성이라는 생명력 있는 처방을 계속 내릴 것이다.

국제여성을위한여성Women for Women International 회장_ **자이나브 살비** Zainab Salbi

종교가 하나의 절대적인 정체성으로 지각되면 인간의 다른 모든 범주를 넘어서는 특권을 갖게 되며, 종교의 기치 아래에서는 국가들뿐 아니라 '문화'들까지도 (똑같이 획일적임에도 불구하고) 충돌해야 한다. 센은 경제학뿐 아니라 역사와 정치에 대한 세련된 이해를 토대로 그러한 특징들이 과거와 현재 모두에 대한 무지에 근거하고 있음을 합리적으로 보여준다.

《보스턴 글로브Boston Globe》_ **어맨다 헬러**Amanda Heller

하버드 대학에 근거를 둔 인도인 경제학자 아마르티아 센은 정체성과 폭력을 주제로 책 한 권 분량의 개인적이고 뛰어난 글을 생산해 냈다. 그는 강력한 정체성은 단 하나라거나 배타적이며 폭력에 의해 지켜져야 한다는 주장을 일소해 버린다.

옥스퍼드의 유럽학 교수_ **티머시 가턴 애시**Timothy Garton Ash

고상하게 쓰인 이 글은 강력하고 설득력 있으면서도 인도적이며 필수적인 글이다. …… 우리는 오사마 빈라덴이 세계를 무슬림 세계와 비무슬림 세계로 가르기 위해 우리를 타깃으로 고의로 놓은 덫에 걸려들지 말아야 한다.

역사학자_ **로버트 케이건**Robert Kagan

차례

일러두기

1 외국 인명·지명의 표기는 '외래어표기법'(1986년 문교부 고시) 및 그에 준해 국립국어원에서 제시한 용례에 근거해 표기했다.

2 본문의 괄호는 지은이가 영어판 원서에서 괄호 및 줄표를 사용해 삽입한 구절들을 반영한 것이며, 본문에서 큰따옴표와 작은따옴표로 강조된 것들은 각각 원서에서 큰따옴표와 이탤릭체로 강조된 것을 반영한 것이다.

3 지은이의 주는 원서와 같이 책 뒷부분의 미주로 실었고, 본문의 각주는 모두 옮긴이와 편집부가 작성한 것이다.

4 본문에서 종교 신자의 경우, '힌두교도', '불교도', '기독교도' 등으로 통일해 표기했다. 다만 이슬람교도는 원서대로 '무슬림'으로, 유대교도는 '유대인'으로 표기했음을 밝힌다.

안타라Antara와 난다나Nandana, 인드라니Indrani, 카비르Kabir에게,

환영에 덜 감금된 세계를 꿈꾸며.

프롤로그

몇 해 전 짧은 해외여행을 마치고 영국으로 돌아왔을 때였다(그때 나는 케임브리지 트리니티 칼리지의 학장이었다). 히스로Heathrow 공항의 출입국 관리소 직원은 내 인도 여권을 꽤 철저히 살피더니 다소 복잡한 철학적 질문을 던졌다. 입국 서류에 적힌 내 집 주소(케임브리지 트리니티 칼리지 학장 관사)를 보고는, 내가 학장의 가까운 친구인지 물었다. 물론 학장의 호의好意야 내가 분명히 즐기고 있는 것이지만, 그 질문에 나는 잠시 멈춰 설 수밖에 없었다. 내가 다름 아닌 내 자신의 친구라고 주장할 수 있는지는 그다지 분명치 않았기 때문이다. 잠시 생각해 본 다음, 나는 그렇다고 대답해야 한다는 결론을 내렸다. 왜냐하면 나는 보통 내 자신을 매우 우호적으로 대하고 있기 때문이며, 더구나 내가 바보 같은 말을 할 때도 나 같은 친구들과 함께라면 적을 만들 일이 없을 것임을 즉각 알 수 있기 때문이었다. 이 모든 것을 생각하느라 얼마간의 시간을 잡아먹자, 출입국 관리소 직원은 내가 정확히 왜 머뭇거리는지, 특히 영국에서 내가 어떤 불법을 저질렀는지 알고 싶어 했다.

그런데, 그런 실무적인 문제는 결국 해결되었지만, 그 대화는 때에 따라서 정체성identity이란 게 꽤 복잡한 문제일 수 있다는 사실을 상기시켜 주었다. 물론, 우리는 어떤 대상이 그 자체와 동일하다는 것을 납득하기에는 큰 어려움이 없다. 위대한 철학자 비트겐슈타인Ludwig Wittgenstein, 1889~1951은 어떤 것이 그 자체와 동일하다는 것을 말하는 것만큼 "쓸모없는 명제에 대한 뛰어난 예시는 없다"[가]라고 어디에선가 지적했다. 하지만 그는 계속해서 그 명제가 완전히 무용하다 하더라도 그럼에도 그 명제는 "상상력의 어떤 활동과 연결되어" 있다고 논증했다.

'자기 자신과 동일한 것'의 개념으로부터 하나의 특정 집단에 속하는 '타인들과 정체성을 공유하는 것'의 개념(사회적 정체성 social identity 개념이 흔히 취하는 형태)으로 우리의 주의를 돌릴 때 복잡함이 더욱 가중된다. 실로, 오늘날 정치적, 사회적 쟁점들은 서로 다른 집단을 포함하는 이질적 정체성들의 충돌이 초점이 되는 경우가 많다. 왜냐하면 정체성 관념은 매우 상이한 방식으로 우리의 사고와 행위에 영향을 미치기 때문이다.

요 몇 해 사이에 일어난 폭압적 사건과 잔학무도한 행위 들은

|가| 비트겐슈타인의 『논리 철학 논고Logisch-Philosophische Abhandlung』1921에 의하면, 'A는 A다'와 같은 동어 반복 명제는 그 자체로 항상 참인 필연 명제이고 세계와 무관하게 진릿값을 갖는다. 하지만 동어 반복 명제는 무언가를 말하고 있기는 해도 이 명제가 세계에 대해 말해 주는 것은 사실 아무것도 없다. 이런 명제는 논리적인 형식을 '보여주는 것'이다. 예를 들어, "내일은 비가 오거나 비가 오지 않을 것이다"라는 명제는 언제나 참인 명제이지만, 이 명제가 전달하는 사실은 아무것도 없다. 일상에서 이런 명제를 말할 때, 우리는 '무의미'하거나 '쓸모없다'고 할 것이다.

무시무시한 갈등은 물론, 끔찍한 혼란의 시기가 도래함을 예고하는 것이었다. 세계적 대결의 정치는 세계적 차원의 종교 분쟁이나 문화적 불일치로 인해 필연적으로 발생하는 것으로 보이는 경우가 많다. 실제로, 세계는 명시적이지는 않더라도 점차 종교나 문명의 연합체로 보이고 있으며, 그에 따라 사람들이 자기 자신을 이해하는 데 종교나 문명 외의 다른 모든 방식은 무시되고 있다. 이러한 생각의 바탕에는 전 세계 사람들을 '단일하고 지배적인singular and overarching' 분할 체계에 따라 독보적인 방식으로 분류할 수 있다는 이상한 가정이 숨어 있다. 전 세계 사람을 문명이나 종교에 따라 분할하는 것은 인간을 정확히 한 집단의 일원으로만 간주하는, 인간 정체성에 대한 "고립주의적solitarist" 접근을 낳는 것이다(이 경우에 이 집단은 문명이나 종교에 의해 정의되며, 국적이나 계급에 의지하던 이전과는 대비된다).

고립주의적 접근은 세계의 거의 모든 사람을 오해하기 딱 좋은 방식일 수 있다. 일상생활에서 우리는 자신을 다양한 집단의 구성원으로 생각하며, 우리는 그 모든 집단에 속한다. 똑같은 사람이 어떠한 모순도 없이 미국 시민이자 카리브해 태생으로, 아프리카인을 조상으로 두면서 기독교도일 수도 있고, 동시에 자유주의자, 여성, 채식주의자, 장거리 달리기 선수, 역사가, 교사, 소설가, 페미니스트일 수 있으며, 이성애자이자 게이와 레즈비언의 권리 신봉자일 수도 있고, 영화 애호가이자 환경 운동가이며 테니스 팬이자 재즈 음악가일 수도 있고, (되도록이면 영어로) 긴급하게 대화해야 하는 지적 존재가 외계에 있다고 굳건히 믿는 어느 누군가일 수 있는 것이다. 한 사람이 동시에 속해 있는 이들 각 집합체는 그 사람에게 특정한 정체성들을 부여한다. 그중 어느 것도 그 사람의 유일한 정체성이나 단일의 성원권membership 범주라고 간주될 수 없다. 불가피하게 다원적인 정체성이 주어진 상황에서, 우리는 우리가 맺고 있는 다양한 교제 관계와 소속 관계 중 어떤 특정 맥락에서는 어느 것이 상대적으로 더 중요한지 결정해야 한다.

그러므로 이러한 선택choice과 이성적 추론reasoning의 부담을 지는 것이 인간의 삶을 잘 영위하기 위한 핵심이 되는 것이다. 이와 대조적으로, 우리가 이른바 독보적인 정체성(대개는 호전적이다)을 갖게 되는 것이 불가피하다는 의식이 길러지면 폭력은 더욱 조장된다. 이는 분명 우리에게 (때로는 가장 불쾌한 종류의) 광범위한 압력을 가한다. 이른바 독보적 정체성을 강요하는 것은 흔히 분파적 대결을 조장하는 "격투기"의 결정적 요소다.

그러한 폭력을 중단시키려는 선의에서 수많은 시도가 있지만, 불행히도 우리에게 정체성에 대한 선택권이 없다고 느끼게 되면 그러한 시도들이 곤란을 겪게 된다. 이는 폭력을 저지하는 우리 능력을 심각하게 훼손할 수 있다. 상이한 사람들 사이에서 좋은 관계가 이루어질 가능성을 (사람들이 서로 관계 맺는 다양한 방식은 무시한 채) 다른 무엇보다 "문명 간의 친선 관계"나 "종교 간의 대화" 또는 "상이한 공동체 간의 우호 관계"에 의거해 전망한다면, 그것은 평화를 위한 프로그램을 고안하기도 전에 인간 존재를 심각하게 축소시키는 결과를 가져올 것이다.

세계의 가지각색의 차이가 단 하나의 지배적 분류 체계라고 주장된 것에 의해 단일화될 때, 즉 종교로, 또는 공동체로, 문화로, 국가로, 문명 등으로(이들 각각을 전쟁과 평화 같은 특정한 접근 맥락에서 독보적으로 강력한 것으로 취급하면서) 단일화될 때, 우리가 공유하는 인간성은 맹렬한 도전을 받게 된다. 독보적인 방식으로 분할되는 세계는 우리가 사는 세계를 형성하는 다원적이고 다양한 범주의 세상보다 훨씬 분열적이다. 그것은 "우리 인간은 모두 동일하다"라는 오래된 믿음에도 반하는 것이며(이 명제는 오늘날 너무 비현실적이라고 조롱받고 있다. 물론 그런 조롱이 전혀 근거가 없는 것은 아니다), 또한 우리는 '저마다 다르다'라는 이해에도 반하는 것이다(이러한 이해는 충분히 논의되지는 못했음에도 훨씬 더 타당해 보인다). 우리 시대의 화합에 대한 바람은 인간 정체성의 다원적 성격을 더욱 명료하게 이해하는 데 상당 부분 달려 있다. 넘나들 수 없는 단 하나의 확고한 분리 선으로 첨예하게 갈라지는 것에 저항해 서로를 가로지르면서 작용할 수 있는 것은 바로 이러한 다원성임을 인식해야 한다.

참으로, 우리 주변에서 볼 수 있는 혼란과 만행은 비열한 의도에서 생겨난 것만이 아니라 개념적 혼선에서 비롯된 것들도 있다. 특히 어떤 단일의 정체성(과 그 의미라고 주장된 것들)이 숙명적인 것이라는 운명론적 환영the illusion of destiny이 작위commissions뿐 아니라 부작위omissions[가]를 통해서도 전 세계에 걸쳐 폭력을 길러낸다. 따라서 우리는 다른 개별적 소속 관계를 무수히 맺고 있으며 매우 다양한 방식으로 서로 상호 작용할 수 있다는 사실을 분명히 인식해야 한다(선동하는 세력이나 그들의 반대 세력이 우리에게 하는 말에 흔들리지 않고서 말이다). 우리에게는 우리 자신의 우선순위를 결정할 능력이 있는 것이다.

우리가 맺는 소속 관계들의 다원성을 무시하고 선택과 이성적 추론의 필요성을 거부하는 것은 우리가 살아가고 있는 세계를 어둡게 만든다. 이는 매슈 아널드Matthew Arnold, 1822~1888가 「도버 해변Dover Beach」에서 묘사했던 끔찍한 전망의 방향으로 우리를 밀어붙인다.

> 그리고 우리는 공격과 퇴각의 혼란스러운 공포에 휩쓸린,
> 밤에는 무지한 군인들이 충돌하는
> 어두운 벌판과도 같은 여기에 있다.[나]

우리는 이보다는 더 잘할 수 있다.

|가| '작위'와 '부작위'에 대해서는 224쪽을 참조.

|나| 1851년경에 쓰인 것으로 추정되는 이 시는 빅토리아 시대 초의 시대적 혼란과 암울함을 표현하고 있다. '무지한'은 '적군과 아군을 구별 못 함'을 뜻한다.

머리말

오스카 와일드Oscar Wilde, 1854~1900는 "사람들은 대부분 타인이다"라는 불가사의한 말을 했다. 이것은 와일드가 남긴 여느 터무니없는 수수께끼의 하나로 들릴지도 모르나, 이 말의 경우에는 와일드가 다음과 같이 상당히 설득력 있게 자신의 견해를 옹호한 바 있다. "사람들의 생각은 다른 누군가의 의견이고, 사람들의 삶은 모방이며, 사람들의 열정은 인용이다." 실제로 우리는 자신이 동일시하는 사람들에게서 놀라울 정도로 영향을 받는다. 최근 코소보, 보스니아, 르완다, 티모르, 이스라엘, 팔레스타인, 수단 등 세계 각지의 분쟁 지역에서 목격했듯이 분파주의적 증오가 적극적으로 조장되면 들불처럼 번져 나갈 수 있다. 적당히 선동되고 조장된 한 집단에서 자신의 정체성을 찾는 것이 다른 이들을 잔인하게 폭행하는 강력한 무기가 될 수 있는 것이다.

실로, 세계의 무수한 갈등과 만행은 선택이 불가능한 독보적인 정체성이라는 환영을 통해 유지된다. 증오심을 구축하는 기술은 다른 관계들을 압도하는 정체성, 이른바 지배적인 정체성의 마력에 호소하는 형식을 취하며, 또한 편리하게도 호전적인 형태이기 때문에 우리에게 일반적으로 있는 인간적인 동정심이나 선천적인 친절함을 무기력하게 만들 수 있다. 그 결과는 투박한 초보적 폭력일 수도 있고 전 세계적인 교활한 폭력과 테러리즘일 수도 있다.

실제로, 현대 사회에서 일어나고 있는 잠재적 갈등은 사람들을 종교나 문화에 따라 독보적으로 범주화할 수 있다는 추정에서 주로 비롯된다. 단일한 분류에 지배적 힘이 있다고 암묵적으로 믿는 것은 세계를 철저하게 일촉즉발의 상태로 만들 수 있다. 유례없이 편을 가르는 이 견해는 모든 인간은 동등하다는 오래된 믿음에도 반할 뿐 아니라 우리 모두는 저마다 다르다는 (충분히 논의되지는 못했지만 훨씬 더 타당해 보이는) 이해에도 반한다. 세계는 종교들(이나 "문명들" 또는 "문화들")의 집합으로 자주 간주되며, 계급, 젠더, 직업, 언어, 과학, 도덕, 정치 등 인간이 가지고 있는 다른 정체성들과 가치는 무시된다. 이렇게 독보적인 방식으로 편을 가르는 것은 실제 우리의 세계를 형성하는 다원적이고 다양한 분류 체계보다 훨씬 더 대결적이다. 환원주의라는 고급 이론이 의도치 않게 폭력이라는 하위 정치에 주요한 기여를 할 수 있는 것이다.

또한 그러한 폭력을 극복하고자 하는 세계적 시도가 이와 비슷한 개념적 혼선에 빠져 곤경에 처하게 되는 일이 자주 있다. 즉 독보적인 정체성을 (명시적으로든 암묵적으로든) 수용함으로써 분명한 저항 수단들이 선수를 빼앗기게 되는 것이다. 그 결과, 종교에 기초한 폭력은 시민 사회의 강화를 통해 해결되기보다는(물론 그런 과정이야 당연히 있어야겠지만) 결국 "온건한" 교파의 다양한 종교 지도자들이 나섬으로써 저지될지도 모른다. 그 종교 지도자들에게는 아마도 해당 종교의 요구들을 적절히 재정의함으로써 종교 내 논쟁에서 극단주의자들을 물리치는 임무가 주어질 것이다. 사람들 사이의 관계가 단일한 집단성에 기초한 용어, 즉 문명 간이나 종교적 민족성religious ethnicities 간의 "친선"이나 "대화"로만 이해되고 그 사람들이 또한 속해 있는 다른 집단들(예컨대, 경제, 사회, 정치 공동체나 다른 문화 공동체)에는 주의를 기울이지 않는다면, 인간의 삶에서 매우 중요한 것이 완전히 상실되고 개인들은 작은 상자들 속에 끼이게 될 것이다.

인간의 축소화가 가져오는 끔찍한 영향을 검토하는 것이 바로 이 책의 주제다. 그 영향은 경제적 세계화와 정치적 다문화주의, 역사적 탈식민주의, 사회적 민족성, 종교 근본주의, 세계적 테러리즘과 같이 기존에 확립된 주제들을 재검토하고 재평가할 것을 요구한다. 현대 사회에서 평화의 전망은 우리가 다원적인 소속 관계를 맺고 있음을 인정하고 하나의 넓은 세계의 일반적인 거주자로서 이성적 추론을 사용하는 데 있는 것이지 조그만 컨테이너에 엄격하게 감금되어 있는 피수용자로 만드는 데 있는 것이 아니다. 우선순위를 결정할 때 우리가 누릴 수 있는 자유의 중요성을 명석히 이해하는 것이 무엇보다도 필요하다. 그리고 그런 이해와 관련해서, (각 나라 내에서든 국제적으로든) 합리적 공중의 목소리가 맡는 역할과 그 효능에 대해 적절히 인식하는 것이 필요하다.

이 책은 내가 2001년 11월에서 2002년 4월까지 보스턴 대학에서 정체성을 주제로 행한 여섯 차례의 강연에서 시작되었다. 파디 센터Pardee Center 데이비드 프롬킨David Fromkin 교수의 진심 어린 초빙에 화답하기 위해 맡은 강의였다. 파디 센터는 미래 연구에 주력하는데, 그때 진행된 연속 강연의 제목도 "정체성의 미래The Future of Identity"였다. 그러나 나는 엘리엇T. S. Eliot, 1888~1965의 도움을 약간 받아, "현재의 시간과 과거의 시간은/어쩌면 모두 미래의 시간 속에 존재한다"라고 확신할 수 있었다. 완성될 즈음이 되자, 이 책은 장래의 상황을 예측하는 시대 진단뿐 아니라 역사적, 시대적 상황에서 정체성이 하는 역할에 대해 훨씬 많은 관심을 기울인 글이 되었다.

사실 이미 보스턴 강연 2년 전인 1998년 11월에, 나는 옥스퍼드 대학에서 "정체성 이전에 이성을Reason before Identity"이라는 제목으로 정체성 선택에 있어 이성적 추론의 역할에 대해 공개 강연을 한 적이 있었다. 정기적으로 열리는 "로마니스 강연Romanes Lecture"(1892년 윌리엄 글래드스턴William Gladstone이 처음으로 시작했으며, 1999년에는 토니 블레어Tony Blair도 강연한 바 있다)의 일환이었다. 이 강연 일정이 철저히 형식적으로 편성되어 있어서 강연의 마지막 문장을 내뱉자마자 강의실을 빠져나오는 촌극을 빚기는 했지만(청중이 질문을 시작하기도 전에, 대학 당국자들의 손에 이끌려 가장 행렬 속으로 들어가야 했다), 강연 내용을 토대로 만든 작은 책자 덕분에 나중에 유익한 논평들을 받을 수 있었다. 이 책을 저술하는 과정에서 이 로마니스 강연을 이용했으며 옛 논문의 도움도 받았고 또한 그때의 논평에서 얻은 통찰도 활용했음을 밝힌다.

실제로, (정체성과 이어지는) 관련 주제들을 가지고 몇몇 다른 공개 강연도 했는데 거기서 받은 논평과 제안 들에서도 큰 도움을 얻었다. 여기에 해당하는 강연들로는 2000년 영국 학사원British Academy 연례 강연, 피에르 부르디외Pierre Bourdieu, 1930~2002가 사회를 본 콜레주 드 프랑스Collège de France 특별 강연, 도쿄의 이시자카Ishizaka 강연, 세인트폴 성당 공개 강연, 방콕 바지라부드 칼리지의 프야 쁘리차누삿Phya Prichanusat 기념 강연, 인도 뭄바이와 델리의 도라브 타타 강연Dorab Tata Lectures, 트리니다드 토바고 중앙은행 에릭 윌리엄스Eric Williams 강연, 옥스팜OXFAM의 길버트 머리Gilbert Murray 강연, 버클리 캘리포니아 대학의 히치콕Hitchcock 강연, 미국철학협회American Philosophical Society의 펜로즈Penrose 강연, 2005년 영국 박물관의 B.P. 강연 등이 있다. 또한 지난 몇 년간 세계 여러 지역에서 행한 발표들과 거기서 벌어진 토론도 도움이 되었다. 특히, 하버드 대학 외에도 애머스트 칼리지, 홍콩 중화中華 대학, 뉴욕의 컬럼비아 대학, 다카 대학, 도쿄의 히토쓰바시一橋 대학, 이스탄불의 코치Koç 대학, 마운트 홀리오크Mount Holyoke 칼리지, 뉴욕 대학, 파비아Pavia 대학, 프랑스 그르노블Grenoble의 피에르망데스프랑스Pierre-Mendès-France 대학, 남아프리카 공화국 그레이엄즈타운Grahamstown의 로즈Rhodes 대학, 교토의 리쓰메이칸立命館 대학, 타라고나Tarragona의 로비라 비르힐리Rovira i Virgili 대학, 샌

타클라라 대학, 클레어몬트의 스크립스Scripps 칼리지, 세인트폴 대학, 리스본 기술 대학, 도쿄 대학, 토론토 대학, 샌타크루즈 캘리포니아 대학, 빌러노바Villanova 대학 등에서는 활발한 토론이 있었다. 이들 대학에서 이루어진 토론은 관련 문제들을 더 잘 이해하는 데 큰 도움이 되었다.

유용한 논평과 제안을 해준 다음 분들에게 감사드린다. 비나 아가르왈Bina Agarwal, 조지 애컬로프George Akerlof, 서비나 얼카이어Sabina Alkire, 수디르 아난드Sudhir Anand, 앤터니 애피아Anthony Appiah, 호미 바바Homi Bhabha, 아킬 빌그라미Akeel Bilgrami, 수가타 보스Sugata Bose, 링컨 첸Lincoln Chen, 마사 첸Martha Chen, 메그나드 데사이Meghnad Desai, 안타라 데브 센Antara Dev Sen, 헨리 파인더Henry Finder, 데이비드 프롬킨, 사키코 후쿠다파Sakiko Fukuda-Parr, 프랜시스 후쿠야마Francis Fukuyama, 헨리 루이스 게이츠Henry Louis Gates, Jr., 로나크 자한Rounaq Jahan, 아스마 자한기르Asma Jahangir, 데바키 자인Devaki Jain, 아예샤 잘랄Ayesha Jalal, 아나니아 카비르Ananya Kabir, 프라티크 칸질랄Pratik Kanjilal, 수닐 킬나니Sunil Khilnani, 앨런 커먼Alan Kirman, 곤도 세이이치近藤誠一, 세바스티아노 마페토네Sebastiano Maffettone, 주그누 모신Jugnu Mohsin, 마사 너스봄Martha Nussbaum, 오에 겐자부로大江健三郎, 시디크 오스마니Siddiq Osmani, 로버트 퍼트넘Robert Putnam, 모자파르 키질바슈Mozaffar Qizilbash, 리처드 파커Richard Parker, 쿠마르 라나Kumar Rana, 잉리트 로베인스Ingrid Robeyns, 에마 로스차일드Emma Rothschild, 캐럴 러베인Carol Rovane, 자이나브 살비Zainab Salbi, 마이클 샌들Michael Sandel, 인드라니 센Indrani Sen, 나잠 세티Najam Sethi, 레만

소반Rehman Sobhan, 앨프리드 스테펀Alfred Stepan, 스즈무라 고타로鈴村興太郎, 미리암 테슐Miriam Teschl, 샤시 타루르Shashi Tharoor, 리언 비절티어Leon Wieseltier, 그리고 마하트마 간디Mahatma Gāndhī. 내가 마하트마 간디의 정체성 사상을 이해하게 된 것은 그의 손자로, 작가이자 이제는 인도 서벵골주 주지사인 고팔 간디Gopal Gandhi와의 토론에 크게 힘입었다.

또한 노턴Norton 출판사의 편집자인 로버트 와일Robert Weil과 로비 해링턴Roby Harrington이 중요한 제안을 많이 해줘 큰 도움이 되었다. 그리고 린 네스빗Lynn Nesbit과의 토론도 유익했다. 에이미 로빈스Amy Robbins는 투박한 원고를 깔끔한 문장으로 정리하는 데 탁월한 기량을 보여주었고, 톰 메이어Tom Mayer는 모든 일정을 훌륭하게 조정해 주었다.

내가 교수로 재직하고 있는 하버드 대학의 면학 분위기도 도움이 되었지만, 여름 방학 동안 케임브리지 대학 트리니티 칼리지에서 제공해 준 편의에 대해서도 특히 감사한다. 케임브리지 킹스 칼리지의 역사·경제학 연구소는 내가 효과적으로 연구할 수 있는 기반을 조성해 주었다. 그리고 무수한 연구 문제들을 탐구하고 해결하도록 도와준 잉가 훌드 마르칸Inga Huld Markan에게 정말 고마움을 전하고 싶다. 관련 주제들에 대한 중추적 역할을 한 아나니아 카비르도 큰 도움이 되었다. 연구를 잘 수행하도록 도와준 조교 데이비드 메리클David Mericle과 로지 본Rosie Vaughan에게도 감사한다. 연구비를 공동으로 지원해 준 포드 재단, 록펠러 재단, 멜론 재단에도 감사한다.

마지막으로, 세계문명포럼World Civilization Forum에 참석한 전 세계 참가자와, 그들과 함께 벌인 폭넓고 유익한 토론에 대해서도 감사를 표한다. 세계문명포럼은 2005년 도쿄에서 일본 정부가 개최했으며, 거기서 나는 의장직을 맡은 바 있다. 또한 2004년 피에로 바세티Piero Bassetti 주최로 토리노에서 열린 '세계화와 지방화Glocus et Locus' 학술회의, 글로벌 민주주의global democracy라는 주제로 2005년 7월 그리스 크레타 섬의 헤라클리온Heraklion에서 개최된, 게오르기오스 파판드레우Georgios Papandreou 주최의 시미 심포지엄Symi Symposium에서도 도움을 받았다.

전 세계적 폭력 문제에 대해 지금과 같은 공개적인 관심과 참여가 있게 된 것은 끔찍한 비극과 불온한 사건 들에서 비롯된 결과이긴 하지만, 이러한 문제가 광범위한 주목을 받고 있다는 것 자체는 좋은 일이다. (정부 및 그 동맹국의 군사적 주도권이나 전략적 활동과 구별되는) 지구적 시민 사회가 제대로 작동하기 위해서는 우리 자신의 목소리를 내야 한다고 가능한 한 강력히 주장하고자 하는 내게는 이러한 상호 작용과 대화가 큰 격려가 된다. 이러한 상호 작용이 나로 하여금 낙관적인 전망을 하게 만들지만, 우리가 직면한 도전에 어떻게 대처하느냐에 따라 많은 것이 달라질 것이라고 생각한다.

2005년 10월 매사추세츠주 케임브리지에서

아마르티아 센

Chapter 1 환영에 의한 폭력

The Violence of Illusion

아프리카계 미국인 작가 랭스턴 휴스Langston Hughes, 1902~1967는 뉴욕을 떠나 아프리카로 향할 때 자신을 사로잡았던 흥분을 자서전 『대양The Big Sea』1940에서 묘사한 적이 있다. 그는 자신의 미국 책들을 바다에 집어 던지며 이렇게 말했다. "그것은 내 심장에서 무수한 벽돌 덩이들을 꺼내 던지는 것 같았다." 휴스가 향하고 있는 곳은 "니그로인들의 모국, 아프리카!"였다. 그는 곧 "단순히 책으로만 읽는 것이 아닌, 만지고 볼 수 있는 진짜의 것"을 경험할 터였다.[1] 정체성을 인식하는 것은 단지 긍지와 기쁨만이 아니라 용기와 자신감의 원천일 수도 있다. 정체성 개념이 이웃을 사랑하자는 대중적인 고취에서부터 사회 자본과 공동체주의적 자아 규정이라는 고차원적 이론에 이르기까지 폭넓은 찬사를 받는다는 것은 놀라운 일이 아니다.

하지만 정체성은 또한 사람을 죽일 수도 있다. 그것도 닥치는 대로 죽일 수 있다. 한 집단에 대한 강한, 그리고 배타적인 소속

감은 다른 집단과의 거리감과 분리됨의 느낌을 주는 경우가 많다. 집단 내의 연대성은 다른 집단과의 불화를 부채질할 수 있다. 자신은 단순히 르완다인이 아니라 특별히 후투Hutu족이거나("우리는 투치Tutsi족을 증오한다")[가], 또는 단순히 유고슬라비아인이 아니라 사실은 세르비아인이라는("우리는 절대 무슬림을 좋아하지 않는다")[나] 생각을 갑자기 갖게 될지 모른다. 분리의 정치와 연결되어 있던 1940년대 힌두·무슬림 폭동에 대한 내 자신의 어린 시절 기억에, 1월에는 관대했던 사람들이 7월에는 무자비한 힌두교도와 흉포한 무슬림으로 갑자기 바뀐 것이 떠오른다. 대량 학살의 지도자에 이끌려 "자기 사람들"을 위해 다른 사람들을 살해하는 사람들의 손에 수십만 명의 사람들이 죽어갔다. 폭력은 어수룩한 사람들에게 단일하고 호전적인 정체성을 부여함으로써 조장되고, 능숙한 테러 전문가들에 의해 자행된다.

우리가 이웃이나 같은 공동체 구성원, 또는 동료 시민이나 같은 종교 신도 등등 타인과의 관계를 규정할 때 정체성 의식은 그 관계의 세기와 온기에 중요한 역할을 할 수 있다. 특정 정체성에 초점을 맞춤으로써 우리는 연대감을 풍부하게 하고 서로를 위해 많은 일을 할 수 있으며 자기중심적인 생활을 뛰어넘을 수 있게

[가] 후투족과 투치족은 아프리카 르완다와 부룬디에 걸쳐 거주하는 종족이다. 14~15세기경 투치족이 이 지역에 이주하면서 후투족을 복속시키고 그들에게 종속 관계를 요구했다. 르완다에서는 1950년대 말까지는 투치족이 지배했으나 1959~1961년 후투족이 대부분의 투치족을 몰아내고 정권을 장악했다. 1965년 부룬디에서는 후투족이 쿠데타를 일으켰으나 실패하여 투치족의 군사 정권에 예속되었다. 1990년 이후 르완다의 다수 부족인 후투족과 소수 부족인 투치족 간에 전쟁이 발발하면서 르완다 내전을 겪게 되었다. 내전 기간 동안 학살 등으로 인한 사망자는 약 50만 명, 학살에 대한 보복이 두려워 국외로 피한 난민은 후투족을 중심으로 100만 명을 넘었다.

된다. 로버트 퍼트넘Robert Putnam, 1941~ 등이 열성적으로 연구한 "사회 자본social capital"에 대한 최근 문헌을 살펴봐도, 동일한 사회 공동체에서 다른 사람과 정체성을 공유하는 것이 모두의 삶을 얼마나 더 좋게 만들 수 있는지는 충분히 분명하게 드러난다. 한 공동체에 대한 소속감은 그래서 자본과 같은 자원으로 파악되는 것이다.[2] 이러한 이해는 중요하다. 그러나 정체성 의식이 타인을 따뜻하게 포용하는 것과 마찬가지로, 그만큼 많은 사람을 단호히 배제할 수도 있다는 추가적인 인식이 보완되어야 한다. 주민들이 직접적인 대면 관계와 연대를 통해 서로에 대해 매우 훌륭한 일을 행하는 잘 통합된 공동체가, 그 지역으로 들어온 이주자들의 창문에는 벽돌을 던지는 바로 그 공동체일 수 있다. 배제라는 불행은 포용이라는 선물과 직접적으로 맞닿아 있을 수 있다.

정체성 갈등과 결합해 조장된 폭력은 세계 곳곳에서 점점 거센 저항을 일으키며 반복되는 것처럼 보인다.[3] 르완다나 콩고 민주공화국에서 힘의 균형이 뒤바뀐다고 하더라도, 한 집단이 다른 집단을 공격하는 것은 줄기차게 계속될 것이다. 수단의 호전적인 이슬람 정체성이 인종 분리에 따른 착취와 결합되자, 끔찍한 군사 체제하에서 억눌려 살던 수단 남부의 희생자들에 대한 강간과 학살

|나| 1990년대 초중반 발칸 반도에서 일어난 구 유고슬라비아 연방 내 전쟁은 세르비아계와 타민족 간의 불화가 그 핵심에 자리 잡고 있다. 그중에서 보스니아 내전1991~1995은 희생자 규모 면에서 다른 내전과 비교되지 않을 정도여서 '인종 청소'로 불리기까지 한다. 보스니아 내전에서는 43퍼센트의 이슬람계, 17퍼센트의 크로아티아계가 32퍼센트의 세르비아계와 충돌해 사망자가 27만 명, 난민이 230만 명 발생했다.
세르비아 내 자치주였던 코소보는 주민의 90퍼센트가 알바니아계(무슬림)로 1998~1999년에 코소보 내전을 치렀다. 알바니아계 주민이 분리 독립을 주장하며 해방군을 조직하자 세르비아 보안군이 무차별 학살에 나섰고 이에 북대서양조약기구NATO가 세르비아를 공습해 세르비아로부터 평화 협정을 받아냈다. 코소보는 2008년 독립을 선언해 2009년 8월 현재 우리나라를 비롯한 63개국에서 승인을 받은 상태다.

로 이어졌다. 이스라엘과 팔레스타인은 서로에 대해 증오에 찬 보복을 가할 준비가 되어 있는 양분된 정체성의 분노를 지속적으로 경험하고 있다. 알카에다Al-Qaeda는 특히 서구인들에 대한 적대감을 표출하는 무장 이슬람 정체성을 조장하고 활용하는 측면이 강하다.

그리고 아부그라이브Abu Ghraib 등지로부터 다음과 같은 보고가 계속 들어오고 있다. 자유와 민주주의라는 대의를 위해 파견된 일부 미국이나 영국 병사들의 활동에는 전적으로 비인간적인 방식으로 죄수들의 "저항력을 약화"시키는 것도 포함되어 있었다는 것이다.[가] 적의 전투원으로 의심받는 이들, 범죄자로 추정되는 이들의 삶에 대해 무제약적으로 행사하는 권력은 이미 굳어진 대립적 정체성을 가로질러 죄수와 간수로 날카롭게 양분시킨다("그들은 우리와는 별개의 종種이다"). 그것은 분리의 반대편에 자리한 사람들에게는 덜 대립적인 다른 특징들도 있다는 것을 전혀 고려하지 않는 것처럼 보인다. 무엇보다, 인간이라고 하는 공유된 성원권membership 말이다.

경쟁하는 소속 관계의 인식 Recognition of Competing Affiliations

정체성에 기초한 사고가 이처럼 쉽게 야만적으로 조작될 수 있다면, 그 해결책은 어디에서 구할 수 있을까? 일반적으로 정체성에 대한 호소를 억압하거나 질식시키는 것만으로는 해결책을 찾아내기 힘들 수 있다. 한 가지 얘기를 하자면, 정체성이 폭력과 테러의 원천이기도 하지만 풍부함과 따뜻함의 원천일 수도 있으므로 정체성을 단순히 일반적인 악처럼 다루는 것은 이치에 별로 맞지 않을 것이기 때문이다. 이보다는, 호전적인 정체성이 일으키는 폭력은 그 정체성과 '경쟁하는' 다른 정체성들이 만들어내는 힘으로 저지할 수 있다는 이해를 끌어들여야 한다. 그런 경쟁적인 정체성들에는 우리 모두가 공유하는 인간성이라는 폭넓은 공통성은 물론이거니와 모든 사람이 동시에 가지고 있는 다른 수많은 정체성들도 포함된다. 이는 사람들을 분류하는 다른 방식으로 이어질 것이며, 그런 방식은 하나의 특정한 범주화를 특별히 공세적으로 이용하는 것을 제지할 수 있다.

키갈리Kigali[나] 출신의 한 후투족 노동자는 자신을 후투족으로서만 바라보도록 압력을 받고 투치족을 살해하도록 선동될지도 모른다. 하지만 그는 후투족일 뿐 아니라 키갈리 시민이자 르완다인이고 아프리카인이며 노동자이자 한 인간이다. 우리 정체성이 다원적 성격과 다양한 함의를 지닌다는 것을 인식함과 더불어, 불가피하게 다양한 정체성들의 타당성과 적절성을 판단하는 데 있어 '선택'의 역할을 파악하는 것이 결정적으로 필요하다.

이는 간단명료해 보이지만, 지성계의 여러 훌륭한 학자들, 실

[가] 바그다드 서쪽 32킬로미터 지점에 위치한 아부그라이브 교도소는 사담 후세인Saddam Hussein, 1937~2006 정권 시절 반대파를 고문·처형하던 정치범 수용소로 악명 높았다. 이라크 전쟁 뒤에는 미군이 이라크인들을 잡아들여 수감하는 시설로 이용했는데, 2004년 미군에 의해 수감자들에 대한 잔혹한 고문과 성적 학대가 이루어진 사실이 알려져 국제적인 파장을 낳았다. 2006년 이라크로 반환되어 현재는 '바그다드 중앙 교도소'로 운영된다.

[나] 르완다의 수도.

로 높이 평가받을 만한 학자들조차 그러한 환영幻影에 지지를 보내고 있음을 인식해야 한다. 이들의 지지는 선의에서 나온 것이지만 재앙을 일으킬 수 있다. 여기에는 여러 학자들이 포함되어 있으나, 그중에서도 공동체의 정체성을 마치 인간의 의지가 개입할 필요도 없이(그들이 애호하는 개념을 사용해 표현하자면, 그저 "인식"만 하면 된다) 미리 당연히 결정된 것인 양, 비할 데 없는 최고의 가치라고 간주하는 헌신적인 공동체주의자들이 있다. 또한 전 세계 사람을 서로 동떨어진 문명의 작은 상자들 속에 각각 넣어 분류해 버리는 완고한 문화 이론가들도 있다.

일상생활에서 우리는 우리 자신을 다양한 집단의 구성원으로 이해한다. 우리는 그 모든 집단에 속해 있다. 시민권, 주거 소재, 출신 지역, 젠더, 계급, 정치관, 직업, 고용 형태, 식습관, 스포츠 취미, 음악 취향, 사회 참여social commitments[가] 등등은 우리를 다양한 집단의 구성원이 되도록 만든다. 우리 각자가 동시에 소속되어 있는 이들 각각의 집합체는 우리에게 특정한 정체성을 부여한다. 이들 중 어느 것도 우리의 유일한 정체성이라거나 단일한 성원권 범주라고 간주될 수 없다.

[가] 지은이는 신고전학파 경제학에서 자기 이익과 효용을 추구하지 않는 인간의 선택은 비합리적이라고 규정한 것을 비판하면서, 인간은 사적 이득이 없더라도 타자와의 관계나 사회적 가치를 고려해 행동하기도 한다고 주장했다. 지은이는 이렇게 사회에 대한 참여, 헌신, 책임 수행 등을 의미하는 용어로 'social commitment'를 사용했다. 우리나라에서는 이러한 특유의 의미를 담기 위해 이 용어를 따로 번역하지 않고 '사회적 커미트먼트'라고 그대로 표기하는 경우도 많다.

공동체주의 사상가들 중에는 지배적인 공동체적 정체성은 오직 스스로 깨닫게 되는 문제이지 선택의 문제가 아니라고 주장하는 이들이 많다. 하지만 한 사람이 자신이 소속해 있는 다양한 집단 각각에 어떤 상대적 중요성을 부여할 것인지 결정하면서 정말로 어떠한 선택도 하지 않는다는 것은 믿기 어렵다. 그리고 마치 정체성이 (낮인지 밤인지를 결정할 때처럼) 순수한 자연 현상인 것인 양, 자신의 정체성을 "발견"해야 한다는 것도 믿기 어렵다. 사실, 우리 모두는 (물론 은연중에 그렇게 하는 것이지만) 우리의 다양한 소속 관계와 교제 관계 들 중에서 어떤 것에 우선순위를 두어야 할지 끊임없이 판단하고 선택하고 있다. 우리가 속해 있는 상이한 집단들 중 어디에 우선순위를 부여하고 충실해야 할지 결정할 자유는 우리가 인지하고 존중하고 옹호할 이유가 있는 각별히 중요한 자유다.

물론 선택이 존재한다는 사실 자체가 선택을 제약하는 속박이 전혀 없음을 가리키지는 않는다. 실제로 선택은 언제나 실행 가능한 것의 한계 내에서 이루어진다. 정체성의 경우 실행 가능성은 우리에게 열려 있는 다른 가능성들을 규정하는 개인의 성격과 환경에 따라 달라진다. 그렇지만 이는 주목할 만한 사실은 '아니다'. 어느 분야에서 어떤 선택을 하든 매번 겪어야 하는 방식일 뿐이다. 실로, 어떤 영역에서든 모든 종류의 선택은 항상 특정한 한계 내에서 이루어진다는 것은 가장 기본적이고 보편적인 사실이다. 예를 들어, 시장에서 어떤 물건을 살지 결정할 때, 우리가 쓸 수 있는 돈에는 한계가 있다는 사실은 결코 무시할 수 없다. 경제학자들이 늘상 말하듯, "예산상의 제약"은 항상 존재한다. 모든 구매자가 선택을 해야 한다는 사실은 예산상의 제약이 전혀 없다는 것이 아니라 단지 선택이란 모든 사람이 고려하는 예산의 한계 '내에서' 이루어질 수밖에 없다는 것을 가리킨다.

경제학 원론에서도 참인 것은 복잡한 정치적, 사회적 결정에서도 참이다. 한 사람이 자의든 타의든 불가피하게 프랑스인이나 유대인, 브라질인, 아프리카계 미국인, 또는 (특히 오늘날 혼란의 맥락에서) 아랍인이나 무슬림으로 간주될 때에도, 바로 그 정체성에 대해 자신이 동시에 속해 있는 다른 범주들의 타당성을 넘어서는, 정확히 어느 정도의 중요성을 부여해야 하는지는 여전히 결정해야 하는 것이다.

타인을 설득하기 Convincing Others

그렇지만 우리가 우리 자신을 어떤 방식으로 바라보기를 원하는지 분명히 알고 있는 때라도, 바로 그러한 방식대로 우리를 바라보도록 '타인들'을 설득하는 데에서는 여전히 어려움을 겪을 수 있다. 아파르트헤이트apartheid[가] 체제하의 남아프리카 공화국에서 백인이 아닌 사람은 자신의 인종적 특징과 관계없이 인간으로서 정당하게 대우받아야 한다는 주장을 할 수 없었다. 그의 지위는 국가와 그 사회의 지배 계층이 미리 정해 준 범주에 따라 전형적으로 분류되었을 것이다. 우리의 개인 정체성을 주장할 자유는 때때로 다른 사람의 시선 속으로 터무니없이 제한될 수 있다. 우리가 스스로를 어떻게 바라보느냐에 상관없이 말이다.

실제로, 가끔 우리는 다른 사람들이 우리의 정체성을 어떻게 규정하고 있는지 충분히 깨닫지 못할 수 있으며, 그 규정은 우리 자신의 이해와 다를 수 있다. 이탈리아에 전해 오는 오래된 이야기 하나는 흥미로운 교훈을 준다. 파시스트 정치에 대한 지지가 이탈리아 전역에 급속히 확산되던 1920년대, 한 파시스트당Partito Nazionale Fascista (PNF) 당원 모집자가 시골의 한 사회주의자와 논쟁하면서 그더러 파시스트당에 입당해야 한다고 주장하는 이야기다. 잠재적 당원인 사회주의자가 이렇게 물었다. "내가 어떻게 당신네 정당에 가입하겠소? 우리 아버지도 사회주의자고, 할아버지도 사회주의자였는데. 난 정말 파시스트당에 들어갈 수 없단 말이오." 이에 파시스트 당원 모집자는 당연히 "무슨 말이 그러오?"라고 반문했다. 그러고는 그 시골 사회주의자에게 이렇게 되물었다. "당신이라면 어떻게 했겠소? 만일 당신 아버지가 살인자이고 할아버지 또한 살인자였다면? 그랬다면 당신은 어떻게 했겠소?" 사회주의자는 이렇게 대답했다. "그랬다면 물론 나는 파시스트당

|가| 남아프리카 연방 시절인 1948년부터 본격적으로 시행되어 1994년까지 유지된 남아프리카 공화국의 인종차별·격리 정책. 네덜란드 동인도 회사 시절에 시작된 차별이 점차 확대되다 1948년 네덜란드계 백인이 주축인 국민당이 단독 정부를 수립하면서 제도적으로 강화된 것이다. 유색 인종이 80퍼센트가 넘는 남아공에서 백인의 특권 유지를 위해, 유색 인종의 참정권 부정, 인종 간 혼인 금지, 유색 인종을 종족별로 격리해 명목상 독립국 지위를 부여하는 '반투 홈랜드' 정책 등이 시행되었다.

에 입당했을 거요."

이것은 아마도 매우 합당하고 심지어 친절하기까지 한 원인 귀속attribution[가]의 사례일 것이다. 하지만 이러한 귀속ascription은 모욕을 수반하는 경우가 많으며, 이는 모욕당한 사람에 대한 폭력을 유발하는 데 사용된다. 「반유대주의 초상Portrait de l'antisémite」 1945에서 장폴 사르트르Jean-Paul Sartre, 1905~1980는 이렇게 주장했다. "유대인은 다른 사람이 그를 유대인으로 바라보기 때문에 유대인이다. …… 유대인을 '만들어내는' 것은 반유대주의자들이다."[4] 원인 귀속이 이루어졌을 경우 두 가지 왜곡을 구체화할 수 있는데, 이 둘은 서로 구별되면서도 연관되어 있다. 즉 타깃이 된 범주에 속하는 사람들을 잘못 기술하는 문제와, 그런 잘못된 특징이 타깃이 된 사람의 정체성을 나타내는 유일하게 적절한 특성이라고 주장하는 문제다. 개인은 외부로부터 정체성이 부과되는 것에 반대해 자신에게 어떤 특정한 특징들을 귀속시키는 데 저항할 수도 있고, 자신에게는 그 외 다른 정체성들도 있음을 지적할 수도 있다. 셰익스피어William Shakespeare, 1564~1616의 재기 발랄하고 수다스럽게 떠드는 이야기[나]에서 샤일록이 다음과 같이 말하려고 했던 것처럼 말이다. "유대인은 눈도 없나? 손도 없고, 오장육부도, 사지四肢도, 감각도, 감정도, 희로애락도 없단 말인가? 유대인도 같은 음식을 먹고, 같은 칼에 찔리면 상처가 나고, 같은 병에 걸리고, 같은 약으로 치료하면 나을 수 있으며, 겨울에는 춥고 여

|가| 사람들이 어떤 사건을 인식할 때 그 사건의 원인이라고 돌리는 것.

|나| 셰익스피어가 1596년경 쓴 5막짜리 희극 〈베니스의 상인The Merchant of Venice〉.

름에는 더운 것을 똑같이 느낀다고. 기독교도가 그런 것처럼!"[5]

그렇게 신분을 강등시키는 귀속degrading attributions에 대한 저항의 한 부분으로서, 인간은 모두 공통성commonality을 지닌다는 주장이 다양한 시대에 다양한 문화에서 제기되어 왔다. 약 2천 년 전에 완성된 인도 고대의 대서사시 『마하바라타Mahābhārata』에는 논변가인 바라드바자Bharadvaja가 등장하는데, 그는 "우리는 모두 욕망, 분노, 공포, 슬픔, 근심, 기아, 노동 등으로 고통을 겪고 있는 것처럼 보입니다. 그런데 어떻게 우리에게 카스트의 차이가 있다고 하겠습니까?"라고 질문함으로써 카스트 제도를 옹호하는 브리구Bhrigu(카스트 제도를 확립한 중심인물)에 응수한다.

신분 강등degradation의 토대에는 정체성을 잘못 기술記述하는 것은 물론, 다른 사람들이 그 개인의 신분이 하락한 원인으로 귀속시키는 단일 정체성이라는 환영 또한 포함된다. 영국의 배우 피터 셀러스Peter Sellers, 1925~1980는 한 유명 인터뷰에서 "원래는 내가 존재했었지만 나는 그것을 외과적으로 제거했다"라고 말한 적이 있다. 나를 제거했다는 것은 충분히 도발적이지만, 우리를 우리 자신이 생각하는 우리의 모습과 다르게 만들기로 결정한 타인들에 의해 "진정한 나"라는 것이 외과적으로 이식되는 것 또한 마찬가지로 급진적이다. 귀속이 조작되면 박해와 매장의 토양을 제공할 수 있다.

게다가, 특정한 환경에서는 우리에게 (귀속된 정체성을 묘사하면서 생기는 왜곡과 더불어) 모욕을 줄 목적으로 배치된 정체성 말고도 다른 정체성들도 있다는 사실을 타인들에게 납득시키는 일이 어렵다고 하더라도, 이것을 다른 환경에서마저 그러한 다른 정체성들을 무시해도 되는 핑계로 삼기에는 부족하다. 예를 들어, 이는 1930년대 독일에 거주하던 유대인들이 아니라 오늘날 이스라엘에 거주하는 유대인들에게 적용되는 것이다. 1930년대의 야만성이 유대인에게서 그들의 유대인다움이 아닌 다른 어떤 정체성에 호소할 수 있는 자유와 능력을 영원히 제거한 것이라면 그것은 장기적으로 나치즘이 승리한 것으로 봐야 할 것이다.

마찬가지로, 단일 정체성으로 귀속되는 것에 저항하고자 할 때도, 또 유혈 전투에서 표적이 된 희생자들을 위협할 보병을 모집하는 일에 저항하고자 할 때도 이성적 선택의 역할은 강조될 필요가 있다. 인지된 자기 정체성을 바꾸려는 운동은, 오랜 친구를 새로운 적으로 삼고 가증스러운 분리주의자를 돌연 강력한 정치 지도자로 떠받드는 등 세계의 수많은 잔학 행위들에 대해 책임이 있다. 정체성에 기반한 사고에서 이성적 추론과 선택의 역할을 인식해야 하는 필요성은 그래서 엄중하고 극히 중요하다.

선택과 책임의 부정 Denial of Choice and Responsibility

선택이 존재하기는 하지만 실제로 선택할 수 없는 상황이라고 한다면, 그 상황을 거부할 수 있는지의 여부와는 상관없이, 이성적 추론을 사용하기보다 아마도 순응주의적 행위를 무비판적으로 수용하게 될 것이다. 전형적으로, 그러한 순응주의는 보수주의적인 함의를 가지는 경향이 있으며, 지성적으로 따지기보다는 오랜 관습과 관행을 보호하는 방향으로 작동할 것이다. 실제로, 성차별주의 사회에서 여성을 불평등하게 대우하는 것(심지어 여성에 대한 폭력)이나 다른 인종에 대한 차별과 같은 전통적 불평등은 기존의 믿음들을 문제 삼지 않고 수용함으로써 존속하게 된다(이런 믿음에는 전통적 약자들의 비굴한 역할도 포함된다). 과거 관행과 가정된 정체성 들은 그에 의문을 던지고 꼼꼼히 따져봄으로써 붕괴되는 경우도 많았다. 전통은 한 나라 내에서, 한 문화 내에서도 바뀔 수 있는 것이다. 영국에서 존 스튜어트 밀John Stuart Mill, 1806~1873의 『여성의 종속The Subjection of Women』1869[가]을 그의 괴팍함을 보여주는 결정적 증거라고 간주한 독자들이 많았다는 사실은 상기해 볼 만하다. 그런데 실은, 이 주제에 대한 대중의 관심은 너무나 미미한 것이어서 그 책을 출간한 출판사는 밀의 책 중 유일하게 돈을 날렸다.[6]

그렇지만 어떤 사회적 정체성을 무비판적으로 수용한다고 해서 반드시 전통을 고집하는 것으로 볼 수는 없을 것이다. 그러한 수용은 이성적 선택을 거치지 않은 채 이른바 "발견"한 것이라고 우길 수 있는 정체성의 급진적 재구성과 관계있을 수도 있다. 이것이 폭력을 조장하는 과정에서 끔찍한 역할을 수행할 수 있다. 앞서 언급한 1940년대 인도 힌두·무슬림 폭동의 괴로운 기억을 더

|가| 『여성의 종속』은 밀과 그의 부인 해리엇 테일러Harriet Taylor Mill, 1807~1858가 함께 쓴 책이다. 여성을 남성에 종속된 존재로 여기던 당대에 여성에게도 남성과 동등한 권리가 주어져야 한다고 주장하면서 여성의 참정권 도입을 요구하는 등 여성 운동의 이론적 토대를 마련했다. 밀 부부는 진정한 양성평등은 여성뿐 아니라 남성에도, 사회 전체에도 도움이 된다고 하는 공리주의적 시각으로 접근했다.

듣어보면, 당시 나는 거대한 정체성 이동이 분열의 정치로 이어지는 것을 (당황한 어린아이의 눈으로) 보았다. 그 수많은 사람들이 인도인으로서, 아대륙亞大陸[가]인으로서, 아시아인으로서, 그리고 인류의 구성원으로서 가지고 있는 정체성들은 힌두교나 이슬람교, 시크교 공동체라는 종파주의적 동일화sectarian identification에 급격히 자리를 내주는 것처럼 보였다. 그 직후 이어졌던 대량 학살은 초보적인 집단 동조 행동herd behavior[나]의 성격이 매우 강했다. 즉 사람들로 하여금 새로이 탐지된 호전적 정체성을 비판적 검증의 과정 없이 "발견"하도록 만들었던 것이다. 똑같은 사람들인데 다들 갑자기 달라졌다.

문명의 감금 Civilizational Incarceration

상상된 단일성imagined singularity이 사용된 주목할 만한 사례로는, 많은 논의가 이루어진 "문명 충돌론the clash of civilizations"의 지적 배경이 된 기본 분류 아이디어를 들 수 있다. 문명 충돌론은 최근에, 특히 새뮤얼 헌팅턴Samuel Huntington, 1927~2008의 영향력 있는 책 『문명의 충돌The Clash of Civilizations and the Remaking of World Order』1996의 출판 이후 더욱 지지를 받았다.[7] 이러한 접근법은 (문명의 충돌이

|가| 대륙보다는 작지만 섬보다는 큰 땅덩이. 인도, 그린란드 등이 대표적이다.
|나| 개인들이 주변 집단의 대세를 따라 행동을 취해 결과적으로 집단이 비슷한 행동을 취하게 되는 현상을 말한다. 경제학에서는 '쏠림 현상'이라고 번역하기도 한다.

합당하든 그렇지 않든) 충돌이라는 쟁점이 제기되기 이전에 그 단일한 범주에서부터 난점이 존재한다. 실로, 문명의 '충돌'이라는 논제는 이른바 문명권이라는 것에 의거해 분류한 단일 '범주'의 지배적 힘에 개념적으로 의존하고 있다. 그런데 이 범주는 공교롭게도 (별도의 관심이 가는 구분인) 종교적 구분을 충실히 따르는 것처럼 보인다. 헌팅턴은 서구 문명을 "이슬람 문명", "힌두 문명", "불교 문명" 등과 대조하고 있다. 종교적 차이에 의한 대립이 있다는 주장은 하나의 지배적이고 확고한 편 가르기라는 날카롭게 가공된 시각으로 통합되는 것이다.

물론, 세계의 사람들을 분류할 수 있는 다른 분할 체계는 많이 있다. 국적, 지역, 계급, 직업, 사회적 지위, 언어, 정치 등, 그 각각은 우리 삶에 어떤 관련성을, 보통은 광범위한 관련성을 갖고 있다. 종교적 범주가 최근 많은 조명을 받고 있기는 해도 다른 구별들을 없애지는 못할 것이며, 또한 전 세계 사람들을 분류하는 유일한 체계로 간주될 수 없을 것이다. 세계 인구를 "이슬람권", "서구권", "힌두권", "불교권" 등에 소속된 것으로 분할할 때, 이러한 분류적 우선순위가 발휘하는 분열의 힘은 사람들을 엄격히 분리된 단 하나의 상자 세트 속으로 밀어 넣는 데 암암리에 사용될 것이다. 이 같은 분할법은 사람들 사이의 차이를 파악하는 근본적인 분류 방식이라고 주장되어 다른 분할 방식, 가령 가난한 사람과 부유한 사람의 구별, 다른 계층 및 직업 사이의 구별, 정치적 신념이 상이한 사람들 사이의 구별, 국적이 다른 이들의 구별, 사는 지역이 다른 이들의 구별, 언어 집단 간의 구별 등을 모두 가려버린다.

문명 충돌론이 안고 있는 난점은 불가피한 충돌에 대한 논쟁이 벌어지기도 전에 시작된다. 그러한 단일의 분류 방식이 독보적으로 적절하다는 가정을 미리 하는 것이다. 실제로, "문명은 충돌하는가?"라는 질문은 인류를 서로 구별되는 변별적인 문명들로 뚜렷이 분류할 수 있으며, '상이한 인간들 사이'의 관계를 심도 있는 이해 과정 없이 '상이한 문명들 사이의' 관계 면에서 파악할 수 있다는 가정에 근거해 있다. 이 명제의 기본적인 결함은 문명이 '충돌'해야 하는지의 여부를 묻는 시점보다 훨씬 이전에 위치하는 것이다.

이러한 환원주의적 견해는 유감스럽게도 다음과 같은 다소 불확실한 역사관과 전형적으로 결합되어 있다. 우선, 문명의 범주 내에 있는 '내적' 다양성의 정도를 간과하고 있으며, 다음으로 이른바 문명이라고 하는 지리적 경계를 가로지르는, 물질적이면서도 지적이기도 한 '상호 작용'의 범위와 영향마저 간과하고 있다(이 점은 3장에서 더 논의하겠다). 그리고 우리를 당혹스럽게 하는 그러한 역사관에는 (서구 우월주의자들에서 이슬람 근본주의자들에 이르기까지) 문명 충돌론을 지지하고자 하는 다양한 사람들뿐 아니라, 그것을 '논박'하고자 하지만 참조할 용어들이 미리 지정되어 버려 용어들의 구속복에 갇힌 채 대응하려고 애쓰는 사람들까지도 곤경에 빠뜨릴 만한 힘이 있다.

문명에 기초한 이러한 사고의 한계는 문명 충돌 이론의 기대에 어긋나는 것과 마찬가지로 (오늘날 널리 추구되고 있는 듯한) "문명

간의 대화" 프로그램의 기대에도 어긋나는 것으로 판명될 수 있다. 사람들 사이의 우호 관계를 문명 간의 우호 관계로 파악하는 이 숭고하고 고상한 탐구는 인간 존재의 다차원성을 일차원으로 급속히 환원시켜 버림으로써 예술, 문학, 과학, 수학, 놀이, 무역, 정치, 그리고 인간 공통 관심사의 다른 영역 등, 국경을 넘나드는 상호 작용에 수 세기에 걸쳐 풍부하고 다양한 토대를 제공해 온 관계의 다양성을 억압한다. 전 세계적 평화를 달성하려는 선의의 시도가 인간 세계에 대한 근본적으로 환영적인 이해에 근거해 있다면 엄청난 역효과를 낳을 수 있다.

종교 연합체를 넘어서 More than a Federation of Religions

세계의 사람들을 종교에 기초해 분류하는 방식에 점점 의지하는 것은 또한 전 세계적 테러리즘과 분쟁에 대한 서구의 대응을 유난히 서툴게 만들 수 있다. "다른 사람들"에 대한 존중은, 전 지구적으로 상호 작용하는 세계에서 다른 사람들의 (종교적 영역과 마찬가지로 비종교적 영역에서도) 다방면의 관계와 성과에 주목하는 것으로 이루어지는 게 아니라, 그 사람들의 종교 경전을 찬양하는 것으로 이루어진다. 오늘날 서구의 정책이 글로벌 정치학의 혼란스러운 어휘 속에서 "이슬람 테러리즘"이라 불리는 것에 맞설 때, 그 지적 영향력이 실질적으로 겨냥하고 있는 것은 이슬람교를 정의, 또는 재정의하는 것이다.

그렇지만 거대한 종교적 분류에만 집중하는 것은 사람들이 가진 다른 중요한 관심과 생각 들을 놓치게 할 뿐만 아니라 종교적 권위의 목소리를 전반적으로 키우는 효과를 낳는다. 예를 들어, 그렇게 될 경우 무슬림 성직자들은 이른바 이슬람권에서 대변인의 직권을 가진 것으로 대접받게 된다. 우연히 무슬림이 된 수많은 사람들이 특정 물라mullah[가]의 말과 다른 물라들의 말에 심각한 차이가 있음을 느끼더라도 말이다. 우리들 내의 '다양한 차이'에도 불구하고, 세계는 갑자기 사람들의 집합체가 아니라 종교와 문명의 연합체로 간주된다. 최근 영국에서는 다민족 사회가 수행해야 할 과제라며 제시한 터무니없는 견해 하나로 인해, 국가의 지원을 받는 기존의 기독교 학교와 균형을 맞추기 위해 국가 재정이 지원되는 무슬림 학교, 힌두교 학교, 시크교 학교 등의 발전을 장려하는 상황에 이르렀다. 어린아이들은 자신의 주의를 끌기 위해 경쟁할 수 있는 상이한 귀속 체계들에 대해 이성적으로 사고할 능력을 갖추기도 전에, 단 하나의 소속 관계 영역 속으로 강하게 떠밀리고 있다. 일찍이, 북아일랜드에서는 어린 시절에 이미 가톨릭과 개신교로 양분된 범주 중 어느 한쪽에 할당되며, 더불어 국가가 운영하는 종교 학교의 교육이 두 종교 간의 거리가 더욱 벌어지도록 하는 동력을 공급하고 있다. "발견된" 정체성에 대한 동일한 숙명론이 이제 영국의 다른 지역 사람들 사이에 훨씬 더 큰 소외감을 퍼뜨리도록 허용되고 있고 사실상 장

[가] 이슬람 율법학자의 존칭.

려되고 있다.

종교 또는 문명에 따른 분류법은 당연히 호전적인 왜곡의 원천이 될 수도 있다. 예를 들어, 그것은 조잡한 신앙의 형태를 취할 수도 있다. 무슬림에 대항한 자신의 전투를 묘사하며, 비평을 무력하게 하는 천박한 발언을 큰소리로 외쳤던, 그래서 지금은 꽤 잘 알려진 미 육군 중장 윌리엄 보이킨William G. Boykin의 경우가 이를 예증하고 있다. "나는 나의 신이 그들의 신보다 더 위대하다는 것을 알았으며", 기독교의 신이 "진정한 신이며 〔무슬림의 신은〕 우상이라는 것을 알았다".[8] 물론 이런 편협한 신앙의 어리석음 정도는 쉽게 분별해 낼 수 있으며, 이런 이유 때문에 무無유도 미사일을 투박하게 투하할 때처럼 비교적 제한적인 위험이 있을 뿐이다. 이와 대조적으로, 무슬림 행동주의자들을 반대편에서 떼어놓기 위해 서구의 공공 정책에서 지적知的 "유도 미사일"을 사용하는 것이 훨씬 더 심각한 문제다. 즉 이슬람을 적절히 정의하는 외관상의 자비로운 전략을 써서 표면적으로는 더 고상한 비전을 제시하는 것이다. 이슬람교는 평화의 종교이고 "진정한 무슬림"이라면 관용적인 사람이어야 한다고("그러니까 그런 짓은 그만두고 평화주의자가 돼라") 주장함으로써 이슬람 테러리스트에게서 폭력을 제거하고자 한다. 이슬람교의 대결적 태도를 거부하는 것은 이 시점에서 확실히 적절하며 극히 중요하다. 하지만 우리는 또한 광의의 정치적 언어로 "진정한 무슬림"이란 무엇인지 정의하려고 드는 것이 정말 필요한지, 아니면 그런 정의가 유용한지, 심지어 가능하기나 한지 질문해 봐야 한다.[9]

종교는 누구에게든 모든 것을 포괄하거나 모든 것을 배제하는 정체성을 요구하지 않는다. 특히 종교로서의 이슬람교는 삶의 수많은 영역에서 무슬림의 책임 있는 선택을 망각하지 않는다. 실제로, 이단에 대해서도 어떤 무슬림은 대결적 태도를 취하고 어떤 무슬림은 철저히 관용적 자세를 취하는 것이 가능하다. 어느 누구도 순전히 이단이라는 이유 하나만으로 무슬림으로서의 지위를 잃지는 않는다.

이슬람 근본주의에 대한 반응, 그리고 이슬람 근본주의와 연결된 테러리즘에 대한 반응 또한 이슬람의 역사와 무슬림의 역사를 식별하는 데 전반적으로 실패할 때 특히 혼란스러워진다. 무슬림들도 전 세계의 다른 모든 사람처럼 다양한 일과 취미가 있으며, 우선순위와 가치의 측면에서 그 전부를 이슬람이라는 단일의 정체성 내로 한정할 필요도 없다(4장에서 이 문제를 좀더 깊이 논의할 것이다). 물론, 이슬람 근본주의 옹호자들이 이슬람교도로서의 정체성만을 오직 선호하므로 무슬림의 다른 정체성들을 억압하고 싶어 하리라는 것은 그리 놀라운 일이 아니다. 그러나 이슬람 근본주의와 연결된 긴장과 갈등을 극복하고자 하는 사람들마저도 무슬림을 이슬람교도로서가 아닌 다른 어떤 방식으로는 바라볼 수 없는 것처럼 보이는 것은 극도로 이상한 일이다. 이 문제는 우연히 무슬림이 된 다양한 사람들의 다차원적 본성을 이해하기보다는 오히려 이슬람을 재정의하려는 시도와 결부되어 있다.

사람들은 매우 다양한 방식으로 자기 자신을 바라본다(그리고 그렇게 바라볼 근거도 가지고 있다). 예를 들어, 방글라데시 무슬림들은 단순히 무슬림이기만 한 것이 아니라 그들의 계급, 젠더, 직업, 정치, 미의식 등등과 관련되어 있는 다른 정체성은 말할 것도 없고, 벵골의 언어와 문학, 음악에 전형적으로 자부심을 느끼는 벵골인이자 방글라데시인이다. 방글라데시가 파키스탄과 분리된 것은 종교 때문이 전혀 아니었다. 왜냐하면 파키스탄이 동서로 분리되기 전 이미 양 지역에 거주하는 파키스탄인 대부분이 무슬림 정체성을 공유하고 있었기 때문이다. 분리의 핵심 쟁점은 언어와 문학, 정치와 관련되어 있었다.

마찬가지로, 무슬림의 과거를, 또는 아랍의 유산을 옹호하는 사람들이 왜 과학이나 수학이 아니라 종교적 믿음에 특히 집중해야 하는지에 대해서도 경험적 근거가 전혀 없다. 아랍과 무슬림 사회는 과학과 수학에 큰 공헌을 해왔으므로 과학과 수학 또한 무슬림이나 아랍 정체성의 일부분을 차지할 수 있는데도 말이다. 이러한 유산의 중요성에도 불구하고, 조악한 분류법들에서는 과학과 수학을 "서구 과학"의 바구니에 담아버리고 다른 사람들은 종교적 심원함 속에서야 자부심을 찾도록 방치했다. 오늘날 불만에 가득 찬 아랍 행동주의자가 아랍 역사가 여러 영역에서 이뤄놓은 풍부성은 놓치고 이슬람의 순수성만을 긍지로 삼는다면, 종교를 독보적으로 우선시하는 것이(이는 양쪽 투사들 모두가 공유하는 것이다) 사람들을 단일 정체성 안에 감금해 버리는 데 주요한 역할을 하는 것이다.

심지어 "온건한 무슬림"을 광적으로 추구하는 서구인들조차도 정치적 신념의 온건함과 종교적 신앙의 온건성을 혼동한다. 정치적으로는 관용적인 사람이 (이슬람교든 다른 종교든) 종교적 신앙심은 강할 수 있다. 12세기 십자군 전쟁에서 용감하게 싸웠던 이슬람 황제 살라딘Salāh ad-Dīn Yūsuf ibn Ayyūb, 재위 1169~1193이 관용적이지 못한 유럽에서 도피한 저명한 유대인 철학자 마이모니데스Moses Maimonides, 1135~1204에게 이집트 왕궁에 머물며 궁정의로 살아갈 수 있도록 자리를 마련해 주었을 때, 살라딘의 행동에는 전혀 모순이 없었다. 로마의 캄포데피오리Campo de' Fiori 광장에서 조르다노 브루노Giordano Bruno, 1548~1600가 이단죄로 화형당한 17세기에, 인도 무굴 제국의 제3대 황제 아크바르Akbar, 재위 1556~1605(그는 무슬림으로 태어나 무슬림으로 죽었다)는 아그라Agra에서 모든 사람에게 종교적 자유를 허용하는 것을 포함해 소수자 권리를 성문화하는 제도 계획을 단행했다.

아크바르가 무슬림이면서도 관대한 정치를 자유롭게 추구하는 동안 그 관대함은 이슬람교에 의해 규정된 것이 결코 아니었다는 점을(물론 금지되지도 않았다) 특별히 주목할 필요가 있다. 아크바르가 자신의 관용적인 다원주의적 정치를 이유로 무슬림의 정체성을 잃을 필요가 없었던 것과 똑같은 방식으로, 또 다른 무굴 제국 황제인 아우랑제브Aurangzeb, 재위 1658~1707도 소수자 권리를 부정하고 비무슬림을 박해했음에도 그런 이유로 무슬림의 정체성을 잃을 필요는 없었다.

인간의 정체성이 선택의 여지가 없는 단일의 것이라는 주장은 단지 암시적이기만 하더라도 우리의 존재를 축소할 뿐만 아니라 세계를 더욱 불타오르게 할 것이다. 하나의 분류 범주만 부각됨으로써 생겨나는 편 가르기를 극복하는 데 있어 우리는 모두 하나라는 식의 비현실적인 주장은 그 방안이 절대 될 수 없다. 우리는 하나가 아니다. 오히려 저항할 수 없다고 여겨지는 격렬한 분열의 선, 단 하나의 굳어진 선에 반대해 작동하며 서로를 넘나드는 정체성의 다원성에 이 혼란한 세상에서 화합을 이룰 수 있다는 희망을 걸 수 있는 것이다. 우리의 차이가 독보적으로 강력한 범주의 고안 체계 속으로 좁혀질 때 우리가 공유하는 인간성은 심각한 도전을 받는다.

아마도 최악의 손실은 우리의 다원적 정체성을 인정하게 되면 따라오게 되는 이성적 추론과 선택의 역할을 무시하거나 부정하는 데 있을 것이다. 독보적인 정체성의 환영은 우리가 실제로 사는 세계의 특징인 다원적이고 다양한 분류들이 존재하는 세상보다 훨씬 더 분열적이다. 선택의 여지 없는 단일성에 존재하는 설명적 취약성은 우리의 사회적, 정치적 추론의 힘과 범위를 중대하게 저하시키는 결과를 가져온다. 운명이라는 환영은 엄청난 대가를 요구할 것이다.

Chapter  정체성의 이해

Making Sense of Identity

나이폴V. S. Naipaul, 1932~은 『남쪽에서의 전환A Turn in the South』1989[가]이라는 책의 눈에 띄는 한 구절에서 오늘날 인종의 도가니 속에서 과거와 역사적 정체성을 상실하는 문제에 관해 우려를 표현한다.

> 첫 여행기를 쓰기 위해 카리브해를 여행하고 있었던 1961년 무렵, 마르티니크Martinique 섬의 인도인 몇 명을 봤을 때, 수치심과 영적 소멸감 같은 충격을 받은 것이 기억난다. 그때 나는 그 사람들이 마르티니크 사람들로 인해 궁지에 몰려 있으며, 한때는 그들의 역사가 어떤 국면에서는 내 역사와 같았으나 이제는 인종적으로도, 그 밖의 다른 면에서도 나와는 다른 사람이 되어버린 그들과 세계관을 공유하는 수단이 내게는 하나도 없다는 것을 이해하기 시작했다.[1]

[가] 트리니다드 토바고 출신 인도계 영국인 소설가인 나이폴이 미국 남부의 여러 주를 여행한 것을 토대로 쓴 여행기. '레드넥'이라 불리는 백인 노동자들과 농부, 정치인 등을 만나며 겪은 이야기들과 미국 남부의 인종주의와 문화에 대해 아웃사이더의 성찰적인 시선으로 바라보았다.

이런 종류의 우려는 불안과 동요를 나타내기도 하지만, 동시에 공유된 역사에 그리고 그 역사에 기초한 소속 의식에 사람들이 쉽게 결부시키는 긍정적이고 적극적인 가치를 조명하는 것이기도 하다.

그렇지만 우리 자신과 우리가 속한 집단을 바라보는 방식에 역사와 배경만 있는 것은 아니다. 우리는 매우 다양한 범주에 동시에 속한다. 나는 아시아인이자 인도인이고, 방글라데시에 선조를 둔 벵골인이며, 또한 미국과 영국 영주권자이고, 경제학자, 취미 삼아 하는 철학자, 작가, 산스크리트어 학자이며, 세속주의와 민주주의의 강한 신봉자이고, 남자이자 페미니스트이며, 이성애자이면서 게이와 레즈비언의 권리를 옹호하며, 비종교적 생활 양식을 채택하고, 힌두교 배경을 가졌으며, 비非브라만이며, 내세를 믿지 않는 사람이다(궁금해할 것을 대비해 말하자면, "전생"도 마찬가지로 믿지 않는다). 이것은 내가 동시에 속해 있는 다양한 범주들 중 일부일 뿐이다. 환경에 따라 나의 관심을 끌고 나를 움직이는 또 다른 성원권 범주들은 너무도 많이 존재한다.

소속 집단들 중 하나에 속한다는 것은 특정한 맥락에 따라 독특한 중요성을 띨 수 있다. 집단들이 이목을 끌고 우선순위를 차지하겠다고 서로 경쟁할 때(집단들이 항상 경쟁하는 것은 아니다. 다양한 충성의 요구 사이에 갈등이 하나도 없을 수도 있기 때문이다), 개인은 여러 정체성 중 어느 것에 상대적으로 더 중요한 가치를 부여할지 결정해야 하며, 이는 다시 정확히 맥락에 따라 바뀔 것이다. 여기에는 두 가지 구별되는 쟁점이 있다. 첫째, 정체성들이 확고히 다원적이며, 하나의 정체성의 가치는 다른 정체성의 가치를 제거할 필요가 없다는 것을 인식하는 것이다. 둘째, 개인은 특정한 맥락에서 우위를 차지하기 위해 경쟁하는 서로 다른 충성과 우선순위 들에 상대적인 중요성을 어떻게 부여할지 명시적이든 암묵적이든 선택해야 한다는 것이다.

자신을 다른 사람들과 (여러 다양한 측면에서) 동일시하는 것은 사회를 살아가는 데 극히 중요할 수 있다. 하지만 이러한 정체성을 만족스러운 방식으로 수용하도록 사회 분석가들을 납득시키는 일이 언제나 쉬웠던 것은 아니다. 특히, 이런 사회적, 경제적 분석을 시도한 학술 논문에는 두 가지 유형의 환원주의가 만연해 있는 것 같다. 하나는 "정체성 무시identity disregard"라고 칭할 수 있는 것으로, 다른 사람과 동일한 정체성을 가지는 것이 우리가 무엇을 가치 있게 여기고 어떻게 행동하는지에 영향을 미친다는 사실을 무시하거나 경시하는 형식을 취한다. 예를 들어, 현대 경제학 이론 상당수가, 마치 사람들이 목적과 목표, 우선순위를 선택할 때 다른 사람들과의 정체성 공유에 대한 의식이 전혀 없다는 식으로, 그런 것에는 주목하지 않는다는 식으로 진행된다. 존 던John Donne, 1572~1631은 "누구도 그 자체로 온전한 섬은 아니다"라고 경고했지만,[가] 순수 경제 이론이 요구하는 인간상은 그 자체로 "온전하다"고 간주되어 왔다.

"정체성 무시"와 대조적으로, "단일의 소속 관계singular affiliation"

[가] 영국의 시인이자 성직자로 형이상 시파의 대표 시인인 던이 1624년 발표한 산문 『인간은 섬이 아니다Devotions upon Emergent Occasions』1624의 한 구절이다.

라고 부를 수 있는 다른 종류의 환원주의가 있다. 이것은 누구나 모든 실제적 목적을 위해 더도 덜도 말고 오직 단 하나의 집단에 속해 있다고 가정하는 형식을 취한다. 물론 우리는 실제로 사람들이 태어나면서부터, 또 교제하고 연합하면서 다양한 집단에 속한다는 것을 알고 있다. 이들 각각의 집단 정체성은 사람들에게 소속 의식과 충성심을 부여할 수 있다(때때로 그렇게 한다). 그럼에도, 소속 관계를 단일하다고 가정하는 것이 (암묵적이긴 하지만) 놀랍게도 일부 사회 이론가 집단에게 인기가 있다. 또 전 세계 사람들을 문명권 범주로 분할하기 좋아하는 문화정치학 이론가들에게는 물론, 공동체주의 사상가에게도 충분한 호소력을 지니는 것처럼 보인다. 사람들 개개인을 정확히 하나의 소속 관계에 확고히 고정되어 있다고 봄으로써 다원적인 집단들과 다중적인 충성들이 복잡하게 얽혀 있는 현실은 지워져 버리고 만다. 이는 풍족한 인간 삶을 이끌어 가는 풍부성을, 모든 사람은 단 하나의 유기적 꾸러미의 "상태에 처해 있다situated"고 주장하는 형식주의적 협소함으로 대체하는 것이다.

확실히, 단일성을 가정하는 것은 여러 정체성 이론의 안정적인 자양분이 되고 있을 뿐 아니라, 1장에서 논의했듯이 종파주의적 행동가들이 자주 사용하는 무기이기도 하다. 행동가들은 목표가 된 사람들이 특정한 표적 집단에 대한 충성을 완화시킬 수도 있는 다른 모든 연결 관계를 무시해 주기를 바란다. 하나로 한정된 정체성에서 나오지 않은 다른 모든 소속 관계와 충성심을 무시하도록 선동하는 것은 매우 기만적일뿐더러 사회적 긴장과 폭력마

저 낳을 수 있다.[2]

이러한 두 가지 유형의 환원주의가 현대의 사회적, 경제적 사상 속에 강력히 자리 잡고 있는 상황에서는 이 둘 모두를 심각하게 주목할 필요가 있다.

정체성 무시와 합리적 바보 Identity Disregard and the Rational Fool

먼저 정체성 무시에 대해 살펴보겠다. 수많은 근대 경제학자들은 편협하게 자기 이익만을 추구하는 개인을 가정하는 것을 명백히 "자연스러운" 것으로 여긴 듯하다. (다른 것도 아니고) 합리성을 기하려면 이러한 추정이 반드시 필요하다는 주장까지 나오면서(이는 상당히 일반화된 주장이다) 그 이상함이 더욱 극대화되었다. 우리가 너무나 자주 접하게 되는 논증이 하나 있는데(일부에서는 이 논증이야말로 결정적이라고 주장한다), 이 논증은 다음과 같은 질문 형식을 취한다. "자신에게 이익이 되지 않는다면 당신이 왜 그 일을 하려 했겠는가?" 이렇게 잘난 체하는 회의주의는 사회 활동을 하는 사람들을 움직이게 만드는 다양한 동기들과, 사람들의 다채로운 소속 관계 및 참여 관계를 철저히 무시했다. 그럼으로써 모한다스 간디Mohandās Gāndhī, 1869~1948[가]와 마틴 루서 킹Martin Luther

|가| 간디의 본명은 모한다스 카람찬드 간디Mohandās Karamchand Gāndhī이며, 일반적으로 더 널리 알려져 있는 이름인 마하트마 간디Mahātmā Gāndhī는 인도의 문호 타고르Rabindranath Tagore, 1861~1941가 간디를 칭송하며 '위대한 영혼'이라는 뜻의 '마하트마'를 사용한 데서 비롯되었다. 원서에서 지은이는 모한다스와 마하트마를 혼용하고 있는데 번역에서도 그대로 따라 번역했음을 밝힌다.

King, Jr., 1929~1968, 마더 테레사Mother Teresa, 1910~1997, 넬슨 만델라 Nelson Mandela, 재임 1994~1999를 어마어마한 바보로 만들었으며, 그 밖의 우리들은 작은 바보들로 만들었다. 오로지 자기애自己愛에만 충실한 인간은 수많은 경제 이론에 인간 행동을 설명하는 토대를 제공하면서, 이른바 "경제인economic man" 또는 "합리적 행위자 rational agent"와 같이 명명됨으로써 자주 미화되어 왔다.

물론 경제적 행동이 오직 이기주의적인 동기를 따른다는 전제에 대한 비판은 계속 있었다("경제인"의 창시자로 빈번히 간주되는 애덤 스미스Adam Smith, 1723~1790조차도 그러한 가정에 대해서는 심각한 회의를 표출한 바 있다). 하지만 대다수 근대 경제 이론에서는 마치 그런 의심은 대수롭지 않은 것이며 쉽게 불식될 수 있는 것처럼 다루었다.[3] 그러나 최근 실험 게임experimental game 및 다른 행동 검사 결과들에 의해 이러한 개괄적인 비판이 더욱 보완되었다. 그 결과, 하나의 집단에 소속되어 있다는 조건에서 순수 이기주의를 가정하는 것과 실제로 관찰되는 사람들의 행동 양식 사이에 심각한 갈등이 있는 것으로 나타났다. 이러한 관찰은 단일 초점을 지닌 사람들에게는 정신 구조의 응집력과 지속성이 있다는 추정에 대해 개념적으로만 의심해 오던 것을 경험적으로 강화시킨 것이었다. 그동안은 다음과 같이 완전히 구별될 수 있는 질문들의 차이를 철학과 심리학의 한계로 말미암아 효과적으로 식별해 낼 수 없었다. 즉 "나는 무엇을 해야 하는가?" "무엇을 만족시켜야 내게 최선의 이익이 되는가?" "어떤 선택을 해야 내 목적이 가장 잘 성취될 것인가?" "나는 무엇을 합리적으로 선택해야 하는가?" 나

무랄 데 없는 일관성과 예측 가능성을 가지고 행동함에도 이 같은 개별 질문에 구분되는 답변을 '결코' 내놓을 수 없는 사람은 어느 정도 "합리적 바보rational fool"라고 여겨질 수 있다.[4]

이러한 맥락에서 정체성에 대한 인식과 이해를 경제학에서의 선호와 행동에 대한 특징 부여와 결합시키려는 것은 특히 중요하다.[5] 이는 최근의 논문들이 여러 방식으로 많이 다루었다. 한 공유 집단 내의 다른 사람들과의 정체성을 고려하는 것(그리고 경제학자 조지 애컬로프George Akerlof, 1940~의 용어로 말하면, "충성도 필터loyalty filters"[가]가 작동하는 것)은 그들 간의 상호 작용뿐 아니라 개인의 행위에도 강력한 영향을 미칠 수 있으며, 그 형식도 매우 다양하게 취할 수 있다.[6]

물론 순수 이기주의적 행동을 거부한다는 것이, 곧 사람들의 행위는 다른 사람들과 정체성을 공유한다는 생각에서 반드시 영향받음을 가리키는 게 아니라는 점은 인정되어야 한다. 한 사람의 행동은 수용 가능한 행위 규범(정의감이나 재정적 정직성 등과 같은 규범)의 준수와 같은 다른 유형의 고려에 의해 좌우될 수도 있으며, 어떠한 의미에서도 자신이 동일시하지 못하는 다른 사람들에 대해 의무감(또는 수탁의 책임감)을 느낌으로써 행동이 좌우될 수도 있

|가| 애컬로프는 사람들이 살아가면서 겪게 되는 경험이 그 사람의 충성심이나 가치를 변하게 만든다고 하면서, 이러한 경험을 일컬어 '충성도 필터'라고 불렀다. 예를 들어, 부모에게서 정직한 태도에 대해 교육받은 아이는 자신의 이익이 침해받는 때에도 정직을 고수하는 경우가 있는데, 이때 부모의 교육이 충성도 필터가 된다. 애컬로프는 경제학자들이 더 이상 가치를 고정적이고 불변하는 것으로 여기지 말아야 하며, 합리적 행위자가 충성도 필터를 경험하게 되면 자신의 가치, 곧 자신의 행동을 조정할 수도 있음을 받아들여야 한다고 결론지었다. 공익의 맥락에서 살펴보면, 충성도 필터가 존재하는 경우 집단의 도덕이나 사회적 관계망이 잠재적으로 개인의 가치와 행동에 영향을 줄 수 있음을 의미한다.

다. 그럼에도, 다른 사람들과 정체성을 공유한다는 의미는 매우 중요하며 (또한 다소 복잡하며) 사람들이 오로지 자기 이익만을 추구하는 행위를 쉽게 거슬러 행동하도록 영향을 미칠 수 있다.

이 광범위한 물음은 또한 다른 물음과 관련이 있다. 즉 행위 규범을 진화론적 의미에서 선택하는 역할은 도구적으로 중요한 역할을 수행할 수 있다.[7] 만약 정체성 의식이 집단적 성공으로 이어지고 이를 통해 개인을 향상시키는 방향으로 나아간다면, 정체성에 민감한 그런 행동 양식은 결국 늘어나게 되고 장려될 것이다. 사실, '반성적reflective' 선택에서든 '진화적' 선택에서든 정체성 관념은 중요할 수 있으며, 비판적 반성과 선택적 진화를 결합해 두 가지를 혼용하면 정체성에 영향을 받는 행동을 명백히 널리 확산시킬 수도 있다. "정체성 무시"를 가정하는 것은 "경제인" 개념을 토대로 짜 맞춘 경제 이론의 실질적인 부분에서도, 또 정치 이론과 법률 이론, 사회 이론에서도(사회 이론에서는 이른바 합리적 선택의 경제학같이, 진정한 아첨의 형태인 모방된 찬양imitative admiration의 형식으로 사용되었다) 고상한 지위를 누려왔지만, 이를 대체할 때가 확실히 도래한 것이다.

다원적 소속 관계와 사회적 맥락 Plural Affiliations and Social Contexts

이제 환원주의의 두 번째 유형인 단일 소속 관계의 가정에 대해 살펴보자. 우리 모두는 각자의 삶에서 개인적으로 서로 다른 맥락, 즉 우리의 출신 환경이나 우리가 가입한 모임, 또는 사회 활동 등에 따른 다양한 종류의 정체성과 관련되어 있다. 이는 이미 1장에서 논의되었지만, 여기서 논점을 다시 강조할 가치가 있다. 예를 들어, 한 사람이 말레이시아 태생에 인종적으로는 화교인 영국 시민권자일 수 있고, 동시에 주식 중개인, 비채식주의자, 천식 환자, 언어학자, 보디빌더, 시인, 낙태 반대론자, 철새 감시인, 역술가일 수 있으며, 다윈Charles R. Darwin, 1809~1882은 인간이 얼마나 잘 속는지 시험하기 위해 신이 창조한 인물이라고 믿는 사람일 수 있다.

우리는 어떤 식으로든 수많은 집단에 속해 있다. 이 집단들 각각은 한 사람에게 잠재적으로 중요한 하나의 정체성을 부여할 수 있다. 우리는 우리가 속한 (또는 속하지 않은) 특정 집단이 우리에게 중요한지의 여부를 결정해야 할 수도 있다. 여기에는 서로 연관되어 있으면서도 상이한 두 가지 활동이 있다. ① 우리의 적절한 정체성이 무엇인지 결정하기와 ② 서로 다른 정체성 가운데 어느 것이 더 중요한지 평가하기다. 이 두 가지에는 이성적 추론과 선택이 필요하다.

물론, 사회 분석을 하면서 사람들을 분류할 수 있는 독보적인 하나의 방식을 추구하는 것은 새로운 일이 아니다. 심지어 사람들을 노동자 계층과 비노동자 계층으로 양분해 정치적으로 분류했던 것에도(이는 고전적인 사회주의 논문에서 자주 볼 수 있다) 이런 단순화의 특징이 있었다. 이렇게 두 계층으로 분할하는 것이 사회적, 경제적 분석에서 (심지어 사회적 약자를 위해 헌신하는 사람들에게조차) 기만적이라는 점은 이제 공공연한 것이 되었다. 그리고 이런 맥락에서 카를 마르크스Karl Marx, 1818~1883 자신이 (『공산당선언Manifest der Kommunistischen Partei』1848을 출판한 4반세기 후) 1875년 『고타 강령 비판Kritik des Gothaer Programms』에서 이런 독보적인 방식의 동일화unique identification를 엄중 비판했다는 사실을 상기해 볼 만하다. 사회주의노동당Sozialdemo-kratische Arbeiterpartei (SDAP)이 제안한 행동 계획("고타 강령")에 대한 마르크스의 비판에는 특히 인간으로서의 노동자들의 다양성을 무시하고 그들을 "오직" 노동자로서만 바라보는 것에 대한 반론이 포함되어 있었다.

> 불평등한 개인들(만일 그들이 불평등하지 않았더라면 그들은 서로 다른 개인이 아니었을 것이다)을 동일한 척도로 측정할 수 있는 것은 오로지 그들을 동일한 관점 아래 놓는 한에서, 즉 어떤 '한정된' 측면에서만 그들을 파악하는 한에서다. 예컨대 이 경우에는 그들을 '노동자로서만' 간주하고 그들에게서 그 이상의 것은 보지 않으며 다른 모든 것은 도외시한다.[8]

사람들이 하나의 집단에, 단지 하나의 집단에만 속한다는 조잡한 가정을 해서는 단일의 소속 관계라는 관점을 정당화하기 어려울 것이다. 우리 각자가 다양한 집단에 속한다는 것은 분명한 사실이기 때문이다. 어떤 개인이 속해 있는 집단은 다원적이라도 매 상황마다 자연스레 현저한 집단성을 보이는 어떤 하나의 집단이 늘 있다고 주장한다고 해서, 또 개인에게는 서로 다른 성원권 범주들 중 어느 것이 상대적으로 중요한지 결정하는 데 선택권이 없다고 주장한다고 해서, 그러한 단일의 소속 관계 관점의 정당성을 쉽사리 입증할 수 있는 것도 아니다.

다중적 성원권 문제와 정체성 개념에서의 선택의 역할 문제로 돌아가야 할 것이다. 그러나 그 전에 정체성의 상대적 중요성이 변하는 데는 외부의 영향도 상당히 있을 수 있다는 점에 주목할 필요가 있다. 즉 모든 일이 이성적 추론과 선택의 본성에 따라 명확히 전환되지는 않는다는 것이다. 이러한 설명이 필요한 이유는, 개인이 하는 선택을 제한하거나 제지하는 다른 영향들에 주목한 후에도 선택의 역할을 이해할 필요가 있기 때문이다.

우선, 특정 정체성의 중요성은 사회적 맥락에 따라 다를 것이다. 예를 들어, 저녁 식사 모임에 갈 때는 채식주의자로서의 정체성이 언어학자로서의 정체성보다 더욱 중요할 것이다. 반대로, 언어학자로서의 정체성은 언어학 연구에 대한 강연을 할 경우 특히 중요할 것이다. 이러한 가변성은 단일 소속 관계에 대한 가정의 정당성을 복원시키는 일과는 전혀 관계없지만, 선택의 역할을 특정 맥락에 따라 달리 볼 필요가 있음을 보여준다.

또한 모든 정체성이 영속적 중요성을 가져야 하는 것도 아니다. 사실, 정체성 집단은 순간적이고 매우 우연적일 때도 가끔 있다. 미국 코미디언 모트 살Mort Sahl, 1927~은 오토 프레민저Otto Preminger, 1905~1986가 감독한 장장 4시간짜리 영화 〈영광의 탈출Exodus〉1960(모세가 유대인을 데리고 이집트를 탈출하는 내용이다)를 감상하면서, 수난을 겪는 동료 관객들을 대신해 영화감독에게 "오토, 제발 우리 사람들을 좀 놓아주게!"라고 요구함으로써 영화의 지독한 지겨움에 반응하게 되었다. 고통받는 영화 관객들이 동료 의식을 가지는 것은 당연했다. 하지만 우리는 그런 일시적인 집단에 불과한 "우리 사람들"과, 그보다는 잘 조직되어 있으며, 극심한 학정에 시달린 (그 유명한 탄원의 원래 주체인) 모세의 백성들 사이에 엄청난 차이가 있다는 것쯤은 간파할 수 있다.

정체성의 수용 문제를 먼저 고찰해 보자. 정체성의 분류는 무수한 형식을 취할 수 있는데, 서로 모순 없이 생겨날 수 있는 범주라고 해서 모두 중요한 정체성의 기초로서 쓸 만한 것은 아니다. 현지 시각으로 아침 9~10시에 태어난 세상 사람들을 하나의 집단으로 고려해 보자. 이 집단은 뚜렷이 구별되며 성격이 매우 분명하지만, 집단에 대한 연대감이나 잠재적으로 형성될 수 있는 집단의 정체성을 유지하는 일에 많은 사람이 관심을 가지리라고는 상상하기 힘들다. 마찬가지로, 신발 치수가 260인 사람들은 일반적으로 신발 크기에 근거해 강한 정체성을 형성할 정도로 서로 연대감을 갖지는 않는다(차라리 구두 구입에 관한 것일 때, 더욱이 그 구두를 신고 경쾌하게 걷는 것일 때가 더 중요할 것이다).

분류는 확실히 쉽게 할 수 있지만 정체성은 그렇지 않다. 더 흥미로운 것은, 특정한 분류 방식이 정체성의 의미를 만들어낼 수 있는지 없는지 여부는 사회적 환경에 달려 있다는 점이다. 예를 들어, 행정적으로 복잡한 어떤 이유로 신발 치수 260을 찾아내기가 극히 어렵다고 한다면(그런 공급 부족을 이해하기 위해서는 전성기 소련의 민스크나 핀스크[가] 어디쯤을 찾아다녀야 할지 모르겠다), 그런 치수의 신발이 필요하다는 사실은 실로 공동으로 처한 곤경이 되고 연대 의식과 정체성 형성에 충분한 근거를 제공할 수 있다. 260 크기의 신발을 어디서 구할 수 있는지 등에 관한 정보를 교환하기 위해 (가급적이면 술자리를 겸하는) 동호회가 조직될 수도 있을 것이다.

마찬가지로, 오전 9~10시에 태어난 사람은 우리가 아직 이해하지 못하는 원인으로 인해 어떤 특정 질병에 유독 취약하다는 사실이 알려진다면(하버드 의과대학이 아마 이것을 연구하기 위해 조사 팀을 꾸릴 것이다), 다시 정체성을 형성하기 위한 근거를 제공할 수 있는 공동의 난국을 맞이하는 셈이다. 이와는 다른 사례를 고려해 보자. 어떤 권위주의적 통치자에게 특정 시간에 태어난 사람들이 자신을 배신하리라는 이상한 믿음이 있다고 해보자(아마 어떤 맥베스Macbeth적인 마녀에게서 오전 9~10시에 태어난 사람들이 자신을 죽일 것이라는 예언을 들었을 것이다). 그가 그 시간에 태어난 사람들의 자유를 억압하려 한다면, 이번에도 그런 분류상의 일치와 박해를 토대로 연대감과 정체성을 형성하는 경우가 생길 수도 있다.

지성적으로 정당화하기 어려운 분류 방식이 가끔은 사회적 장치를 통해 중요하게 되는 경우가 있을 수 있다. 프랑스 철학자이자 사회학자인 피에르 부르디외Pierre Bourdieu, 1930~2002는 사회적 행위가 결국 "차이가 하나도 없는 때에 차이를 어떻게 생성해 낼" 수 있는지 그리고 "사회적 마법이 어떻게 사람들에게 '당신은 다

|가| 현재는 민스크와 핀스크 둘 다 벨라루스 영토다.

르다'고 말해 줌으로써 사람들을 변화시킬 수 있는지" 지적했다. 그것은 바로 경쟁 시험competitive examinations이라고 하는 것이다(300명을 뽑는 시험에서 300등을 한 지원자와 301등을 한 지원자의 차이는 엄청나다). 달리 말해, 사회는 경쟁 시험을 도입한다는 단순한 사실을 통해 차이를 구성하는 것이다.[9]

범주화가 임의적이거나 가변적일 때조차도, 일단 분할선에 의해 분절되어 집단이 명료하게 인식되면, 그렇게 분류된 집단은 이차적 관련성을 얻게 되며(공무원 시험의 경우, 그것은 안정적인 직장을 가진 사람과 그렇지 않은 사람의 차이를 수반한다), 이는 분리선을 경계로 양쪽에 정체성을 부여하는 충분히 그럴듯한 토대가 될 수 있다.

그러므로 적절한 정체성을 선택하기 위한 이성적 추론은 순수 지적인 것을 넘어서 우연적인 사회적 의미로까지 나아가야 한다. 이성은 정체성 선택 문제에만 관련되어 있는 것이 아니다. 이성적 추론은 이런저런 범주 속에 있는 사회적 맥락이나 우연적 관련성에도 주목해야 한다.

대조적 정체성과 비대조적 정체성 Contrasting and Noncontrasting Identities

우리는 또한 "대조적" 정체성과 "비대조적" 정체성을 구별할 수 있다. 서로 다른 집단들은 (시민권과 같은) 동일한 종류의 성원권을 다루는 동일한 범주에 속하거나, 또는 (시민권, 직업, 계급, 젠더

등과 같은) 다른 범주에 속하거나 할 것이다. 전자의 경우, 같은 범주 내의 상이한 집단들 사이에는 어떤 대조가 있고, 그래서 그 집단들과 연계된 상이한 정체성들 사이에도 어떤 대조가 있다. 그러나 우리가 (각각 직업과 시민권과 같은 그런) 서로 다른 기초에 의거해 분류된 집단을 다룰 때, "소속belonging"에 관한 한, 집단들 간에는 진정한 차이가 없을 수도 있다. 그렇지만 이렇게 비대조적 정체성들이 "소속"에 관한 한 어떠한 영역적 논쟁에 연루되지 않는다고 하더라도, 그 정체성들은 우리의 주의를 끌고 우리에게서 우선순위를 얻어내기 위해 서로 경쟁할 수는 있다. 개인이 이런 저런 일을 해야 할 때, 가령 인종이나 종교, 정치 참여, 직업적 의무, 시민권 중 어느 것에 우선순위를 두어야 할지 각 정체성에 대한 우리의 충성심이 갈등할 수 있다.

사실, 우리는 대조적 범주들 내에서도 복수의 정체성을 가질 수 있다. 정체성의 측면에서 하나의 시민권이 있다는 것은 기본적인 의미에서 다른 시민권이 있는 것과 대조를 이룬다. 그러나 이러한 예시 자체가 시사하듯, 대조적 정체성이라도 다른 모든 대안을 내던지고 오직 하나의 유일한 설명만이 살아남아야 한다는 요구를 할 필요는 없다. 우리는 가령 프랑스와 미국 두 나라의 이중 국적을 가질 수 있다. 물론 시민권은 중국이나 일본의 경우처럼 배타적일 수 있다(이는 사실 최근까지 미국의 경우에도 마찬가지였다). 그러나 배타성이 요구될 때조차, 이중 충성심의 대립은 소멸될 필요가 없다. 예를 들어, 영국에 거주하는 일본 시민권자가 일본 국민의 정체성을 잃고 싶지 않아 영국 시민권 취득을 꺼린다 해도, 그는 여전히 영국에 대한 애착을 갖고 일본 법정이 금지할 수 없는 영국 정체성의 다른 특징들에 대해 실질적인 충성심을 가질 수 있다. 마찬가지로, 영국 시민이 되기 위해 일본 시민권을 포기한 일본인도 여전히 일본 정체성 의식에 대한 상당한 충성심을 간직할 수 있다.

상이한 정체성들이 각각 우선순위를 원하고 권리를 주장할 경우, 그 사이의 갈등은 대조적 범주와 비대조적 범주 모두에 중요할 수 있다. 하나의 정체성에 우선순위를 부여하기 위해 다른 정체성을 부정해야 하는 것이 아니라, 오히려 복수의 정체성을 가진 한 사람이 갈등을 겪을 경우 특정한 결정을 내리기 위해 상이한 정체성들의 상대적 가치에 따라 결정해야 한다는 것이다. 그러므로 이성적 추론과 면밀한 검토는 정체성을 특정할 때도, 각 주장의 상대적 강도를 숙고할 때도 주요한 역할을 할 수 있다.

선택과 제약 Choice and Constraints

각각의 사회적 맥락에서 그 수용 가능성과 상대적 가치에 따라 평가했을 때, 잠재적으로 실행 가능하며 적절하기도 한 정체성이 많이 있을 것이다. 그러한 다원성은 여러 상황에서 국적이나 언어, 민족성, 정치, 직업 등과 같은 지속적이고 자주 사용되는 특성들과 광범위하게 관련되어 있기 때문에 중추적 기능을 할 수도 있다. 우리는 맥락에 따라 달라질 수 있는 상이한 소속 관계들 중 어느 것이 상대적으로 더 중요한지 결정해야 할 것이다. 우리가 다른 대안적 정체성을 고려할 가능성을 실제로 빼앗기는 것, 그리고 마치 순수 자연 현상을 발견하는 것처럼 자신의 정체성을 단지 "발견해야" 한다는 것은 상상하기가 매우 어렵다. 사실, 우리 모두는 우리가 속한 상이한 소속 관계와 교제 관계에 어떠한 우선순위를 부여할지에 대해 암묵적으로라도 끊임없이 선택하고 있다. 대체로 그런 선택은 매우 명시적이며 신중하게 주장된다. 모한다스 간디는 영국의 법적 정의를 추구하도록 교육받은 변호사로서의 정체성보다는 영국의 통치에서 독립하기를 추구하는 인도인들과 자신을 동일시하는 데 우선순위를 두기로 신중하게 결정했다. E. M. 포스터Edward M. Forster, 1879~1970도 "만약 조국을 배반하는 것과 친구를 배신하는 것 중 하나를 택해야 한다면, 내게 조국을 배반할 용기가 있기를 바란다"[10]라는 유명한 결론을 내렸다.

사람들이 소속되어 있는 서로 다른 범주와 집단 들이 끊임없이 존재하는 상황에서 단일의 소속 관계라는 명제는 어떠한 설득력도 없는 것 같다. 정체성이 "발견"의 문제라는 믿음이 자주 되풀이되는데(단일 소속 관계를 옹호하는 사람들 사이에서는 일반적인 믿음이다), 우리가 하는 선택이 실행 가능성의 여부에 따라 제약된다는 사실에서 이러한 믿음이 세력을 얻는다는 것은 가능성 있는 이야기다(1년에 6개월 동안 밤이 지속되는데도 불편을 느끼지 않는 푸른 눈의 10대 라플란드Lapland[가] 소녀의 정체성을 내가 쉽게 선택할 수는 없다). 그리고 이러한 제약은 다른 모든 선택을 실행할 수 없는 것으로 간주해 배제할 것이다. 그렇지만 그런 후라도 어느 것을, 예컨대 국적, 종교, 언어, 정치적 신념, 직업적 책무 가운데 어느 것을 우선시할 것인가 하는 선택의 문제는 남을 것이다. 그리고 결정은 중요할 수 있다. 예를 들어, 사별한 나의 전 아내 에바Eva Colorni의 부친 에우제니오 콜로르니Eugenio Colorni는 1930년대 무솔리니Benito Mussolini, 1883~1945의 파시즘이 지배하던 이탈리아에서 이탈리아인, 철학자, 대학 교수, 민주주의자, 사회주의자가 되라는 다양한 요구들을 저울질해 보고, 철학자의 길을 포기하고 이탈리아 레지스탕스에 참여하기로 결정했다(그는 미군이 도착하기 이틀 전에 로마에서 파시스트들에 의해 피살되었다).

특히 '타인들'이 우리에게 요구하는 것과는 다른 (또는 그 이상의) 정체성을 갖기 위해 우리가 타인들을 설득할 수 있는 한도를 정하는 데는 특별히 엄격한 제약이 뒤따른다. 나치하의 독일에서 거주한 유대인이나 미국 남부에서 집단 린치를 당한 아프리카계 미국인이라든지, 또는 인도 비하르Bihar 북부의 상류층 카스트인 지주들이 고용한 무장 경비원에게 협박을 당한, 반항적이며 땅 없는 농부들은 침략자의 눈에 비친 자신들의 정체성을 바꿀 수 없었다. 타인들의 눈에 비치는 우리의 정체성을 택할 수 있는 자유는 때때로 엄청나게 제한될 수 있다. 이는 논쟁의 여지가 없다.

내가 케임브리지 대학에 재학 중이었던 수년 전, 나의 스승이자 훌륭한 경제학 교수인 조앤 로빈슨Joan Robinson, 1903~1983은 내게

|가| 라플란드는 핀란드의 라피주, 스웨덴의 라플란드 지방을 가리키기도 하지만, 일반적으로 라프족이 분포한 노르웨이, 스웨덴, 핀란드 북부와 러시아 북서부 끝에 걸친 유럽 최북단 지역인 사프미Sàpmi 지방을 일컫는다. 대부분이 북극권에 속하는 고위도 지방이기 때문에, 한여름에도 태양이 지평선 아래로 내려가지 않는 백야 현상이 나타난다.

다음과 같이 말했다(개별 지도 시간에 있었던 일인데, 우리는 그 시간에 자주 토론을 하고는 했다). "일본인들은 너무 공손하고, 자네 인도인들은 너무 무례하고, 중국인들은 정말 선량해." 나는 이런 일반화를 즉각 받아들였다. 그러지 않았다면 인도인의 무례한 성향에 대한 더 많은 증거가 제시되었을 것이다. 그러나 나는 또한 내가 무슨 말과 행동을 하든 스승의 마음에 자리 잡은 그 이미지는 그리 빨리 바뀌지 않을 것임을 깨달았다(덧붙여 말하자면, 조앤 로빈슨은 인도인들을 좋아했다. 그는 인도인들이 그런 무례한 방식 나름대로 괜찮다고 생각했다).

더욱 일반적으로 말하면, 우리가 자신의 정체성을 우리 자신이 바라보는 대로 생각하든, 아니면 다른 사람들이 우리를 바라보는 대로 생각하든, 우리는 특정한 제약 내에서 선택한다. 그러나 이는 조금도 놀라운 사실이 아니다. 오히려 어떤 상황에서든 선택이란 것이 매번 어쩔 수 없이 직면하게 되는 방식인 것이다. 모든 종류의 선택은 항상 특정한 제약 내에서 이루어지며, 이는 아마도 선택의 가장 기본적인 측면일 것이다. 1장에서 논의했듯이, 경제학을 배운 학생이라면 누구나 소비자는 언제나 예산의 한계 내에서 선택해야 한다고 배운다. 그러나 이는 소비자에게 어떠한 선택권도 없다는 것이 아니라 그들의 예산 내에서 선택해야 한다는 것을 의미할 뿐이다.

정체성에 기초한 사고가 요구하는 것과 그 의미를 규정할 때도 이성적 추론이 필요하다. 우리가 스스로를 바라보는 방식이 우리의 실천적 이성에 영향을 미친다는 것은 명백하다. 그러나 그런 영향이 미치는 방식, 진정 어떤 방향으로 작동하는가의 문제는 결코 즉각적이지 않다. 사람들은 숙고 끝에 자신이 특정한 민족(예컨대 쿠르드족)의 구성원일 뿐 아니라 또한 이것이 자신에게 지극히 중요한 정체성이라고 판단할 수 있다. 이러한 판단은 그 민족의 안녕과 자유에 대한 더 큰 책임을 지는 방향으로 쉽게 그에게 영향을 미칠 수 있다. 곧 그것은 그에게는 스스로를 의지해야 하는 책무를 더 크게 확장한 것이 될 수 있다(이제 그 자아는 그가 자신의 정체성으로 삼는 집단의 다른 이들을 포괄하기 위해 확장된 자아다).

그렇지만 이것은 개인이 정체성을 선택할 때 그 집단의 구성원들을 좋아해야 하는지 그러지 않아도 되는지의 여부를 아직 말해주지 않는다. 예를 들어, 개인이 공적인 결정을 내리면서 자기 민족의 편을 들었다면, 이는 도덕과 윤리가 탁월하게 빛나는 사례가 아니라 떳떳하지 못한 족벌주의의 경우로 보일 수 있다. 진정, 극기克己가 공중 도덕을 구성하는 일부이듯이, 개인은 자신의 정체성으로 삼는 집단의 구성원을 좋아하는 데 특히 소극적이어야 한다는 주장까지도 나올 수 있다. 정체성을 인정하거나 주장하는 것이 실제 결정에서 반드시 연대 의식의 근거가 되어야 한다는 가정은 전혀 없다. 이는 더욱 이성적으로 추론하고 검토해야 할 문제다. 참으로, 이성적 추론의 필요성은 정체성에 기초한 사고와 결정의 모든 단계에 철저히 스며 있다.

이제는 몇몇 특정 주장과 논증을 살펴보려 한다. 먼저 공동체주의 철학에서 강력하게 옹호되었던 주장, 즉 한 사람이 속한 공동체에 기초한 정체성이 우선시되어야 한다는 주장부터 보겠다. 이런 사고 선상에서는 어떤 특정 공동체 집단에 소속되어 있다는 사실을 다른 공동체에 소속되어 있는 것보다 우선시할 뿐 아니라, 대체로 공동체의 성원권을 일종의 개인 자아의 확장으로 파악하고자 하는 경향마저 있다.[11] 공동체주의적 사고는 지난 몇십 년간 현대의 사회적, 정치적, 도덕적 이론화 분야에서 우위를 차지해 왔다. 그리고 지식은 물론 행위를 통제하는 데 있어 사회적 정체성이 행하는 지배적이고 강제적인 역할을 널리 탐구하고 옹호해 왔다.[12]

공동체주의적 사고에 해당하는 일부 견해들에서는, 공동체에 기반을 둔 정체성이 개인의 주요한 또는 지배적인 (아마도 심지어 유일하게 의미 있는) 정체성이 되어야 한다고 명시적으로든 암묵적으로든 가정하고 있다. 이러한 결론은 두 가지 추론 경향과 연결될 수 있다(이 두 가지는 서로 관련되어 있기는 하지만 서로 구별된다). 하나는, 개인이 공동체와 관계없는 다른 정체성 개념이나 정체성에 관한 다른 사고방식에는 접근할 수 없다는 주장이다. 한 개인이 이용할 수 있는 실행 가능한 추론과 윤리의 양식은 "공동체와 문화"에 확고히 기반을 둔 그 개인의 사회적 배경에 따라 결정된다는 것이다. 다른 하나의 경향은 인지적 한계가 있다는 결론에 입각해 있지는 않다. 대신에, 정체성은 어쨌든 발견의 문제라는 주장에 결론을 둔다. 그렇게 되면 공동체주의적 정체성은 어떤 비교가 이루어지든 간에 언제나 최고의 중요성을 지닌 것으로 인식될 것이다.

먼저 심각한 인지적 한계에 대해 살펴보자. 이는 대단히 강한 단정의 형식을 취하는 경우가 많다. 공동체주의적 정체성을 좀더 열성적으로 옹호하는 일부 견해에 따르면, 우리는 합리적 행위 기준이 있다고 하더라도 소속 공동체에서 통용되는 기준과는 다른 것이라면 그 기준에 의지할 수 없다. 합리성을 언급하기만 해도 "'어떤' 합리성 말이야?" 또는 "'누구의' 합리성이라고?" 하는 반박이 따라붙는다. 개인의 도덕적 판단에 대한 '설명'이 소속된 공동체의 가치와 규범에 기초해야 할 뿐만 아니라, 그런 도덕적 판단은 개인의 이목을 끌기 위해 경쟁하는 규범들의 주장을 부정하고 오직 공동체의 가치와 규범 '내에서만' 윤리적으로 평가될 수 있다고 주장된다. 이러한 광범위한 주장은 다양한 버전으로 효과적으로 전파되고 강력히 옹호된다.

이러한 접근은 문화와 사회를 가로질러 행위와 제도에 관한 규범적 판단을 평가할 수 있는 (어쩌면 이해하기까지 할 수 있는) 가능성을 부정하는 결과를 낳았다. 그리고 이는 때때로 다른 문화와의 진정한 교류와 이해가 가능한 토대를 침식하게 되었다. 이러한 거리 두기는 때때로 정치적 목적에 이용된다. 예를 들어, 여성의 불평등한 사회적 지위나 특정 인습적 형벌 방식(신체 절단에서부터, 간음한 것으로 추정된 여성을 돌로 쳐 죽이는 것까지 다양하다)과 같은 문제에 대해 특정 관습과 전통을 옹호하는 데 이용되었다. 여기서 이 거대한 세계를 쪼개어 서로가 지적으로 고립되는 작은 섬들로 나눠야 한다는 주장까지 나온다.

이러한 인지적 주장들은 분명 철저히 검토할 가치가 있다. 개인이 상황을 인식하거나 결정을 검토하는 방식에 그 개인이 소속된 공동체나 문화가 중대한 영향을 끼칠 수 있다는 것은 의심의 여지가 거의 없다. 어떤 설명이 이루어지든 특정한 공동체에 일반화되어 있는 현지 지식, 지역적 규범, 특정한 정보와 가치에 주목해야 한다.[13] 이러한 인식을 실증적으로 보여주는 사례는 확실히 강력하다. 그렇지만 아무리 그럴듯한 방식으로도 이것이 정체성에 있어서 이성적 추론 및 선택의 가능성과 역할을 훼손하거나 제거하지 못한다. 여기에는 지금까지 적어도 두 가지 구체적 근거가 있다.

첫째, 어떤 기본적인 문화적 태도와 믿음 들이 우리의 이성적 추론의 본질에 '영향'을 미칠 수는 있어도, 추론의 본질을 늘 완전하게 '규정할' 수는 없다. 우리의 이성적 추론에 영향을 미치는 것은 다양하게 존재하며, 단지 특정 집단과 우리 자신을 동일시한다는 이유로, 또 특정 집단의 구성원이라는 사실에 영향을 받는다는 이유로 다른 방식의 추론을 고려할 수 있는 우리의 능력을 잃어버릴 필요는 없다. 영향력이란 완전한 결정력과 동일한 것이 아니며, 문화적 영향력들이 존재함에도, 또 그 중요성에도 불구하고 여전히 선택은 남아 있다.

둘째, 이른바 문화란 우리의 이성적 추론을 형성할 수 있다고

'독보적으로' 정의된 일군의 태도와 믿음 들에 굳이 관련될 필요가 없다. 실제로, 이러한 수많은 "문화들" 내부에는 상당한 변종이 있으며, 광범위하게 규정된 동일한 문화 내에서도 서로 다른 태도와 믿음 들이 환영받을 수 있다. 예를 들어, 인도의 전통들은 종교와 긴밀하게 결합되어 있는 것으로 자주 여겨지며, 실제로도 여러 면에서 그렇게 결합되어 있다. 그렇지만 산스크리트어와 팔리Pāli어[가]는 다른 고전 언어들, 즉 그리스어나 로마어, 히브리어, 아랍어 등에 비해 무신론적 문헌과 불가지론적 문헌을 더 많이 간직하고 있다. 산스크리트어로 된 14세기의 『사르바 다르샤나 상그라하Sarva-darśana-saṅgraha』(문자 그대로 "철학의 모든 유파 모음집"으로 번역할 수 있다) 같은 교리 선집은 (무신론부터 시작해) 종교적 쟁점에 대한 상이한 입장 16가지를 다룬 16개의 장을 제시하는데, 서로의 입장들에 대한 몰이해를 보여주려는 것이 아니라 오히려 식견 있고 통찰력 있는 선택권을 제공하는 것이 그 목적이었다.[14]

명확하게 사고할 수 있는 능력은 물론 우리가 교육을 얼마나 받았고 얼마나 재능이 있는가에 따라 그 정도가 다양할 것이다. 그러나 우리는 능력을 갖춘 성숙한 인간으로서, 기회가 주어진다면 우리가 배운 내용에 대해 질문하고 이의를 제기할 수 있다. 때로는 특정 환경 탓에 이런 질문 제기가 어려울 수는 있지만, 의심

|가| BC 3세기부터 2세기경에 걸쳐 인도 북서부에서 사용된 중세 인도·아리아어. 석가모니가 지식층의 언어인 산스크리트어로 자신의 가르침을 전하는 것을 반대해 불교 경전의 언어로 쓰게 되면서 퍼져 나가 스리랑카, 미얀마, 태국 등지의 소승불교 성전에 사용되었다.

하고 질문하는 능력은 우리의 한계 범위를 벗어나 있는 것이 아니다.

무無로부터 추론하는 것은 불가능하다는 주장이 자주 나오며 꽤 그럴듯해 보인다. 그러나 이는 한 개인이 이전부터 얽혀 있던 관계가 무엇이든 간에 그 관계는 의심될 수도, 도전받을 수도 없는 영구적인 것이어야 함을 의미하지 않는다. "발견"의 관점에 대한 대안은 (일부 공동체주의 논객들이 암시하는 것처럼) 어떠한 정체성에게도 "방해받지 않는" 지점에서 선택이 이루어지는 것이 아니다. 오히려 우연히 어떤 '방해받는' 지점을 점하게 되더라도 선택이 지속적으로 이루어지는 것이다. 선택은 무에서 유로 도약할 것을 요구하지 않는다. 대신, 하나의 장소에서 다른 장소로 이동하도록 이끌 수 있다.

우선순위와 이성 Priorities and Reason

이제 인지적 한계에 기초한 논증에서 이동해, 선택할 수 없는 정체성을 끌어들이는 또 다른 가능한 근거를 살펴보려 한다. 즉 "자신이 누구인지 아는 것"에 발견의 핵심이 있다는 주장이다. 정치이론가 마이클 샌들Michael Sandel, 1953~이 다른 공동체주의적 주장들 중에서도 이 주장을 분명하게 설명했듯이, "공동체는 그 구성원들이 동료 시민으로서 무엇을 '가지고 있는가' 뿐만 아니라 그들이 누구 '인가'를 기술하며, (자발적인 단체의 경우처럼) 그들이 선택하는 관계가 아니라 그들이 발견해야 하는 애착의 대상이고, 단순히 그들 정체성의 속성이 아니라 그 정체성 자체를 구성하는 요소"다.[15]

그렇지만 사실 풍요로운 정체성을, 오직 우리가 스스로를 인식하는 장소를 발견하는 일을 통해서만 획득할 필요는 없다. 단순히 습득하고 입수할 수도 있는 것이다. 전형적인 영국인이었던 바이런George Byron, 1788~1824이 그리스를 떠나면서 자신이 그토록 가깝게 동화했던 사람들과 헤어지려고 했을 때는, 그에게는 다음과 같이 슬퍼할 이유가 있었다.

> 아테네의 아가씨여, 우리 헤어지기 전에,
> 돌려주오, 오, 내 마음 돌려주오!

그리스인들과 함께했던 바이런이 습득한 정체성은 그 자신의 삶을 매우 풍요롭게 하는 동시에, 또한 그리스의 독립 투쟁에 얼마의 힘을 보태는 것이기도 했다. 우리는 정체성 발견론자들이 추정하는 것처럼 우리가 이미 자리 잡은 장소나 소속 관계 속에 갇혀 있지 않다.

그렇지만 발견론에 회의적일 수밖에 없는 가장 강력한 이유는 아마도 이미 우리에게 정해진 장소들에서조차 우리 자신을 확인하는 다양한 방식들이 있다는 점 때문일 것이다. 공동체에 대한 소속감은 대개의 경우 충분히 강하지만, 그렇다고 그 소속감이 다른 교제 관계나 소속 관계를 없애거나 압도할 필요는 없다. 선택은 끊임없이 찾아온다(우리가 실제 하고 있는 선택들을 일일이 밝히면서 모든 시간을 보내지 않을지라도 말이다).

카리브해의 시인 데릭 월컷Derek Walcott, 1930~[가]의 시 「아프리카로부터의 먼 외침A Far Cry from Africa」1962을 예로 들어보자. 이 시는 시인의 아프리카 내력과 영어 및 영문학에 대한 그의 애정(월컷에게는 이것이 매우 강력한 소속 관계다)이라는 두 가지 이질적인 연고緣故를 포착해 내고 있다.

> 동맥까지 찢기어, 나는 어디로 향할까?
> 술 취한 영국 군율軍律의 장교를 저주했던 나
> 사랑하는 아프리카와 영어 사이에
> 어떤 선택을 할까?
> 그 둘을 배반할까, 아니면 그들이 주는 것을 되돌려 줄까?
> 내가 어떻게 이러한 학살을 감당하고 냉담해질 수 있을까?
> 내가 어떻게 아프리카를 등지고 살 수 있을까?

월컷은 자신의 참된 정체성이 무엇인지 절대 "발견"할 수 없었다. 그는 무엇을 해야 할지, 그의 삶에서 서로 다른 충성심의 여지를 어떻게, 어느 정도까지 만들어낼지 결정해야 했다. 우리는 실제이든 상상된 것이든 갈등의 쟁점을 제기해야 하고, 상이한 우선순위들과 분화되어 있는 애착 관계에 대한 우리의 충성심이

[가] 세인트루시아 출신으로 트리니다드 토바고에서 주로 활동한 시인이자 극작가. 카리브해의 현실과 정서, 문화적 갈등 등을 강렬한 이미지로 표현한 작품들로 알려져 있다. 1992년 노벨 문학상 수상.

가지는 의미에 대해 질문해야 한다. 만약 월컷이 떼어낼 수 없는 아프리카에 대한 애정과 그의 영어 사랑 및 영어 사용(실로 그는 영어를 놀랄 만큼 아름답게 사용했다) 사이에 어떤 갈등이 있는지 의아하게 여긴다면, 이는 한 사람의 삶에 존재하는 이러한 이질적인 연고에 대해 폭넓은 질문을 제기하는 것이다. 대립적인 개인 연고가 프랑스, 아메리카, 남아프리카 공화국, 인도, 또 그 밖의 어디에서든 현실로 존재하는 것처럼, 월컷의 카리브해 지역에서도 명백히 현실적이다. 역사, 문화, 언어, 정치, 직업, 가족, 동료애 등등에 대한 이질적인 연고가 기본적으로 얼마나 중대한지 적절히 인식해야 하며, 그러한 연고들 모두가 공동체 찬양 일색 속에 침수되어서는 안 된다.

현재 쟁점이 되고 있는 논점은 '어떤' 정체성이든지 선택될 수 있는가(이것은 불합리한 주장일 것이다)의 여부가 아니라 우리가 실로 대안적인 정체성을 선택할 수 있는지, 혹은 정체성들의 대안적인 조합을 선택할 수 있는지의 여부다. 그리고 어쩌면 우리가 동시에 가지고 있는 다양한 정체성들 가운데 어디에 '우선순위'를 둘지 고려할 실질적인 자유야말로 더욱 중요할 것이다.[16] 바로 앞 장에서 논의한 예를 고려한다면, 한 사람의 선택은 가령 자신이 유대인이라는 인식에 의해 제약될 수도 있지만, 그럼에도 정치적 신념, 국가 의식, 인도주의적 참여, 직업에 대한 애착 등 자신이 동시에 가지고 있는 다른 여러 정체성에 비해 그 특정의 정체성에 어떤 가치를 부여할지에 대해서는 여전히 결정해야 하는 것이다.

라빈드라나트 타고르Rabindranath Tagore, 1861~1941가 한 세기 전에 벵골어로 출판한 소설 『고라Gorā』1910에는 '고라'라는 문제적 주인공이 등장한다. 고라는 그의 가족이나 친구 대부분이 벵골 도회지에 사는 것과는 달리, 낡은 힌두교 관습과 전통을 강력히 옹호하는 확고한 종교적 보수주의자의 면모를 보인다. 그렇지만 타고르는 소설의 결말 부분에서 고라를 큰 혼란에 휩싸이도록 만든다. 고라의 수양어머니가 1857년 무시무시한 반영反英 항쟁[가]에서 세포이 반란군이 고라의 아일랜드인 친부모를 죽이자 자신의 인도인 가족이 고아인 그를 양자로 받아들였다고 밝힌 것이다(고라라는 이름은 "흰색"을 뜻하며, 아마도 그의 남다른 모습이 주목을 끌기는 했겠으나 확연히 구별되지는 않았을 것이다). 타고르는 고라의 호전적인 보수주의를 일거에 무너뜨린다. 고라는 자신이 열렬히 옹호해 왔던 편협한 보수주의적 대의명분 덕에 전통 사원의 모든 문이 "외국 태생"인 자신에게는 닫혀 있다는 것을 알게 되기 때문이다.

고라가 직면했던 것만큼 근본적인 것은 아니더라도 우리 또한 우리 자신에 관해 많은 것을 발견한다. 하지만 이것을 인식하는 것과 정체성을 발견의 문제로 여기는 일은 같은 것이 아니다. 우리가 자신에 관해 매우 중요한 사실을 발견할 때조차도, 여전히 선택의 문제는 남아 있다. 고라는 힌두교 보수주의를 계속해서

[가] 1857년 영국 동인도 회사의 인도인 용병인 세포이들이 영국의 식민 지배에 반대해 일으켜 널리 확대된 항쟁으로, 영국군의 강력한 진압으로 1859년 막을 내렸다. 이를 계기로, 영국은 동인도 회사를 폐지하고 인도를 직접 통치하는 체제로 바꾸었다.

옹호해야 할지(지금은 불가피하게 거리를 두게 되었지만), 아니면 자신을 어떤 다른 존재로 봐야 할지 질문해야 했다. 고라는 여자 친구의 도움으로 자신이 종교나 카스트, 계급, 피부색에 의해 그려지는 것이 아니라 궁극적으로 자신을 그저 인도가 고향인 한 사람으로 생각하기로 결정한다. 혹독한 발견이 이루어질 때조차 중요한 선택은 이루어져야 한다. 삶은 단순히 운명이기만 한 것이 아니다.

Chapter 

문명의 감금

Civilizational Confinement

"문명의 충돌"은 세계적 갈등과 불신의 목록에 9·11이라는 끔찍한 일이 거세게 덧붙여지기 이전에도 이미 인기 있는 주제였다. 그러나 이 무시무시한 사건은 이른바 문명의 충돌에 대한 기존의 관심을 크게 확대하는 효과를 낳았다. 실제로, 영향력 있는 평론가들 중에는 세계적 갈등에 대한 관찰과 문명 간 대결에 관한 이론 사이에 직접적인 연계를 파악하고 싶은 유혹을 받은 이들이 많았다. 새뮤얼 헌팅턴의 유명한 책[1]에서 강력히 제시된 문명 충돌론에 커다란 관심이 쏠렸다. 특히, "서구" 문명과 "이슬람" 문명 간의 충돌 이론이 자주 언급되었다.

문명 충돌론에는 뚜렷한 난점이 두 가지 있다. 우선, 사람들을 그들이 "속한다고" 주장되는 문명에 따라 분류할 수 있는지, 그 분류의 의미는 무엇인지 하는 문제에 대한 것이다(이것이 둘 중에 더욱 근본적인 난점일 것이다). 이러한 물음은 그렇게 문명들의 상자carton에 따라 분류된 사람들이 아무래도 서로 사이가 나쁠 것이라는 관점, 즉 그들이 속한 문명들은 상호 적대적이라는 관점의 문제점들을 거론하기도 전에 제기되는 것이다. 사람들을 주로 이러저러한 문명에 소속되어 있는 것으로 파악할 수 있다고 하는 더욱 일반화된 관념이 문명의 충돌 논제의 기저에 깔려 있다. 이러한 환원주의적 관점에서는, 상이한 사람들 사이의 관계는 저마다 그들이 속한다고 하는 문명들 사이의 관계로 파악될 수 있다.

1장에서 논의했듯이, 사람들을 주로 문명의 구성원(예컨대, 헌팅턴의 범주에서는 "서구 세계"이거나 "이슬람 세계", "힌두교 세계", "불교 세계"의 구성원)으로 파악하려는 것은 이미 사람들을 단 하나의 차원으로 환원하는 것이다. 그러므로 문명의 충돌 논제는 우리가 이질적인 문명들(세계의 인구는 이러한 문명들로 절묘하게 분할된다)이 반드시(또는 전형적으로라도) 충돌해야 하는지의 여부를 질문하는 시점에 이르기도 전에 이미 결함을 드러내기 시작한다. 그 질문에 어떤 답을 내놓는가와 상관없이, 우리가 이러한 제한적 형식의 질문을 탐구하는 것 자체만으로도, 세계의 사람들을 분류할 수 있는 다른 모든 방식을 뒤로한 채, 이 하나의 범주화에 독보적인 가치가 있다는 주장에 암묵적으로 신뢰를 보내게 되는 셈이다.

실제로, 세계 인구를 분류하는 데 이와 똑같은 단 하나의 방식을 수용하기 시작한다면 "문명 충돌" 이론의 '반대자'라 할지라도 이 이론의 지적 토대를 굳건히 하는 데 사실상 기여할 수 있다. 물론 분리된 문명에 속한 사람들 사이에 잠재적인 선의가 있을 거라고 따뜻하게 믿는 것은, 그들 사이에서 갈등과 투쟁만을 바라보려는 차가운 비관주의와는 크게 다르다. 하지만 두 가지 접근 모두 전 세계 사람을 그들 각자가 속한 개별 문명에 의해 이해하고 현저히 특징지을 수 있다는 동일한 환원주의적 확신을 공유하는 것이다. 세계를 문명이라는 칸들로 분리되어 있다고 믿는 생기 없는 동일한 세계관을 온건파와 강경파, 두 이론가 집단 모두가 공유하고 있는 것이다.

예를 들어, 이슬람 문명권 사람들은 호전적 문화를 추구한다는 역겹고 추잡한 일반화에 이의를 제기할 때는, 그들이 실제로는 평화와 친선의 문화를 공유한다고 주장하는 것이 일반적이다. 그러나 이것은 단순히 하나의 판에 박힌 이해를 또 다른 이해로 대체하는 것이며, 게다가 종교에 의해 우연히 무슬림이 된 사람들이 그 밖의 다른 면에서도 기본적으로 서로 유사하다는 암묵적 가정을 수용하는 것을 의미한다. 문명의 범주를 이질적이고 분리된 단위들로 규정하고자 할 때의 온갖 어려움은 둘째로 치더라도(최근 들어서 이런 어려움이 더하다), 사람들을 그들이 속해 있다고 간주되는 종교 기반의 문명에 의해 오로지(또는 주로) 이해하는 것이 인간을 이해하는 훌륭한 방식이라는 가정에, 이 경우에는 양 입장을 지지하는 주장 모두가 공통된 믿음을 보내고 있는 것이다. 문명을 구획화하는 것은 인간을 이해하는 다른 방식들, 더욱 풍부한 방식들을 억압함으로써 사회 분석에 지나치게 개입하는 현상이다. 그것은 문명 충돌의 북소리가 울려 퍼지기도 전에 이미 전 세계 사람 거의 모두를 잘못 이해하는 토대를 제공한다.

분쟁에 관한 매우 거대한 논제로서 문명의 충돌을 들 수 있다면, 그보다는 작아도 오늘날 우리가 세계 곳곳에서 목도하는 분쟁과 수많은 만행을 문화나 정체성의 차이와 연결시키는 영향력 있는 주장들도 있다. 즉 헌팅턴이 상상한 세계에서처럼 매우 중대한 하나의 분할법에 따라 전 세계 사람을 서로 경쟁하는 문명의 틀 속에 끼워 넣는 대신, 거기에서 다소 변형된 방식으로 접근하는 주장들이다. 이러한 접근법에서는 지역 주민을 상이한 문화와 이질적 역사를 가져 서로 충돌하는 집단으로 나뉘는 것으로 파악하며, 서로에 대해 거의 "자연스럽게" 적대감을 키워가는 경향이 있는 사람들로 파악한다. 가령 후투족과 투치족, 세르비아인과 알바니아인, 타밀족과 신할리즈족 간의 갈등은 이제 고상한 역사적 용어로 재해석되고, 그 속에서 현대 정치의 시시함보다 훨씬 더 웅장한 무언가를 보는 것이다.

이렇게 되면, 오늘날의 사건과 음모 들을 연구하지 않고서는 적절히 분석될 수 없는 현대적 갈등마저 해묵은 반목으로 해석하게 된다. 즉 오늘날의 선수들을 조상에게서 물려받은 것으로 주장되는 경기에 위치시켜 미리 정해진 역할을 하도록 시키는 셈이 된다. 결과적으로, 오늘날의 갈등에 대해 "문명론적"으로 접근하는 것은 (거대한 접근이든 그보다는 작은 접근이든) 현재의 유력한 정치에 더욱 완전히 집중하는 데에도, 또 오늘날 폭력을 유발하는 과정과 역학을 탐구하는 데에도 주요한 지적 장애물이 된다.

이렇게 강요적인 문명론적 접근법이 왜 그리 호소력이 있는지 이해하는 것은 어렵지 않다. 이 접근법은 역사의 풍부성에 기대고 있으며 문화 분석의 명백한 깊이와 무게에 의지하고 있다. 또한 일상적이고 평범해 보이는 "오늘날 여기"에 대한 즉흥적인 정치 분석에는 결여된 듯한 심오함을 추구한다. 내가 문명론적 접근법을 논박할 때는, 이런 지적 유혹을 감지하지 못하기 때문은 아니다.

내가 인도에서 영국으로 처음 건너갔을 때인 50년 전 케임브리지 대학생 시절의 한 사건이 떠오른다. 이미 통찰력 있는 정치 분석으로 상당한 평판을 얻고 있던 한 친절한 동급생이 있었는데, 그 친구가 나를 당시 개봉된 영화 〈이창Rear Window〉1954을 상영하는 극장에 데려갔다. 그 영화에서 다리를 다쳐 움직일 수 없는 신중한 사진작가(제임스 스튜어트James Stewart, 1908~1997 분)가 건너편 집에 일어난 매우 수상쩍은 사건을 지켜보는 장면이 나왔다. 제임스 스튜어트와 마찬가지로, 나도 소박하기는 하지만 창문 너머로 보이는 건너편 아파트에서 소름 끼치는 살인이 일어났다고 확신하게 되었다.

하지만 내 이론가 친구는 설명하기를(친구가 그렇게 속삭이는 도중에 옆 좌석에서 좀 조용히 해달라는 항의가 있었다), 살인 사건은 전혀 없었으며 영화 전체는 미국의 매카시즘McCarthyism에 대한 진지한 고발이었다고 했다(그는 그렇게 확신하고 있었고 나도 그것을 곧 알게 되리라고 주장했다). 당시 미국의 매카시즘은 모두로 하여금 타인의 활동을 심각한 의심의 시선으로 지켜보도록 조장하고 있었다. 친구는 제3세계 출신 풋내기인 내게 다음과 같은 사실을 알려 주었다. “이 영화는 점점 더 남의 동정을 살피려고 드는 미국 문화에 대한 강력한 비판이야.” 나는 그런 비판이 있어 심오한 영화가 탄생할 수 있었으리라고 쉽사리 이해했지만, 그러나 우리가 본 그 영화가 정말 그런 영화인지 의아했다. 나중에, 살인자가 세속적 벌을 받게 되는 소박하고 사소한 세계와 그 친구를 화해시켜야 했던, 서구 문화에 대한 실망스러운 입문을 경험한 덕분에 나는 진한 커피 한 잔을 만들어야 했던 것이 기억난다. 마찬가지로, 우리가 살아가는 세계에서 우리가 문명의 거대한 충돌을 실제로 목도하고 있는 것인지, 아니면 깊이와 심오함을 단호하게 추구하는 사람에게는 문명의 충돌로 보일 뿐 실제로는 그보다 훨씬 더 일상적인 사건을 겪고 있는 것은 아닌지에 대해 질문이 이루어져야 한다.

그렇지만 문명론적 분석이 추구하는 깊이는 주요한 지적 분석의 높이와 배치되는 것이 아니다. 어떤 면에서, 문명론적 분석은 특별히 지적이지 않은 집단에서 유행하는 상식적 믿음을 반영하고 확대한다. 가령 “그 다른 사람들”이 믿고 있는 것에 반대해 “서구적” 가치를 끌어들이는 것은 오히려 공적 논의에서 흔한 일상이 되었으며 정치적 수사 및 반反이민의 언술에서 그려지는 것과 마찬가지로 정기적으로 타블로이드판 신문의 머리기사를 장식한다. 9·11의 여파 이래, 무슬림에 대한 판에 박힌 이해는 내 판단으로는 주제에 대해 특별히 전문적 식견을 갖추지 못한 사람들에게서 나온 것이었다. 그러나 문명 충돌론은 조야하고 거친 대중적 믿음에 이른바 세련된 토대를 자주 제공했다. 교양 있는 이론은 단순하고 편협한 신앙마저 보충할 수 있는 것이다.

문명론적 설명의 두 가지 난점 Two Difficulties of Civilizational Explanations

그렇다면 문명론적 범주에 의지해 오늘날의 세계적 사건들을 설명할 때 어떤 난점이 있는가? 1장에서 시사했듯이, 아마도 가장 기본적 약점은 특히 단일성이라는 환영을 야심 차게 사용하는 데 있을 것이다. 이러한 약점에다 두 번째 문제를 덧붙여야겠다. 바로, 세계 문명을 조잡하게 특징짓는 점이다. 세계 문명을 과거와 현재에 대한 경험적 분석을 통해 드러난 것보다도 훨씬 동질적이고 고립적인 것으로 간주한다.

단일성의 환영은 인간을 여러 소속 관계를 지닌 개인이나 여러 상이한 집단에 소속된 사람으로 이해하기보다는 독보적으로 중요한 정체성을 부여하는 하나의 특정 집단의 구성원으로만 이해하는 추정에 의지한다. 단일 분류법이 발휘하는 강력한 위력을 은연중 믿는 것은 현상 기술이나 미래 예측에 대한 하나의 접근법으로서도 조잡할 뿐 아니라, 형식과 의미에서도 지독히 대결적이다. 세계의 사람들을 독보적으로 편을 가르는 관점에서 인간을 이해하는 것은 "인간은 세계 어디서나 동일하다"라는 오래된 믿음에도 반할 뿐 아니라 우리는 여러 다양한 측면에서 서로 다르다는 중요하고도 근거 있는 이해에도 위반된다. 우리들의 차이는 겨우 단 하나의 차원에만 있는 것이 아니다.

우리 각자는 우리가 동시에 소속되어 있는 다양한 집단과 관계된 상이한 정체성들을 무수히 가질 수 있다는 깨달음이 일부 사람들에게는 다소 복잡한 견해처럼 보이는 모양이다. 하지만 앞 장에서도 논의했듯이, 이는 극히 평범하고 기초적인 인식이다. 우리의 일반적인 삶에서 우리는 스스로를 다양한 집단의 구성원으로 인식한다. 즉 우리는 그 집단들 모두에 속해 있는 것이다. 한 사람이 여성이라는 사실은 그 사람이 채식주의자라는 사실과 모순되지 않는다. 그 사실은 또한 그가 변호사라는 사실에 불리하게 작용하지 않으며, 그가 재즈 애호가나 이성애자, 또는 게이와 레즈비언 권리의 지지자가 되는 것을 막지 못한다. 누구나 여러 상이한 집단의 구성원이 될 수 있고(어떤 식으로든 모순이 되지 않는다), 개인이 속한 이들 집단 각각은 개인에게 (맥락에 따라서는) 매우 중요할 수 있는 잠재적 정체성을 부여한다.

단 하나의 조잡한 분류가 가지는 선동적 함의에 대해서는 이미 앞에서도 논의했고 이후의 장들에서도 더 탐구할 것이다. 문명론적 분할을 통해 전 세계 사람들에 대한 단일한 이해에 닿으려는 시도는 우리가 공유하고 있는 인간성에 반할 뿐 아니라, 우리 모두가 갖고 있는 다양한 정체성들을 침식하는 개념적 약점도 안고 있다. 다양한 정체성은 하나의 독보적이고 엄격한 격리 방식에 따라 우리를 서로 적대시하도록 만들지는 않는다. 잘못된 묘사와 오해는 필요 이상으로 세계를 약화시킬 수 있다.

문명론적 접근은 단일 범주의 추정에 의존하는 것이 지속되기 어렵다는 점 외에도, 동일시된 각 문명 내의 다양성을 무시하는 결함을 안고 있기도 하며, 개별 문명들 간의 광범위한 상호 관계를 간과하는 단점도 있다. 그래서 문명론적 접근의 기술記述적 빈약함은 결점투성이의 단일성에 의존하는 것 그 이상이다.

인도를 힌두 문명으로 보는 것에 대해 On Seeing India as a Hindu Civilization

내 조국 인도가 이러한 분류 체계에서 어떻게 다루어지는지 고려함으로써 이 쟁점을 설명해 보겠다.[2] 인도를 "힌두 문명"으로 기술할 때, 이른바 "문명의 충돌"에 대한 헌팅턴의 설명은 인도가 인도네시아 및 바로 이웃 나라 파키스탄을 제외하고 전 세계에서 무슬림의 수가 가장 많은 나라라는 사실을 경시했다. "무슬림 세계"에 대한 이런 자의적인 정의 방식에서는 인도가 무슬림 세계에 속하지 않을지 모르지만, 인도에는 헌팅턴이 "무슬림 세계"로 정의한 거의 모든 나라보다 훨씬 많은 무슬림이 살고 있다는 것은 여전히 사실이다(인도에 살고 있는 1억 4,500만 무슬림은 영국 전체 인구와 프랑스 전체 인구를 합친 것보다 더 많다). 또한 인도 역사에서 무슬림이 행한 주요 역할을 주목하지 않고서는 현대 인도 문명을 생각하기란 불가능하다.

사실, 힌두교도와 무슬림 양자가 기여한 공헌의 범위를 서로 철저히 뒤섞인 방식으로 파악하지 않은 채 인도의 예술, 문학, 음악, 영화, 음식 등의 성격과 범위를 이해하려는 것은 헛수고에 지나지 않는다.[3] 또한 일상생활이나 문화 활동에서 상호 작용은 공동체별로 따로 분리되어 일어나는 것이 아니다. 예를 들어, 우리가 시타르sitār[가]의 명인 라비 샹카르Ravi Shankar, 1920~와 위대한 사로드sarod 연주가 알리 아크바르 칸Ali Akbar Khan, 1922~2009의 음악 스타일을 인도 고전 음악의 상이한 형식에 대해 이들의 숙련도가 얼마나 되는지를 근거로 대조할 수는 있지만, 이들을 각각 "힌두 음악가"나 "무슬림 음악가"로 특정해 간주하지는 않을 것이다(비록 샹카르가 우연히 힌두교도이고 칸이 무슬림이라고 하더라도 말이다). 이는 마찬가지로 볼리우드Bollywood[나]를 포함해 문화적 창의성이 발휘되는 다른 영역에도 적용된다. 인도 대중문화의 위대한 분야인 볼리우드에서는 영화감독뿐 아니라 수많은 주연급 배우와 여배우가 무슬림 출신이며(비무슬림 조상을 둔 다른 배우들도 함께 출연한다), 이들은 인도 인구의 80퍼센트 이상을 차지하는 힌두교도로부터 많은 사랑을 받는다.

게다가, 무슬림이 인도 인구에서 유일하게 비힌두교 집단인 것도 아니다. 시크교도와 자이나교도 역시 존재감이 크다. 인도가 단지 불교의 발원지이기만 한 것은 아니며(불교는 1천 년 넘도록 인도의 지배적 종교였다. 중국에서 인도를 "불교 왕국"이라고 자주 지칭했을 정도다), 불가지론 학파와 무신론 학파(차르바카Cārvāka파[다]와 로

[가] 시타르와 사로드 모두 인도 북부에서 고전 음악을 연주할 때 대표적으로 쓰이는 민속 발현 악기다. 시타르에는 6~7줄의 멜로디 현과 3줄의 저음 현, 열 줄 남짓의 공명현이 감겨 있고, 사로드는 4~5줄의 멜로디 현, 2줄의 저음 현, 10줄가량의 공명현이 있다. 두 악기 모두 픽으로 현을 퉁긴다.

[나] 인도 영화 산업계를 미국 할리우드와 대비시켜 부르는 말. 1970년대 인도 영화 산업의 중심지였던 뭄바이의 옛 이름 '봄베이'와 '할리우드'의 합성어이다.

카야타Lokāyata파)가 적어도 기원전 6세기경부터 오늘날에 이르기까지 인도에서 번창했다. 영국에 실질적인 기독교 공동체들이 존재하기 200년 전인 4세기경에 인도에는 이미 대규모 기독교 공동체가 있었다. 유대인들은 예루살렘 함락 직후 인도로 왔으며, 파르시Parsi인[라]들은 8세기에 인도로 건너왔다.

인도를 "힌두 문명"으로 특징지은 헌팅턴의 설명에 기술記述상의 난점이 많다는 것은 명백하다. 또한 정치적으로도 쉽게 불붙을 수 있는 성격의 것이다. 힌두 분리주의 정치인들이 인도를 "힌두 문명"으로 보고자 하는 관점을 지지하려고 한 것은 역사에 대한 터무니없는 왜곡과 현재 현실의 조작에다 매우 기만적인 신뢰도를 더하는 것이다. 정치적으로 적극적인 무수한 "힌두트바Hindutva"[마] 운동 지도자들은 헌팅턴을 참으로 자주 인용한다. 헌팅턴이 인도를 "힌두 문명"으로 보는 것과 힌두트바의 정치적 구루guru[바]들이 애호해 마지않는 인도에 대한 "힌두적 관점"의 장려 사이의 유사성을 생각해 볼 때 이것은 그리 놀라운 일은 아니다.

공교롭게도, 2004년 봄 인도 총선거에서, 힌두 행동주의 정당이 주도한 정당 연합[사]은 인도 전역에서 일어난 광범위한 반전과 더불어 쓰라린 패배를 맛봐야 했다. 무슬림이 대통령이 되었다는 사실 외에도, 세속주의 인도 공화국은 이제 총리가 시크교도이며

[다] 차르바카파와 로카야타파는 고대 인도 철학에서 유물론과 무신론을 주창했던 학파다. '로카야타'가 '세상에 순종하는 사람'의 뜻이어서 '순세파順世派'라고도 불린다.

[라] 인도에 거주하는 페르시아 계통의 조로아스터교도.

[마] 힌두 근본주의.

[바] 힌두교, 시크교 등에서 정신적 스승을 일컫는 말.

[사] 바라티야 자나타당Bharatiya Janata Party (BJP). 보통 '인도인민당'으로 부른다.

여당 의장이 기독교도다(80퍼센트 이상이 힌두교도인, 세계 최대 규모의 민주적 유권자들에게는 이것이 그리 나쁘지 않은 결과다). 그렇지만 인도에 대한 힌두 분리주의적 관념을 새롭게 조장하는 위협이 여전히 존재한다. 비록 인도를 힌두 문명으로 보려는 힌두적 관점을 가진 정당들이 4분의 1도 득표하지 못했다고 하더라도(이는 힌두교 인구의 아주 작은 부분에 불과하다), 인도를 "힌두 문명"으로 보려는 정치적 시도는 쉽사리 사그라지지 않을 것이다. 인위적인 단일 종교에 의거해 인도를 극히 단순하게 특징짓는 것은 기술상의 결함이 있다는 점 외에도 정치적으로 일촉즉발의 위험을 안고 있는 것이다.

서구 가치에 고유성이 있다는 주장에 대해 On the Alleged Uniqueness of Western Values

인도를 힌두 문명으로 그리는 것은 조잡한 오류일지 모르겠다. 하지만 다른 문명의 특징을 규정하는 경우에도 이런저런 조악함coarseness이 마찬가지로 존재한다. "서구 문명"이라고 불리는 것을 고려해 보자. 사실, "문명의 충돌"을 옹호하는 것은, 이러한 단일 분할 방식에 독특한 심오함이 있다고 믿는 것과 일맥상통하는 것으로, 관용의 문화를 역사를 거슬러 올라가면서까지 확장시켜 서구 문명의 특별하고 영속적인 특징으로 간주하는 경향이 있다. 참으로, 이는 문명의 충돌 주장을 떠받치는 가치 충돌의 중요한 측면의 하나로 보인다. 헌팅턴은 "서구는 근대화되기 훨씬 전에도 서구였다"라고 주장한다.[4] 그는 서구에는 ("사회적 다원주의"와 같은 특징들과 더불어) "문명사회들 가운데 유일하게 개인주의 의식이나 개인의 권리 및 자유의 전통"이 있었다고 인용한다.

문명의 구분을 바라보는 이러한 방식은 점차 일반화되고 있는데, 이는 사람들이 가끔 추정하는 것처럼 서구의 전통적 문화 분석에 실제로 근거하고 있는 것이 아니다. 예를 들어, 전혀 다른 문화권에서 서구 문화를 특징짓는 것(오스발트 슈펭글러Oswald Spengler, 1880~1936는 매우 영향력 있는 책 『서구의 몰락Der Untergang des Abendlandes』 1918, 1923에서 이것을 제시했다)은 각 문화 내 이질성의 여지를, 그리고 분명하게 관찰될 수 있는 비교 문화적 유사성의 여지를 명백히 마련해 주었다. 실제로, 슈펭글러는 "갠지스Ganges 강가에 앉아 생각해 보면 소크라테스Socrates, BC 469~399와 에피쿠로스Epikouros, BC 342?~271, 특히 디오게네스Diogenēs, BC 400?~323의 사상에서 불합리한 것은 아무것도 없다. 서구 대도시에서 디오게네스의 사상을 생각했다면 시시한 바보가 되었을 테지만 말이다"[5]라고 주장했다.

사실, 헌팅턴의 논제는 경험주의적으로 유지하기 매우 어렵다. 관용과 자유는 확실히 근대 유럽의 중요한 성취에 속한다(나치 독일, 그리고 아시아와 아프리카에서 영국이나 프랑스, 포르투갈 제국이 저지른 편협한 통치 등의 예외를 제외한다면 말이다). 그러나 1천 년 이상을 거슬러 올라가, 거기서 단일의 역사적 구분선을 발견하는 것은 매우 공상적이다. 완전히 현대적인 형태의 정치적 자유와 종교적 관용을 지지하는 것이 오랜 역사적 특징에 해당되는 나라나 문명은 세계 어디에도 없다. 플라톤Platon, BC 428?~347?과 아퀴나스Thomas Aquinas, 1225?~1274는 그들 사유에서 공자孔子, BC 551~479 못지않게 권위주의적이었다. 고전적 유럽 사상에 관용의 옹호자가 있었다는 것을 부인하려는 것이 아니다. 다만 서구 세계 전체(고대 그리스와 로마에서 바이킹과 동고트족에 이르기까지)에 점수를 주기 위해 이것을 받아들이더라도, 이와 유사한 사례는 다른 문화권에서도 마찬가지로 찾을 수 있다는 것이다.

예를 들어, 기원전 3세기에 인도 아소카Aśoka, 재위 273?~232? 왕은 ("다른 사람들의 종파 모두가 어떤 이유로든 존경받을 만하다"라고 주장하면서) 종교적 관용 및 다른 종류의 관용을 헌신적으로 옹호했다. 그는 확실히 어디에 내놓아도 가장 일찍이 관용을 옹호한 정치인 가운데 한 사람일 것이다. 최근 제작된 볼리우드 영화 〈아소카Aśoka〉2001(공교롭게도 무슬림 감독이 만들었다)가 세세한 부분까지 역사적 정확성을 구현하는지는 단정하기 어렵지만(한 가지 예로, 노래를 부르고 사랑 이야기가 펼쳐지며 알뜰하게 차려입고 춤추는 볼리우드의 매혹이 지나치게 사용되고 있다), 어쨌든 2,300년 전 세속주의와 관용을 중요시했던 아소카 사상의 가치와, 그 사상이 오늘날의 인도와도 여전히 관련이 있다는 사실을 올바르게 강조하고 있다. 그보다 더 후대인 인도 무굴 제국의 황제 아크바르가 아그라에서 종교적 관용에 대해 유사한 선언("어느 누구도 종교 때문에 간섭받아서는 안 되며, 누구나가 자기 마음에 드는 종교로 개종할 수 있어야 한다")을 한 1590년대에, 유럽에서는 종교 재판이 광범위하게 이루어졌으며 이교도들이 여전히 화형에 처해지고 있었다.

마찬가지로, 민주주의는 비서구 세계에서는 이질적인 사상인 것처럼, 그래서 본질적으로 서구 사상인 것처럼 보이는 경우가 자주 있다. 최근 이라크에 민주적 정부 체제를 수립하는 과정에서 미국이 주도하는 연합국이 겪고 있는 곤경도 이러한 문명론적 단순화에 어느 정도 힘을 실어주었을 것이다. 그렇지만 군사 개입 이후 이라크에서의 곤경에 대한 비난이, 충분히 알지도 못하고 숙고하지도 못한 상태에서 성급하게 선택한 군사 개입의 본질적 성격에 맞추어진 것이 아니라, 민주주의는 이라크나 중동 또는 비서구 문화권에는 적합하지 않다는 어떤 추측된 관점에서 제기된 것이라면, 이는 진정 명쾌함이 상실된 것이다. 내 생각에, 이것은 중동이든 그 밖의 어디서든 오늘날 우리가 직면하는 문제들을 완전히 잘못된 방식으로 이해하는 것이다.

서구 국가들이 이라크나 다른 어떤 나라에 민주주의를 "부과할impose" 수 있을지에 대해서는 자주 회의가 있어왔다. 그렇지만 "부과"라는 개념을 중심에 두는 그러한 형태로 의문을 제기하는 것은 민주주의가 서구의 것이라는 소유적 믿음을 함의한다. 즉 민주주의가 오직 서구에서만 태동하고 발전했으며, 그래서 본질적으로 "서구" 사상이라고 간주하는 것이다. 이는 역사와 민주주의의 현대적 전망에 대해 철저히 오도해서 이해하는 방식이다.

물론 민주주의와 공공에 의한 이성적 추론public reasoning이라는 근대적 개념이 지난 수 세기 동안 유럽과 미국의 분석과 경험 들에서, 특히 (콩도르세Nicolas de Condorcet, 1743~1794, 제임스 매디슨James Madison, 1751~1836, 알렉시 드 토크빌Alexis de Tocqueville, 1805~1859, 존 스튜어트 밀과 같은 민주주의 이론가들의 공헌을 포함해) 유럽 계몽주의의 지적인 힘에서 큰 영향을 받아왔다는 것은 전적으로 의심의 여지가 없다. 하지만 서구와 비서구의 본질적이고도 오래된 이분법을 구성하면서, 비교적 최근의 경험을 끌어와 역으로 추론하는 것은 매우 이상한 역사가 될 것이다.

짧은 기간의 경험을 기초로 기나긴 과거를 다시 정의하는 허울뿐인 역사와는 달리, 고대 그리스에 특히 초점을 맞추는, 역사적으로 더욱 야심 찬 추론 방식이 있다. 민주주의가 본질적으로 "서구적인" 것이라는 믿음은 일찍이 그리스, 특히 아테네에서 투표와 선거가 시행되었다는 사실과 자주 연결된다. 고대 그리스에서 선구적으로 시작된 것은 참으로 중요한 사실이지만, 이로부터 민주주의가 "서구적" (또는 "유럽적") 본성을 가졌다고 곧바로 비약하는 것은 적어도 세 가지 분명한 이유 때문에 혼란스럽고 당혹스럽다.

첫째, 주로 인종적 용어로 문명을 정의하는 분류의 자의성이다. 문명 범주를 바라보는 이런 방식에서, 가령 그리스 전통의 적임 계승자로 고트족[가]과 서고트족의 후손을 고려할 때는("그들은 모두 유럽인이다"라는 말들을 한다) 큰 어려움이 없어 보이지만, 고

[가] 동게르만계의 한 부족으로 흑해 서북부 지역에 정착했다가, 4세기 말 훈족의 압력으로 동고트족과 서고트족으로 나뉘었다. 동고트족은 지금의 헝가리에서 이탈리아에 이르는 지역에 동고트 왕국을, 서고트족은 지금의 프랑스 남부와 이베리아 반도 지역에 서고트 왕국을 건설했다.

대 그리스인들과 그리스 동·서쪽에 위치한 다른 고대 문명의 지적 연결 고리에 주목하고자 할 때는 커다란 거부감이 생긴다. 고대 그리스인들이 (동고트족에게 말을 걸 때보다는) 고대 이란인이나 인도인, 이집트인 들에 대해 자발적으로 더 큰 관심을 보였음에도 말이다.

둘째 쟁점은 초기 그리스의 경험을 추적하는 문제와 관련되어 있다. 아테네인들이 투표를 처음으로 시행한 개척자인 것은 확실하지만, 그 후 수 세기 동안 여러 지방의 정부들이 그와 같은 길을 따랐다. 선거에 의한 통치 방식에서 그리스가 얻은 경험이 그리스와 로마의 서쪽에 있는 나라들, 말하자면 오늘날의 프랑스나 독일, 영국에 해당하는 나라들에 '직접적으로' 큰 영향을 끼쳤다는 것을 보여주는 증거는 하나도 없다. 이와 대조적으로, 아테네 민주주의가 꽃을 피운 이후 수 세기 동안 그 당시 아시아(이란과 박트리아Bactria, 인도)의 몇몇 도시에서는 시정市政에 민주주의의 요소를 도입했다. 예를 들어, 이란 남서부의 수사Susa(또는 슈샨Shushan)에서는 몇 세기 동안 의회와 민회가 선출되었고, 의회가 추천하고 민회에서 선출한 행정관이 있었다.

셋째, 민주주의는 선거와 투표뿐 아니라 공공의 심의public deliberation와 공공의 추론에 관한 것이기도 하다. 오래된 표현으로 나타내면 "토론에 의한 통치"다. 공공의 추론이 고대 그리스에서 활발히 이루어지기는 했지만, 몇몇 다른 고대 문명에서도 이루어졌으며 때로는 장관을 이룰 정도로 멋들어지게 열리기도 했다. 예를 들어, 상이한 관점으로 인한 논쟁을 해결하려는 특정 목적으로 열린 초기의 공개 대회합들은 인도의 이른바 불교 대회[가]에서 개최되었으며, 이때 서로 다른 관점을 지지하는 사람들이 모여 그 차이를 해소하고자 했다. 앞서 언급한 아소카는 기원전 3세기, 당시 인도의 수도인 파탈리푸트라Pataliputra(지금의 파트나Patna)에서 세 번째이자 가장 대규모였던 불교 대회를 개최했으며, 공적 토론의 규칙을 최초로 체계화하고 이것을 경전으로 편찬해 보급하려고 했다(이는 19세기 "로버트의 의사 진행 규칙Robert's Rules of Order"[나]의 초기 버전으로 볼 수 있다).

공적 토론의 전통은 세계 도처에서 찾을 수 있다. 또 다른 역사적 선례를 찾아보자면, 7세기 초 불교 신자였던 일본의 쇼토쿠聖德, 573~621 태자는 자신의 어머니[다] 스이코推古, 재위 593~628 일왕을 대리하는 섭정으로서 604년에 공포한 「17조 헌법十七條憲法」에서 다음과 같이 주장했다. "중대한 문제는 한 사람이 단독으로 결정해서는 안 된다. 다수의 토론이 있어야 한다." 이는 공교롭게도 13세기에 승인된 마그나 카르타Magna Carta[라]보다 600년이나 빠르다. 일본의 「17조 헌법」은 다수의 추론이 왜 중요한지 다음과 같이 설명했다. "다른 사람들이 우리와 다르다고 성부터 내지 말라. 모든 사람이 마음을 가지고 있는데 각 마음은 그 자체의 성향을

[가] 이를 '결집結集'이라 한다. 석가모니의 제자들이 모여 회의를 거쳐 불전佛典을 평가하고 편찬하는 것이다.

[나] 의사 진행 규칙은 의회 또는 심의회에서 회의를 진행시키고 운영하는 절차와 방법을 정한 것을 말한다. '로버트의 의사 진행 규칙'은 1876년 미 육군 소령인 헨리 로버트Henry Robert, 1837~1923가 '심의회를 위한 의사 진행 규칙 포켓 매뉴얼'이란 제목으로 펴낸 것이 시초였으며, 현재까지 개정판이 거듭해서 출간되고 있다.

[다] 이는 저자가 잘못 알고 있는 것이다. 스이코 일왕은 쇼토쿠 태자의 숙모였다.

[라] 1215년 영국의 귀족들이 국왕 존John of England, 재위 1199~1216에게 강요해 왕권의 제한과 의회의 권리를 확인한 문서. 의회의 동의 없이 과세할 수 없으며, 재판과 법률에 의하지 않고서는 국민을 체포하거나 구금할 수 없다는 등의 내용이 담겨 있어, 입헌 정치의 원칙 확립과 근대 헌법의 토대 마련에 중요한 역할을 했다.

지니고 있기 때문이다. 그들에게 옳은 것이 우리에게 그른 것일 수 있으며, 우리에게 옳은 것이 그들에게 그른 것일 수 있다."[6] 일부 논평가들이 「17조 헌법」에서 일본의 "민주주의를 향한 점진적 발전의 첫걸음"을 본 것은 당연했다.[7]

공적 토론은 세계 곳곳에서 오랜 역사를 가지고 있다. 심지어 정복왕 알렉산드로스Alexandros, 재위 BC 336~323조차도 기원전 325년경 인도 북서부 지방을 순회하면서 공적 비판의 좋은 본보기를 접하게 되었다. 알렉산드로스가 한 무리의 자이나교 철학자들에게 왜 위대한 정복자인 자신에게 아무런 주의를 기울이지 않는지 물었을 때(알렉산드로스는 이 인도 철학자들이 자신에게 관심이 없는 것을 보고 분명히 실망했다), 그에게 다음과 같은 설득력 있는 답변이 돌아왔다.

> 알렉산드로스 왕이여, 모든 인간은 지금 자신이 발을 딛고 서 있는 땅만큼만 차지할 수 있을 뿐입니다. 결국 당신도 우리와 별 차이 없는 한낱 인간일 따름입니다. 다른 점이 있다면 당신은 좋지 않은 일에 매달려 항상 바쁘다는 점, 그리고 고향을 떠나 이렇게 멀리까지 와서 자신뿐 아니라 다른 사람들에게까지 폐를 끼친다는 점이지요! …… 당신은 머지않아 죽을 것이며 결국 당신의 육신을 묻는 데 필요한 땅만큼만을 소유하게 될 것입니다.[8]

중동의 역사와 무슬림의 역사에도 공적 토론 및 대화를 통한 정치 참여를 설명해 주는 무수한 이야기들이 있다. 카이로, 바그다드, 이스탄불 등을 중심으로, 그리고 이란, 인도, 또는 스페인에까지 형성된 무슬림 왕국에는 (10세기 코르도바Córdoba의 칼리프 압두르라흐만 3세Abdur-Rahmān III, 재위 912~961, 16세기 인도의 아크바르 황제 등) 공적 토론을 옹호하는 이들이 많았다(다음 장에서 종교 근본주의자들과 문화를 단순화하는 서구 학자들 양쪽 모두의 선언문 속에서 발견할 수 있는 무슬림 역사에 대한 체계적 오해를 논하면서 이 문제를 다시 다룰 것이다).

서구는 민주주의 사상에 대해 어떠한 소유권도 주장하지 못한다. 근대의 제도적 형태의 민주주의는 어디에서나 비교적 새롭기는 하지만, 공공의 참여와 공공 추론의 형식 면에서의 민주주의 역사는 전 세계에 걸쳐 있다. 알렉시 드 토크빌이 1835년 민주주의론에 대한 그의 고전적 저서에서 주목했듯이, 그가 직접 미국에서 태동하는 것을 관찰했던 "위대한 민주주의 혁명"은 하나의 관점에서 보면 "새로운 것"으로 보일 수는 있어도, 더 넓은 관점에서 볼 때는 "역사에서 찾을 수 있는 가장 지속적이고 가장 오래되고 가장 항구적인 경향"의 일부로서 간주될 수도 있는 것이다.[9] 비록 토크빌은 유럽의 과거에 한정해 역사적 사례를 들었지만(예컨대, 그는 평민을 "700년 전 프랑스"의 성직자 지위로 끌어올리도록 허용함으로써 민주화에 대한 강력한 공헌이 이루어졌다고 지적하고 있다), 그의 일반적 주장은 매우 광범위한 관련성을 가진다.

넬슨 만델라는 자서전 『자유를 향한 머나먼 여정Long Walk to Freedom』1995에서 어린 시절 아프리카의 자기 고향에서 열렸던 마을 회의에서 민주적 성격의 진행 방식을 본 것이 자신에게 얼마나 영향을 주었는지 기술한다.

> 말하고 싶은 사람은 누구나 말했다. 그것은 가장 순수한 형태의 민주주의였다. 발언자 가운데는 중요도에 따른 서열이 있기는 했지만, 족장과 부족민, 전사와 의사, 가게 주인과 농부, 지주와 노동자 할 것 없이 모두가 발언했다.[10]

민주주의에 대한 만델라의 탐구는 서구의 "부과"에서 기인한 것이 전혀 아니었다. 그것은 명백히 그의 아프리카 고향에서 시작되었다. 그가 "유럽인들"에게 민주주의를 "부과하기" 위해 투쟁하기는 했지만 말이다[가](이제는 추억이 되겠지만, "유럽인들"은 아파르트헤이트 기반의 남아프리카 공화국 통치자들이 스스로를 칭할 때 사용한 말이었다). 만델라의 궁극적 승리는 인간성의 승리이지 특정 유럽 사상의 승리는 아니었다.

서구 과학과 세계의 역사 Western Science and Global History

이른바 서구 과학이 세계 유산world heritage을 어떻게 끌어들이고

[가] 만델라가 네덜란드계 백인들이 주도한 아파르트헤이트에 반대해 일생에 걸쳐 인권 운동을 펼친 것을 빗댄 표현이다. 만델라는 1950~1960년대에 체포되고 풀려나기를 몇 차례 거듭하다가 종신형을 선고받아 1990년 석방되기까지 27여 년간 복역했다. 1991년 아프리카민족회의African National Congress (ANC)의 의장으로 선출된 뒤, 아파르트헤이트 체제하 마지막 백인 정부였던 프레데릭 빌럼 더클레르크Frederik Willem de Klerk, 재임 1989~1994 정부와 협상 끝에 거의 350년 가까이 이어져 온 인종 차별과 격리 정책을 종식시켰다. 만델라와 더클레르크는 이 공로로 1993년 노벨 평화상을 수상했다.

있는지 파악하는 것도 마찬가지로 중요하다. 서구의 수학과 과학을 서구가 명백히 아닌 지역의 개척자들과 결부시킬 수 있는 지적 연결 고리가 있다. 예를 들어, 첫 밀레니엄 초에 인도에서 발달한 10진법 체계는 바로 그 밀레니엄 말경 아랍을 거처 유럽으로 건너갔다. 다양한 비서구권(중국, 아랍, 이란, 인도 등등) 출신의 수많은 공헌자들이 과학, 수학, 철학에 영향을 주었고, 이것이 유럽의 르네상스와 그 훗날의 계몽주의에서 중요한 역할을 수행했다.

세계적 차원의 과학과 기술이 만개한 것은 전적으로 서구가 주도하는 현상만은 아니었으며, 유럽에서 멀리 떨어져 있는 지역에서도 광범위한 국제적 교류를 포함하는 중요한 진보가 있었다. 프랜시스 베이컨Francis Bacon, 1561~1626이 "전 세계의 외양과 상태를 바꾸어놓은" 발명의 하나로 꼽았던 인쇄술을 보자. 첫 밀레니엄에 인쇄술을 발명하려는 초기 시도들은 모두 유럽에서 멀리 떨어진 지역에서 이루어졌다. 그런 시도들은 또한 불교 지식인들이 공중의 독서와 사상 전파에 충심으로 헌신한 것과도 상당한 정도로 연관이 있었으며, 실제로 중국과 한국, 일본에서는 초기 인쇄술의 시도가 모두 불교 장인들에 의해 이루어졌다. 7세기에 인쇄술을 발명하려고 시도한 인도 불교도들은 이 점에서 별 성과를 내지는 못했지만, 세계에서 최초로 날짜가 찍혀 인쇄된 서적, 즉 대중적으로는 『금강경金剛經』으로 알려진 산스크리트어 불교 경전 『바지라체디카 프라지냐파라미타 수트라Vajracchedikā-prajñāpāramitā-sūtra』의 내용을 성립시켰다. 기원후 402년에 인도인과 튀르크인의 피가 반반인 불교 학자[가]가 산스크리트어로 된 『금강경』을 중국어로 번역했다. 『금강경』이 868년 중국어로 인쇄될 때, "널리 자유롭게 보급하기 위해" 인쇄되었다는 취지의 서문이 함께 실렸다.[11]

지난 몇 세기 동안 유럽과 미국에서 사상과 지식의 엄청난 발전이 있었던 데 대해 적절한 평가가 이루어져야 하는 것은 옳다. 르네상스와 계몽주의, 산업 혁명을 거치는 동안 서구 세계the Western World에서 일어난 주요 성취에 대해서는 서양the Occident이 전적으로 그 공적을 인정받아야 한다. 이러한 성취는 인류 문명의 본질을 변형시켰다. 하지만 이 모든 것이 완전히 외따로 떨어져 눈부신 고립 속에서 발전한 "서구 문명"이 꽃피운 결과라고 추정하는 것은 심각한 환영일 것이다.

이렇게 상상된 고립을 예찬하는 것은 학문과 사고가 다양한 지역의 발전에 의존하면서 진보하는 경향을 보이는 것을 정당하게 취급하지 않는 것이다. 서구에서 연마된 사상과 지식이 지난 몇 세기 동안 당대의 세계를 극적으로 변모시키기는 했지만, 그것을 순전히 서구의 고안물이라고 보기는 어려울 것이다.

엉망이 된 추상화와 불명료한 역사 Botched Abstractions and Foggy History

문명에 근거한 분할에 의지하는 것은 적어도 두 가지 명확한 이유 때문에 완전히 잘못된 것이다. 첫째는 기본적인 방법론상의

|가| 쿠마라지바Kumārajīva, 344~413. 음역어로 '구마라습鳩摩羅什' 혹은 '나습삼장羅什三藏'이라 불렸다.

문제로, 문명론적 분할이 독보적으로 적절한 것이므로 사람들을 분간하는 다른 방식들을 압도하거나 제거해야 한다는 암묵적인 추정과 관련된다. 세계적인 대결 양상이나 지역적인 분파적 폭력을 선동하는 사람들이, 정치적 만행을 저지르는 "보병"으로 충원된 이들에게 미리 선택된 단 하나의 배타적인 정체성을 강요하는 것은 (그리 놀라운 일도 아니지만) 충분히 나쁜 것이다. 하지만 정말 슬픈 일은, 반서구 근본주의 투사들이 전 세계 사람을 단일 범주화하는 서구 쪽에서 번식한 이론에서 암묵적인 지지를 얻어냄으로써 이런 편협한 시각이 두드러지게 강화되는 것을 지켜보는 일이다.

둘째, 이러한 접근에 사용된 문명론적 분할은 터무니없을 만큼 조잡한 설명과 역사적 무지에 기초해 있다는 난점이 있다. 각 문명 내에 무수히 존재하는 유의미한 다양성을 사실상 무시하고 문명들 간의 상호 작용을 근본적으로 간과하는 것이다.

이러한 두 가지 실패로 말미암아 상이한 문명들과, 과학, 기술, 수학, 문학, 교역, 통상, 그리고 정치, 경제, 사회 사상의 측면에서의 그 문명들 간의 유사성, 연계성, 상호 의존성에 대해 현저하게 빈약한 이해가 생겨난다. 이처럼 세계 역사를 불명료하게 인식하는 것은 서구 문명을 이상할 정도로 편협하게 독해하게 만들고 각 문화를 놀라울 정도로 좁은 시각으로 바라보게 만든다.

종교적 소속과 무슬림의 역사

Religious Affiliations and Muslim History

충돌하는 문명에 대한 최근의 논제들은 상이한 문화를 구별 짓는 핵심적인 특징으로 종교적 차이에 크게 의존하는 경향이 있다. 하지만 인간을 겨우 단 하나의 소속 관계에 따라 이해하고자 하는 개념적 결함이나, 분리되고 독립해 있는 것으로 가정된 문명들 간의 결정적인 상호 관계를 간과하는 역사적 오류는 제쳐두고라도(두 가지 문제는 앞 장에서 이미 거론했다), 이 문명 이론들은 또한 대부분의 나라, 더 나아가 대부분의 문명을 특징짓는 종교적 소속 관계들의 이질성을 간과하는 오류를 범한다. 이 오류 역시 매우 큰 문제다. 왜냐하면 같은 종교를 믿는 사람들이라도 매우 다양한 나라들에 흩어져 살고 있는 경우도 흔하고 일부는 전혀 다른 나라에까지 퍼져 있기 때문이다. 앞에서 언급했듯이, 예를 들어 인도는 새뮤얼 헌팅턴에게는 "힌두 문명"으로 보일지도 모르지만, 무슬림만 거의 1억 5천만 명에 육박하는, 세계 3대 무슬림 국가에 속한다. 종교 범주는 국가와 문명의 분류와 쉽게 부합하지 않는다.

이 문제는 종교와 상관관계를 갖는 덩어리진 문명의 단위(헌팅턴의 범주에서처럼 "이슬람 문명", "힌두 문명" 등등)가 아니라 직접적으로 사람들을 종교에 따라 묶어 분류함으로써 극복될 수 있다. 이런 분류는 좀더 깔끔하고 결점이 덜한 방식이 될 것이고, 당연히 많은 사람에게 호소력도 있을 것이다. 종교적 소속 관계에 따라 개인을 바라보는 것은 최근의 문화 분석에서 확실히 매우 일반적인 현상이 되었다. 이를 토대로, 종교가 중심이 되는 인간 분석은 인간성을 이해하는 방식으로서 유익하다고 할 수 있을까?

나는 단연 그렇지 않다고 주장하겠다. 이것은 문명의 범주 방식보다는 더 조리 있게 세계인들을 분류하는 방식일 수는 있지만, 이 또한 인간을 단지 하나의 소속 관계, 즉 종교에 의해서만 파악하려는 동일한 실수를 저지르는 것이다. 맥락에 따라서는 그런 분류 방식이 유익할 수도 있겠으나(예컨대, 종교 휴일을 선정하거나 예배 장소의 안전을 확보하고자 할 때는 도움이 될 수 있을 것이다), 그런 방식을 사회적, 정치적, 문화적 분석 일반의 핵심적 기초로 삼는 것은 개인이 가질 수 있는 다른 모든 관계와 충성심을 무시하는 결과가 될 것이다. 이는 개인의 행위와 정체성, 자기 이해에 매우 중요한 문제일 수 있다. 문명의 분류 방식을 곧바로 종교적 범주들로 대체할 때도 사람들의 다원적 정체성과 우선순위의 선택에 주목하는 것이 여전히, 결정적으로 필요하다.

실제로, 인간을 분류하는 주도적 (또는 유일한) 원리로서 종교적 정체성을 사용하는 일이 더 잦아지면서 조잡한 사회 분석으로도 이어졌다. 특히 ① 우연히 무슬림이 된 한 개인이 갖는 다양한 소속 관계나 충성심과 ② 그 개인의 이슬람 정체성, 이 양자를 구별하지 못했을 때 이해에 엄청난 손실이 있었다. 이슬람 정체성은 자신이 중요하다고(어쩌면 결정적으로 중요하다고) 생각한 정체성일 수도 있지만, 그렇다고 해서, 동시에 중요할 수도 있는 다른 정체성들이 있다는 것을 부정하는 일은 없어야 한다. 보통 "이슬람 세계"로 불리는 곳에는 물론 압도적 다수의 무슬림들이 살고 있다. 하지만 그들 모두 무슬림이라고 하더라도 정치적, 사회적 가치나 경제적인 일, 문학적 취미, 직업적 관심, 철학적 입장, 서구에 대한 태도 등등 다른 면에서 의견을 달리할 수 있고 또 실제 다르기도 하다. 이러한 "다른 소속 관계들"에 따라 세계의 분할선은 매우 다르게 그어질 수 있다. 단순히 종교적 분류 방식에만 집중하는 것은 종교에 의해 우연히 무슬림이 된 사람이 가지고 있는 무수한 그리고 다양한 관심사를 놓치는 것이다.

이러한 구분은 극히 중요할 수 있다. 이슬람 근본주의와 호전성이 강력하게 자리 잡고 있는 세계에서, 그리고 그들에 대한 서구의 반대가 무슬림 일반에 대한 현저한 의심(설령 막연하게 형성되었다 해도)과 결합되는 세계에서는 특히 그렇다. 그런 일반적인 태도에 반영되어 있는 개념적 조잡함과는 별도로, 그러한 구분은 무슬림들이 그들의 정치적, 사회적 믿음에 있어서는 서로 첨예하게 의견을 달리한다는 더욱 명백한 사실을 또한 간과한다. 그들은 또한 문학과 예술의 취향에서, 과학과 수학에 대한 관심에서, 그리고 심지어 신앙심의 형태와 깊이에서도 서로 다르다. 당면한 정치의 긴박한 사안 때문에 이슬람 내 종교적 하위 범주에 대해 서구에서 다소 더 잘 이해하게 되고는 있지만(시아Shi'ia파와 수니Sunni파 사이의 구분과 같은 것 말이다), 그 이상으로 나아가는 것, 즉 세계의 여느 다른 사람들과 마찬가지로 무슬림에게도 있는 수많은 비종교적 정체성들에 충분히 주목하는 것은 점점 꺼리는 경향이 있다. 하지만 정치적, 사회적, 문화적 문제에 대한 무슬림들의 생각과 우선순위는 다양하게 갈릴 수 있다.

종교적 정체성과 문화적 편차 Religious Identity and Cultural Variations

동일한 종교에 속한 개개인이라도 사회적 행위에서는 큰 차이가 있을 수 있다. 심지어 종교와 밀접하게 관련된 것으로 생각되는 분야에서도 그렇다. 이는 오늘날의 세계에서는 설명하기 쉽다. 이를테면, 사우디아라비아에서 전통적으로 시골 생활을 하는 여성의 전형적 관행과 터키에서 도시 생활을 하는 무슬림 여성의 관행을 대조해 보면 된다(터키 여성들은 스카프를 잘 쓰지 않으며, 유럽 여성과 비슷한 옷차림을 하고 있는 경우가 많다). 또한 방글라데시에서 사회에 적극적으로 참여하는 여성과, 같은 나라 내에서 더 보수적인 집단에 속해 있는 덜 외향적인 여성 간의 엄청난 습관 차이만 살펴보더라도 설명될 수 있다. 그 여성들 모두 종교적으로는 무슬림이어도 말이다.

그렇지만 이러한 차이를 단순히 근대가 무슬림들에게 가져다

준 새로운 현상으로 간주해서는 안 된다. 다른 관심사, 다른 정체성의 영향은 무슬림 역사에서 줄곧 관찰되기 때문이다. 14세기에 있었던 두 무슬림 간의 논쟁을 한번 살펴보자. 이븐 바투타Ibn Battūtah, 1304~1368는 1304년 모로코 탕헤르Tánger에서 태어나 아프리카와 아시아의 여러 곳을 여행하면서 30여 년을 보냈다. 그는 지금의 말리와 가나 사이에 위치한 지역에서 겪었던 몇 가지 일로 충격을 받았다. 팀북투Timbuktu로부터 멀지 않은 이왈탄Iwaltan에서, 이븐 바투타는 그곳의 주요 공직을 맡고 있던 무슬림 카디qadi[가]와 친구가 되었다.

이븐 바투타는 카디 가족의 사회적 행동에서 느꼈던 혐오감을 다음과 같이 기록한다.

> 이왈탄의 카디를 어느 날 알현하러 갔다. 접견 허락을 받은 후 들어갔을 때, 그는 눈부시게 아름다운 젊은 여인과 함께 있었다. 나는 여인을 보자 잠시 망설이며 물러나고 싶었지만, 그 여인은 나를 보고 웃으며 전혀 부끄러워하는 기색을 보이지 않았다. 카디가 내게 말했다. "그대는 왜 되돌아가려 하오? 이 여인은 내 친구요." 나는 그들의 행동에 놀랐다.[1]

그러나 이븐 바투타에 충격을 준 사람이 카디뿐이었던 것은 아니다. 이븐 바투타는 아부 무함마드 얀다칸 알무수피Abu Muhammad

[가] 이슬람 세계에서 법관의 역할을 하는 사람.

Yandakan al-Musufi라는 사람에 특히 비판적이었다. 아부 무함마드는 훌륭한 무슬림이었고 실제로 모로코를 다녀간 적이 있었다. 이븐 바투타가 자택에 머물고 있는 그를 방문했을 때, 긴 의자에 앉은 한 여인이 한 남자와 이야기를 나누고 있는 것을 보았다. 이븐 바투타는 다음과 같이 기록한다.

> 나는 그에게 물었다. "이 여인은 누구요?" 그가 말했다. "내 아내요." 내가 말했다. "저 남자는 당신 아내와 무슨 관계요?" 그가 대답했다. "그는 아내의 친구요." 내가 그에게 말했다. "당신이 우리나라에 살아봤으니 샤리아Sharī'ah[가]의 계율을 알 텐데 이를 묵인한단 말이오?" 그는 대답했다. "여자와 남자의 교제는 우리가 기꺼이 동의하는 것이고, 좋은 행위의 일부요. 그래서 어떤 의심도 하지 않소. 우리나라 여자들은 당신네 나라 여자들과는 다르오." 나는 그의 해이함에 놀랐다. 나는 그 집을 나온 이후 두 번 다시 찾아가지 않았다. 그에게서 초대를 몇 번 받았지만, 받아들이지 않았다.[2]

이븐 바투타와 아부 무함마드의 차이는 종교가 아니라(그들은 둘 다 무슬림이었다) 올바른 생활 방식에 관한 그들의 판단에 있었다는 점에 주목하라.

|가| 이슬람교에서 『쿠란Qur'an』을 바탕으로 한 법의 체계. 알라가 무함마드에게 내린 종교적 규칙이므로 '신의 의지'로 해석된다.

이제 좀더 정치적인 문제를 다루려고 한다. 세계사에서 종교적 관용에 대한 다양한 태도는 대체로 사회적으로 중요한 것이었으며, 종교적으로 무슬림인 사람들 가운데서도 편차가 매우 많이 발견된다. 예를 들어, 17세기 후반 인도 무굴 제국의 황제 자리에 오른 아우랑제브는 일반적으로 다소 관용적이지 못한 황제로 간주된다(그는 무슬림이 아닌 백성에게 특별세를 부과하기까지 했다). 그렇지만 그의 친형인 다라 시코Dara Shikoh, 1615~1659의 삶과 행동에서는 매우 상이한 태도를 발견할 수 있다. 다라는 샤자한Shihāb-ud-din Muhammād Shāh Jahān, 재위 1628~1657 황제와 뭄타즈 마할Mumtāz Mahal, 1593~1631 황후(타지마할Tāj Mahal은 이 황후를 추모하기 위해 건축되었다)의 첫째 아들이자 합법적인 왕위 계승자였다. 아우랑제브는 다라를 죽이고 황제에 올랐다. 다라는 산스크리트어 연구가이자 힌두교를 진지하게 연구한 학자였으며, 그가 힌두교의 『우파니샤드Upanisad』를 산스크리트어에서 페르시아어로 번역한 것이, 유럽에서 한 세기가 넘도록 힌두교 철학에 관심을 가지게 되는 주된 토대가 되었다.

다라와 아우랑제브의 증조부인 아크바르는 (앞서 논의되었듯이) 종교적 관용을 지극히 지지하는 사람이었으며, 그것을 국가의 공식 의무로 채택해 "어느 누구도 종교 때문에 간섭받아서는 안 되며 누구나 자신이 원하는 종교로 개종할 수 있어야 한다"라고 주지시켰다. 자신이 "이성의 길"(라히 아클rahi aql)이라고 부른 것을 추구하는 과정에서, 아크바르는 1590년대에 자유로운 선택과 열린 대화의 필요성을 주장했으며, 또한 주류 무슬림과 힌두 사상가들뿐 아니라 기독교도, 유대인, 파르시인, 자이나교도, 그리고 심지어 무신론자들까지 포함하는 주기적인 토론을 개최했다.[3] 다라 외에도, 이름이 역시 아크바르인 아우랑제브의 셋째 아들은 아버지에 반발해, 라자스탄Rajasthan의 힌두 왕국 및 나중에 마라타Mahratta라고 불리는 힌두 왕국과 제휴를 맺었다(하지만 아크바르의 반란은 아우랑제브에 의해 결국 제압되었다). 라자스탄에서 반란을 꾀하는 와중에도, 아크바르는 아버지에게 자신의 힌두 친구들에 대한 아버지의 불관용과 욕설에 항의하는 편지를 썼다.[4]

무슬림들의 이러한 다양성을 접하고서도, 무슬림이 되는 것과 이슬람 정체성을 가지는 것을 구별할 수 없는 사람은 다음과 같은 질문을 하고 싶을 것이다. "이슬람교에 따르면 어느 것이 올바른 관점인가? 이슬람교는 그런 관용에 찬성하는가, 찬성하지 않는가? 정말 어느 쪽인가?" 여기서 우선적으로 해결해야 할 문제는 이러한 질문에 대한 올바른 대답이 무엇인가 하는 것이 아니라, 질문 자체가 올바른 질문인가 하는 것이다. 한 사람이 무슬림이라는 사실이 그가 믿는 모든 것을 결정하는 핵심적인 정체성인 것은 아니다. 예를 들어, 아크바르 황제의 관용과 이설異說은 16세기 인도 아그라와 델리에 있는 유력 무슬림들의 지지와 비판을 동시에 받았다. 실제로, 그는 무슬림 성직자들로부터 상당한 반대에 부딪혔다. 1605년에 아크바르가 죽자, 이슬람 신학자 압둘 하크Abdul Haq는 아크바르의 관용적인 신념을 날카롭게 비판했지만, 그의 "혁신"에도 불구하고 아크바르는 훌륭한 무슬림으로 남아 있었다고 결론 내리지 않을 수 없었다.[5]

이러한 불일치를 다룰 때 아크바르와 아우랑제브 중 하나는 진짜 무슬림이 아니라고 확증하는 것은 불필요함을 인정해야 한다. 이들은 동일한 정치적 태도나 사회적, 문화적 정체성을 공유하지 않고서도 둘 다 훌륭한 무슬림이었다. 이교도에 대해 한 무슬림은 편협한 관점을 취하고 다른 무슬림은 관용적 관점을 취하는 것은 가능하다. 그중 어느 한 사람이 바로 그 이유 때문에 무슬림이기를 단념하지 않고서도 말이다. 이는 이지티하드ijtihad[가]의 생각 또는 종교적 해석이 이슬람교 자체 내 상당한 자유를 허용하기 때문이기도 하지만, 무슬림 개개인에게는 기본적인 이슬람의 신념을 손상시키지 않고서도 자신이 다른 어떤 가치와 우선순위들을 선택할지 결정할 자유가 많이 있기 때문이기도 하다.

비종교적 사항과 다양한 우선순위 Nonreligious Concerns and Diverse Priorities

아랍 정치와 유대 정치 사이에 현재와 같은 반목이 있는 상황에서, 두 집단 사이에는 오랜 상호 존중의 역사도 있음을 기억하는 것은 가치 있는 일이다. 이미 첫 장에서 언급했듯이, 12세기 유대

|가| 이슬람교에서 『쿠란』과 『순나 Sunnah』(이슬람교도가 모범으로 삼아야 할 습관 및 규범)에서 제시되지 않은 사항들에 대해 무지타히드mujtahid라 불리는 이슬람 법학자들이 이슬람 율법을 이성적이고 독자적으로 판단하고 해석, 변용하는 것을 말한다. 이지티하드는 시아파에서 활발히 수행되며, 수니파는 인간 이성의 과용을 우려해 10세기 이후 이지티하드를 수행하지 말도록 하고 있다.

철학자 마이모니데스는 배타적인 유럽을 떠나지 않을 수 없었지만 아랍 세계에서 관대한 피난처를 발견했다. 카이로에 도착한 그에게 명예롭고 힘 있는 궁정의라는 지위를 준 후원자는 다른 누구도 아닌 살라딘 황제였다. 살라딘은 십자군 전쟁에서 이슬람을 위해 영웅적인 활약을 펼친, 의심의 여지 없는 무슬림이었다(그의 유명한 적수로 사자왕 리처드 1세Richard I, 재위 1189~1199가 있다).

마이모니데스가 겪은 일은 사실 예외적인 것이 아니었다. 실제로, 오늘날은 무슬림과 유대인 간의 갈등을 보여주는 사례들이 넘쳐나지만, 아랍과 중세 스페인의 무슬림 통치자들에게는 유대인을 사회 공동체의 구성원으로서 보장하고 통합하려 한 오랜 역사가 있다(이때 유대인의 자유는 존중되었으며, 때로는 지도적 역할도 존중되었다). 예컨대, 마리아 로사 메노칼María Rosa Menocal은 자신의 저서 『세계의 장식The Ornament of the World』2002에서, 10세기경 무슬림 통치하의 스페인에서 코르도바가 "지상에서 가장 문명화된 장소라는 타이틀을 놓고 바그다드와 심각하게 경쟁할 만한, 어쩌면 바그다드를 능가하는 도시"가 되는 성취를 이룬 것은 칼리프 압두르라흐만 3세와 유대인 재상 하스다이 이븐 샤프루트Hasdai ibn Shaprut가 함께 힘쓴 것이 건설적인 영향을 끼쳤기 때문임을 주목했다.[6] 실제로, 메노칼의 논증에 의하면, 무슬림이 정복한 이후 유대인의 지위가 "피박해자로부터 소수자로서 보호받는 지위로 이동했듯이 모든 측면에서 개선"이 있었던 상당한 증거가 있다.[7]

우리의 종교적 정체성이나 문명적 정체성은 매우 중요하기는 하지만 수많은 정체성 중의 하나일 뿐이다. 우리가 물어야 할 질문은 이슬람교(또는 힌두교나 기독교)가 평화를 사랑하는 종교인가, 호전적인 종교인가("정말 어느 쪽인지 말해 달라?") 하는 것이 아니라, 신앙심 깊은 무슬림이(또는 힌두교도나 기독교도가) 자신의 종교적 신념이나 관행을 개인적 정체성의 다른 특징들이나 (평화나 전쟁에 대한 태도와 같은) 다른 신조, 가치 들과 어떻게 결합시킬 것인가 하는 것이다. 누군가의 종교적 소속 관계, 또는 "문명적" 소속 관계를 모든 것을 빨아들이는 정체성으로 파악하는 것은 매우 문제 있는 진단이 될 것이다.

각 종교의 충실한 신자들 가운데에는 평화를 옹호하는 위대한 인물들이 있었던 만큼이나 사나운 전사들도 계속 존재해 왔다. 그리고 오히려 누가 "진정한 신자"이고 누가 "단순한 사기꾼"인지 심문하기보다는, 하나의 종교적 신앙 그 자체는 우리의 정치적, 사회적 우선순위에 관한 문제나 처신과 행위에 상응하는 문제 등을 포함해 우리의 삶에서 다루어야 할 모든 문제를 해결해 주지는 않는다는 것을 우리는 받아들여야 한다. 평화와 관용의 주창자와, 전쟁과 불관용의 지지자 모두가 어떠한 모순도 없이 동일한 종교에 속할 수 있고 (그들 나름대로는) 진정한 신자일 수도 있다. 한 개인의 종교적 정체성의 영역이 개인의 이해와 소속 관계의 다른 모든 측면을 지배하지는 못하는 것이다.

우연히 무슬림이 된 누군가에게 무슬림 정체성이 유일한 정체성이라고 해보자. 그렇게 한 개인을 종교적으로 동일시하는 것은 그 개인이 삶의 여러 영역에서 직면하는 다른 수많은 선택의 문제를 해결해야 하는 엄청난 부담을 짊어지고 있어야 할 것이다.

하지만 이슬람교도라는 것이 무슬림이 갖는 유일한 정체성일 수는 없다. 진정, 정체성 문제에서 선택을 받아들이지 않는 것과 마찬가지로 다원성을 부정하는 것 또한 놀라울 정도로 편협하고 오도된 관점을 낳을 수 있다. 심지어 9·11 사건을 둘러싸고 벌어지는 현재의 편 가르기조차 무슬림을 분할선의 위로 올려놓은 것이다. 그래서 어느 것이 이슬람의 올바른 입장인지 물을 게 아니라, 한 사람의 무슬림은 정치적, 도덕적, 사회적 판단을 포함한 문제에서 상이한 입장을 여럿 선택할 수 있다는 점을 인정해야 한다. 그리고 그런 선택을 했다 해서 무슬림이 더 이상 무슬림이 아닌 것은 아니다.

수학과 과학, 그리고 지성사 Mathematics, Science, and Intellectual History

9·11로 세계무역센터World Trade Center에서 사망한 무슬림이 엄청나게 많았던 사실에 관해 수많은 토론이 있었다. 그들은 거기서 일을 하고 있던 사람들로, 세계무역센터가 서구 문명의 사악한 표현이라고는 결코 간주하지 않았다. 물론 세계무역센터는 아찔한 높이를 뽐내며 첨단 기술을 사용한 건물이기에(튜브 개념의 새로운 구조공학[가]을 사용했다) 상징적 의미를 지니고 있으며, 정치적으로 적의에 가득 찬 눈에는 서구의 뻔뻔함이 표출된 것으로 보일 수 있다. 이러한 맥락에서, 그 튜브 개념을 뒷받침한 수석 엔지니어가 시카고를 근거로 활동했던 방글라데시 출신 공학자

파즐루르 라만 칸Fazlur Rahman Khan, 1929~1982이라는 사실은 흥미롭다. 칸은 혁신적인 설계의 토대가 된 작업들을 했으며 나중에 시카고의 110층짜리 시어스 타워Sears Tower[나]와 100층의 존 핸콕 센터John Hancock Center, 사우디아라비아 제다에 있는 하지 터미널Hajj Terminal과 같은 초고층 빌딩들 또한 설계했다. 공교롭게도, 그는 또한 1971년 방글라데시가 파키스탄에서 독립하는 것을 위해 투쟁했고, 그 전쟁을 내용으로 해서 꽤 읽을 만한 책을 벵골어로 저술하기도 했다. 무슬림이라는 것이 모든 것을 빨아들이는 정체성이 아니라는 점을 인정한다면, 무슬림이 수많은 문화적, 정치적 분할선의 상이한 쪽에 서 있다는 사실은 전혀 놀라운 일이 아닐 것이다.

또한 세계적 지식에 큰 영향을 미친 무슬림의 무수한 지적 공헌이 순전히 이슬람만의 공헌은 결코 아니었음을 인정하는 것도 중요하다. 오늘날에도, MIT든 프린스턴이든 스탠퍼드든 어느 현대 수학자가 난해한 계산 문제를 풀기 위해 하나의 "알고리즘"에 의존하는 것은, "알고리즘"이라는 명칭의 기원이 된 9세기 아랍 수학자 알콰리즈미Muḥammad ibn-Mūsa al-Khwārizmī, 780~850의 공헌을 기념하는 데 일조하는 셈이 된다("대수학algebra"이라는 용어 또한 알콰리즈미의 책 『이항과 소거의 과학Al-jabr wa al-Muqabalah』에서 나왔다).

|가| 튜브 구조는 촘촘히 배치한 기둥과 이를 연결하는 보가 건물의 외부를 지지하도록 만든 건축 구조로, 바람과 지진 등 외력에 대한 저항력이 좋아 초고층 빌딩에 적용된다. 칸이 애초에 제안한 튜브 개념은 외부의 튜브뿐 아니라 건물 내부에도 엘리베이터 홀에 해당하는 코어를 만들어 튜브와 함께 외력에 저항하도록 한 것이지만, 세계무역센터의 경우 내부의 코어는 만들지 않아 튜브에 모든 하중이 걸리는 구조로 되어 있었다.

|나| 2009년 7월 16일로 '윌리스 타워Willis Tower'로 이름이 바뀌었다.

수학, 과학, 공학 역사의 다른 주요한 발전들 중에도 무슬림 지식인들에 의해 수행된 것들이 많다.

이러한 수많은 발전은 두 번째 밀레니엄 초가 되어서야 유럽에 전달되었다. 그때가 아랍어에서 라틴어로의 번역이 꽤 일반화되는 시기였다. 그렇지만 스페인의 무슬림 통치자들을 통해 더 일찍 유럽으로 전해진 영향들도 몇 있다. 공학적 진보를 보여주는 한 가지 사례를 들어보면, 스페인에서 아세키아acequias[가] 형식으로 관개 기술을 발전시키고 사용한 데는, 아랍인과 베르베르Berber인 등 무슬림 공학자들이 일찍이 중동의 건조 지대에 도입했던 혁신 기술을 끌어온 덕분이었다. 원래 완전히 메마른 건조 지대였던 유럽은 이러한 관개 기술 덕에 지금으로부터 1천 년도 더 전에 이미 곡물, 과일, 채소의 재배와 가축의 방목이 가능했던 것이다. 실로, 무슬림 공학자들은 수 세기 동안 이런 경탄할 만한 기술을 담당해 왔다.[8]

게다가, 무슬림 수학자와 과학자는 구대륙을 경유하는 사상운동을 통해 기술 지식을 세계화하는 데도 중요한 역할을 했다. 예를 들어, 삼각법의 일부 초기 성과들과 10진법 체계는 두 번째 밀레니엄 초 인도에서 유럽으로 전해졌는데, 이를 가능하게 한 것은 아랍과 이란 수학자들의 저작이었다. 또한 5~7세기에 인도 수학자 아리아바타Āryabhaṭa, 476~550, 바라하미히라Varāhamihira, 505~587,

|가| 자연 낙하를 이용한 관개 수로. 이슬람 세력이 이베리아 반도를 점령하던 기간에 아랍으로부터 전해진 기술로, 스페인 및 스페인의 식민 지배를 받았던 멕시코, 미국 등지에서 볼 수 있다. '아세키아'라는 이름도 '물도랑'을 뜻하는 아랍어 '알 사키야al saqiya'에서 유래한 것이다.

브라마굽타Brahmagupta, 598~668의 산스크리트어로 된 수학적 성과들이 라틴어판으로 유럽에 등장했다. 이는 산스크리트어를 아랍어로, 다시 아랍어를 라틴어로 옮기는 두 번의 단계를 거친 것이다(이러한 다문화적 교류는 7장에서 논할 것이다). 그런 역사적 시기에 혁신적 사상을 주도한 무슬림 지식인들은 과학과 수학 분야에서 가장 헌신적인 세계화 운동가들이었다. 수학이나 과학에서 이룩한 이런 무슬림 지도자들의 학문적 헌신에 이들의 종교는 (무슬림이든 힌두교도든 기독교도든) 거의 영향을 미치지 않았다.

마찬가지로, 특히 고대 그리스에 기원을 둔 서구 고전들은 아랍어 번역본을 통해서만 보존될 수 있었던 것들이 많았고, 그것은 유럽의 르네상스보다 시기적으로 앞서는 두 번째 밀레니엄 초에 대부분 라틴어로 다시 번역되었다. 본래 아랍어로 번역한 것은 보존의 목적이 명백히 아니었으며, 아랍어권에서 당대에 사용하려는 목적이었다(아랍어권은 첫 번째 밀레니엄의 전환기에 크게 팽창했다). 하지만 이러한 과정에서 궁극적으로 비롯된 대내적 결과와 세계적 결과는, 그런 막중한 시대에 세계 사상의 선도자들에게 우리가 기대할 수 있는 학문의 파급력 및 보편성과 완전히 일치한다.

다원적 정체성과 오늘날의 정치 Plural Identities and Contemporary Politics

무슬림을 ① 전적으로 또는 현저히 이슬람교에 의해서만 파악하는 것과, ② 이보다는 더 넓게 그들이 맺고 있는 수많은 소속 관계 면에서 이해하는 것, 이 양자를 구별하는 것이 오늘날 결정적으로 중요한 이유가 몇 가지 있다. 무슬림의 소속 관계에는 이슬람 정체성이 당연히 포함되겠지만, 그렇다고 과학적 관심, 직업적 의무, 문학적 취향, 정치적 관계로부터 귀결되는 신조들까지 밀어낼 필요는 없다.

첫 번째 이유는, 물론 지식의 가치, 즉 무슨 일이 일어나고 있는지를 아는 것이 중요하기 때문이다. 이해의 명료성은 그 자체로도 중요한 의미를 지니지만, 사고와 행위에도 광범위한 영향을 끼칠 수 있다. 예를 들어, 일단의 행동주의자들이 자신들의 테러 추구는 이슬람의 명령이 특별히 정한 것이라고, 그래서 종교적 분부가 미치는 범위를 근본적으로 확장하고자 하는 것이라고 주장할 때조차, 우리는 확실히 그것이 정말 사실과 부합하는지 질문할 수 있다. 이슬람의 대의라고 생각해 헌신적인 테러리스트가 되는 정체성과 이슬람의 정체성, 이 양자를 구별하는 데 실패한 그들과 보조를 맞추는 것은 명백하고도 엄청난 오류일 것이다. 물론 이러한 구별을 인식한다 해도 이슬람의 명령이 그렇게 해석될 수 있는지 논의할 지적 가능성이 배제되지는 않을 테지만, 이슬람 정체성과 무슬림 개인의 수많은 정체성 간의 바로 그 구별이 완전히 잘못된다면, 그러한 논의는 아예 시작될 수조차 없다.

공교롭게도, 무슬림 학자 대부분은 이슬람의 명령이 테러리즘을 요구한다거나 허용한다거나, 심지어 묵인할 수 있다는 주장을 전적으로 거부할 것이다. 곧 논의하겠지만, 물론 그들 다수는 한 개인이 이슬람의 핵심적인 신앙과 관행을 충실히 따르는 한 자신의 의무를 다르게 해석한다고 해서(물론 비판자들은 이를 잘못 해석하는 것으로 볼 것이다) 무슬림이 되지 않는 것은 아니라고 주장할 테지만 말이다. 그렇지만 첫 번째 쟁점은 특정한 종교적 정체성의 역할과 그 특정 종교의 신자가 (다른 여러 가지 이유로) 선택할 수도 있는 다양한 우선순위를 서로 혼동해서는 안 된다는 것이다.

둘째, 문제의 구별은 종교의 정치화에 반대하는 투쟁에서 중요하다. 물론 종교의 정치화는 정치적 이슬람교도의 급격한 증가뿐 아니라 다른 종교의 정치화(예컨대, "거듭난" 기독교나 유대 극단주의, 또는 힌두트바 운동)도 활발히 진행된다는 사실에서도 확인할 수 있다. 종교적 신념에 의해 "차단"될 필요가 없는 문제를 결정하고자 할 때, 종교를 가지는 것을 이성적 추론의 필요성(그리고 사상의 자유의 필요성)을 무시해도 되는 것으로 혼동함으로써 관행(때때로 정말 매우 추하고 야만적인 종파주의적 관행)의 세계가 체계적으로 조장된다. 꼴사나운 정치화의 과정은 점점 더 분극화되는 세계에서 다양한 방식으로 관찰할 수 있으며, 그것은 적극적인 테러리즘에 필요한 전사를 모집하는 데 직접적으로 기여하는 것에서부터, 그러한 모집에 더 쉽게 넘어가도록 만드는 것, 종교의 이름으로 폭력을 용인하도록 조장하는 것에 이르기까지 다양할 수 있다.

예를 들어, 인도네시아 무슬림 학자 샤피 안와르M. Syafi'i Anwar가 크게 불안해하며 묘사했듯이 "소름 끼치는 인도네시아의 샤리아화Shariah-ization"는 종교적 관행이 심화되는 것일 뿐 아니라, 전통적으로 관용적이고, 그래서 매우 다문화적인 한 나라에서 특별히 호전적인 사회적, 정치적 관점이 확산되는 것을 의미한다.[9] 말레이시아를 비롯해 다른 여러 나라에서도 동일한 문제를 거론할 수 있다. 말레이시아는 문화적 다양성과 정치적 관용의 역사를 지녔음에도 이슬람의 이름으로 대결 문화가 급속히 조성되는 경험을 했다. 정치적 분극화를 막기 위해서는 이러한 근본적인 구별이 강조되어야 한다. 왜냐하면 종교적 정체성(이 경우에는 이슬람 정체성)을 이용하는 것은 이와 같은 조직적 갈등을 양성하는 데 큰 몫을 하기 때문이다.[10]

셋째, 문제의 구별은 외부자들에 의해 이른바 이슬람 세계와 같은 특정 종교 권역에 놓이게 된 나라들에서 내부적으로 어떤 일이 일어나고 있는지에 대해 우리가 좀더 완전한 이해를 할 수 있도록 해준다. 외부자들은 마치 그러한 정체성 부여가 그 나라에서 일어나고 있는 현재의 지적 발전을 포괄적으로 설명할 수 있다는 듯이 여긴다. 공식적으로 이슬람 국가인 많은 나라가 지금도 정치 투쟁을 겪고 있는 것은 사실이지만, 종교적으로는 독실한 무슬림인 정치 지도자들 중에는 자신들의 주장을 오로지 이슬람 정체성으로부터 끌어내지는 않는 이들도 많다는 것을 인식해야 한다.

파키스탄을 예로 들어보자. 파키스탄은 확실히 이슬람 국가이며, 이슬람을 다양한 정치적 함의를 지닌 국가 종교로 규정한다(예컨대, 비무슬림은 선거에서 아무리 많은 득표를 해도 대통령으로 선출될 수 없다). 그렇지만 활발한 지적 활동이 이루어지는 그 나라의 시민 사회에서는 종교와 대체로 무관하게 또는 완전히 무관하게 참여하고 추구할 수 있는 여지를 두고 있다. 예를 들어, 파키스탄은 인권을 전담하는 인권 위원회를 두고 있는데 이것이 많은 측면에서 매우 성공적이었다. 이 위원회는 이슬람교도로서의 권리는 물론이고 더욱 폭넓게 정의된 인권에도 호소한다. 법적 구속력을 인정받은 인도나 남아프리카 공화국의 인권 위원회와는 달리, 파키스탄 인권 위원회는 법적 근거나 헌법적 근거는 없다(실제로, 공식적으로는 비정부기구NGO에 지나지 않는다). 하지만 아스마 자한기르Asma Jahangir와 이븐 압두르 레만Ibn Abdur Rehman, 1930~과 같은 시민 사회의 식견 있는 지도자들의 책임하에, 인권 위원회는 여성과 소수자, 기타 위험에 처한 사람들의 자유를 위해 많은 일을 했다. 인권 위원회가 제한적이나마 성공을 거둘 수 있었던 것은, 파키스탄 시민법의 활용(극단적인 개혁에 의해 무용지물이 되지 않을 정도로 활용했다), 반체제 인사들의 용기와 참여, 사법부의 다수 올곧은 판사들의 공정함, 사회적으로 진보적인 다수 여론의 존재, 그리고 마지막으로 중요한 한 가지, 비인간성 및 시민적 품위의 침해에 대해 관심을 기울이는 미디어의 효력 등등의 토대가 있었기 때문이다. 사실, 파키스탄의 미디어는 방글라데시의 언론처럼 침해 사례를 직접 탐사하고 집중 보도해 적극적으로 인도적(이고 종종 세속적)인 쟁점들을 제기하면서 반성적 대중의 주목을 받아왔다.[11]

전임 주스리랑카 파키스탄 대사인 후사인 하카니Husain Haqqani, 1956~가 시사하듯, 이러한 사실을 인정한다고 해서 "이슬람 극단주의를 안고 있는 파키스탄 문제의 깊이"를 다뤄야 하는 필요성이 어떤 식으로든 줄어드는 것은 아니다. 하카니가 설득력 있게 제시했듯이, "파키스탄의 근본주의 집단이 행사하는 과도한 영향력은 국가가 그런 집단을 후원한 결과"라는 진단과, "이슬람 군국주의 이데올로기가 지배하는 환경은 급진주의자들을 양성하고 급진주의를 수출할 수 있는 이상적 환경"[12]이 되고 있다는 경고에 주의를 기울이는 것이 결정적으로 중요하다. 이러한 쟁점은 다양한 수준에서 제기되어야 하고, 따라서 정부와 군대의 개혁, 민주적 권리에 대한 강한 요구, 비종교적이고 비극단주의적인 정당에 더 많은 운영의 자유를 부여하는 것, 그리고 학생들을 대결과 투쟁으로 치닫게 하는 훈련장과 근본주의 교육 현장의 문제 해결 등을 요구한다. 그러나 또한 현재 파키스탄 내에서 강력한 지적 공동체가 귀중하고도 종종 통찰력 있는 역할을 하는 투쟁이 진행 중이라는 사실에도 주목해야 한다. 사실, 후사인 하카니의 예리한 분석 자체도 이러한 풍부하고 건설적인 운동의 일부다. 미국 주도의 "테러와의 전쟁"은 군사적 조치와 국가 간 외교, 정부 간 대화, (파키스탄에서뿐 아니라 전 세계적으로) 각국 수뇌들과의 협력에 너무 치중하고 있어서, 무척 힘든 환경에서도 결정적인 임무를 수행하는 시민 사회의 중요성을 심각하게 무시하는 경향이 있다.

사실, 파키스탄은 폭넓은 범위에서 이루어지는 인도주의적 사업의 역사가 풍부하다. 이러한 전통은 찬사와 지지를 받을 만하며, 이미 매우 경탄할 만한 결과를 낳아 다른 맥락에서 세계적인 주목을 받았다. 예를 들어, 사회적, 경제적 진보를 이해하는 데 인간 개발적 접근human development approach(단순히 국민총생산만이 아닌, 인간의 삶의 조건까지 향상되었는지의 여부에 따라 진보를 판단하는 방법)을 세계에서 처음 시도한 사람은 파키스탄 경제학자이자 전임 재무장관 마부브 울하크Mahbub ul Haq, 1934~1998였다.[13] 이러한 접근법은 파키스탄에서는 물론 국제적으로도 공공 정책의 결함을 평가하기 위해 널리 사용되었으며(그 비판은 보통 신랄한 것이었다), 아직까지도 유엔이 경제적, 사회적 발전을 이룩하기 위해 들이는 건설적 노력의 버팀목으로 남아 있다. 파키스탄의 해외 수출품에 압둘 카디르 칸Abdul Qadeer Khan, 1936~이 비밀리에 개발한 핵기술만 있는 것이 아님을 인식하는 일은 중요하다.

특정 종교와는 무관한 이와 같은 중대한 공헌은 관련자들의 신앙심이 아니라 그들의 폭넓은 시각에 의지하고 있다. 그럼에도 이러한 사실이 마부브 울하크가 무슬림이라는 것을 조금이라도 약화시키지는 않는다. 내가 (1950년대 초 케임브리지 대학생으로서 함께한 시절부터 1998년 그가 갑작스레 죽기 직전까지) 그와 절친한 친구 사이로 지내는 특권을 누렸기에 확인해 줄 수 있는 사실인데, 그는 적절한 범위 내에서 종교에 대한 신념이 강했다. 무슬림들이 행하는 폭넓고 다양한 참여와, 협소하게 정의된 이슬람 정체성 간의 차이를 이해하는 것은 대단히 중요하다.

이러한 구별의 중요성을 강조하는 네 번째 이유는 현재 수행되고 있는 "반反테러리즘 싸움"에서 그런 구별을 현저하게, 어떤 때는 완전히 놓치고 있기 때문이다. 이는 심각한 역효과를 낳을 수 있으며, 이미 역효과가 나오기 시작했다고 나는 믿는다. 예를 들어, 종교를 끌어들여 "한쪽 편에 서서" 테러리즘과 싸우려는 시도는 별 효과가 없을 뿐 아니라, 또한 개념적으로 심각한 방향 상실을 겪고 있다는 생각이다. 이 주제는 분명 좀더 충분히 논의해야 할 것이다.

테러리즘과 싸우기, 정체성 이해하기 Fighting Terrorism and Understanding Identities

무슬림이 가진 다원적 정체성과 그들의 이슬람 정체성을 혼동하는 것은 단순히 사실을 잘못 기술하는 오류로 그치는 게 아니라, 우리가 살고 있는 불확실한 세계에서 평화 정책에 대한 심각한 의미를 함축하고 있다. 현대 사회에는 전 세계적 갈등과 테러리즘에 대한 엄청난 불안이 도사리고 있다. 이러한 불안은 당연하다. 왜냐하면 위협은 실재하며 이러한 위험을 이겨내고 극복하기 위해 뭔가 해야 할 필요성은 긴급하기 때문이다. 근래의 아프가니스탄과 이라크에 대한 군사 개입도 이러한 조치의 일환이다. 이런 것들은 공적 논의의 중요한 주제다(나는 특히 다국적군이 선택한 이라크 작전 정책에 완전히 회의적이었음을 고백해야겠다). 하지만 여기서는 갈등과 테러리즘에 대한 세계적 접근 방식의 또 다른 측면에 집중하려고 한다. 여기에는 문화 관계 또는 시민 사회와 관련된 공공 정책이 포함될 것이다.

1장에서 논의했듯이, 이 책은 이러한 대립을 파악하고 이해하는 개념적 틀에 특별히 관심을 가지고 있으며, 공적 행동의 요구들이 해석되는 방식을 다루고 있다. 인간을 분류하는 단일의 범주화에 의존하는 일은 여기서 혼란을 일으키는 역할을 수행한다. 그러한 혼란은 우리 세계를 더욱 쉽게 불타오르도록 만든다. 지금 언급하고 있는 문제는 자제력 없는 미 육군 윌리엄 보이킨 중장과 같은 서구인들이 다른 문화에 관해 표현해 왔던 조잡하고 독설적인 관점보다는 훨씬 미세한 것이다(기독교의 신이 이슬람교의 신보다 "더 위대하다"는 보이킨의 주장은 1장에서 이미 논의했다). 그런 유의 관점에 있는 무딤과 우둔함을 파악하기란 그리 어렵지 않다.

그렇지만 (설령 상스러운 비방은 없다고 하더라도) 전적으로 종교적 정체성을 중심으로 짜인 단일의 소속 관계에 의거해 사람들을 분류하는 끔찍할 수도 있는 결과들이야말로 그보다 더 중대하고 더 일반적인 문제라고 생각될 수 있다. 이것은 오늘날 세계적 폭력과 테러리즘의 본성 및 역학을 이해하는 데 특히 결정적이다. 세계를 종교에 따라 분할하는 것은 전 세계 사람들과 그들 간의 다양한 관계에 대한 심각하게 잘못된 이해를 낳는다. 그것은 또한 한 사람과 다른 사람을 나누는 하나의 특정한 구별을 확대하고 그 외의 모든 중요한 관심사는 배제하는 결과를 초래한다.

이른바 "이슬람 테러리즘"이란 것을 다룰 때는, 무슬림이라는 사실 자체가 모종의 강력한 대립적 호전성을 요구하는 것은 아닌지, 아니면 수많은 세계 지도자들이 온정적으로, 심지어 영감을 불어넣으며 주장해 온 것처럼 "진실한 무슬림"이라면 관용적인 개인이 되어야 하는지에 관한 논쟁이 계속되어 왔다. 오늘날 이슬람을 대립적으로 이해할 필요성을 부정하는 일은 확실히 적절하며 극히 중요하다. 이러한 점에서 특히 토니 블레어Tony Blair, 재임 1997~2007가 취한 조처에 갈채를 보낼 만하다. 하지만 블레어가 자주 "온건하고 진실한 이슬람의 목소리"에 호소하고 있는 맥락에서, 우리는 대립과 관용에 대한 정치적, 사회적 신념에 의거해 "진실한 무슬림"을 정의하는 것이 과연 가능한지 또는 필요한 일인지 물어봐야 한다. 앞서 논의했듯이, 대립과 관용에 대해 어떤 믿음을 견지하느냐에 대해서는 역사적으로 다양한 무슬림들이 매우 상이한 입장을 취해 왔다. 이렇게 종교에 중심을 둔 정치적 접근의 효과와 이런 접근의 결과로 나온 제도적 정책의 효과(한 가지 사례를 인용하자면, 이와 같은 정책은 "정부는 합동 전선을 공고히 하기 위해 다음 중대 국면에 무슬림 지도자들과 회동할 예정이다"라는 발표와 함께 공개되는 경우가 보통이다)는 비종교적 제도와 운동의 중요성은 격하시키는 반면 종교적 권위의 목소리는 보강하고 강화해 왔다.

물론 단일 정체성(곧 종교적 정체성)을 전제하고 행동할 경우 부딪히게 되는 난점은 특별히 무슬림에게만 적용되는 문제는 아니다. 우연히 기독교나 유대교, 힌두교, 시크교 신자가 된 사람들의 정치적 관점과 사회적 판단을 이해하고자 할 때, 그들의 종교 지도자라는 이들이 "신자들"의 대변자로서 발표한 선언에 의지해 이해하려는 모든 시도에도 적용될 것이다. 단일한 분류 방식은 각 종교적 위계 속의 "엘리트establishment"에 해당하는 인물들에게 명령하는 목소리를 내는데, 이때 다른 관점들은 상대적으로 격하되거나 가려진다.

오늘날 무슬림과 여타 비기독교 집단의 종교 엘리트들을 세계 평화와 지역적 평온에 관한 대화의 장으로 이끌어내려는 시도가 있었음에도, 종교 근본주의와 군사력의 충원이 서구 내에서마저 왕성하게 지속되어 왔다는 데 대한 우려와 약간의 놀라움이 있다. 정치적 대의를 위해 종교 지도자와 성직자를 새로 보충하려는 노력은 정치적, 사회적 태도에 의거해 해당 종교를 재정의하려는 노력과 마찬가지로, 사람들이 종교적이든 종교적이지 않든 간에 그들이 자신의 합당한 영역에서 가질 수 있는 비종교적 가치들의 중요성을 경시하는 것이다.

종교가 직접 관할하는 구역이 아닌 그 외부에서의 역할을 맡기기 위해 물라와 성직자를 신규로 충원하려는 노력은, 물론 모스크나 사원에서 이루어지는 설교와는 어느 정도 차이를 보인다. 하지만 이는 또한 종교로 인해 우연히 무슬림이 된 사람이 본질적으로 정치적이고 사회적인 문제를 처리하기 위해 (다른 사람들과 함께) 수행할 수 있는 시민 활동을 격하시키는 것이다. 게다가, 이는 상이한 종교 공동체 구성원들 간의 종교적 차이를 특별히 강조함으로써 이들 간의 거리감을 과장하기도 한다. 이때 서로 다른 종교 공동체 구성원들 간에 통합적인 역할을 더 잘해 낼 수도 있었을 (해당 국가의 시민 정체성을 포함한) 다른 정체성들이 희생되는 경우가 보통이다. 종교로 인해 우연히 무슬림이 된 영국 시민은, 종교 지도자를 통해 특히 말하고 싶어 하는 영국 총리와 소통하려면 종교 공동체의 성직자나 지도자에게 의지해야 하는 것일까?

종교와 관련된 정체성을 제외한 다른 모든 정체성을 간과하는 것은 종교적 분파주의의 영향력을 줄이려는 데 있어 문제 있는 방식으로 판명된다 해도 그리 놀랍지 않을 것이다. 전쟁으로 파괴된 이라크와 아프가니스탄의 더 어렵고 더 격한 정치 상황을 다룰 때에도 이러한 문제가 강력하게 제기된다. 2005년 이라크에 있었던 총선과 국민투표는 그들 자신의 평가 기준으로는 제법 성공을 거둔 것으로 보일 수도 있다. 선거는 이루어졌고, 꽤 많은 유권자가 투표를 했으며, 폭력을 동반한 방해가 있기는 했지만 전반적인 노력을 망쳐놓을 정도는 아니었다. 그렇지만 종교적 관례를 넘어서는 열린 대화, 참여적 대화의 기회가 부재하는 상황에서 투표 과정은 종교적, 민족적 분파와 연결되어 예상대로 분파주의적이었다. 서로 다른 종파(시아파, 수니파, 쿠르드족)에 소속된 사람들의 참여는 각 종파의 대변자가 엄격히 매개하고 있는 것처럼 보였다. 그 사람들이 일반 시민으로서의 역할을 발전시키고 꽃피울 기회가 거의 주어지지 않은 상태였다.

카불의 카르자이Hamid Karzai, 재임 2004~ 정부가 많은 성과를 거두기는 했지만(확실히 많은 일을 달성했다), 아프가니스탄에서도 이라크만큼 격렬하지는 않아도 그와 다소 유사한 문제를 안고 있다고 볼 수 있다. 아프간 정부는 공식 정책에서, 종교 정치를 넘어설 수 있는 공공연한 열린 대화와 상호 작용을 육성하는 (더 힘들지만 결정적으로 중요한) 일에 의존하기보다는, 부족 지도자들의 모임과 성직자 회의에 의존하고자 했다. 종교적 소속 관계를 모든 것을 삼켜버리는 정체성으로서 이해하는 것은 상당한 정치적 희생을 요구할지도 모른다. 아프간 정부가 지도력에 끔찍한 도전을 맞이한 상황에서 자신들의 접근 방식을 끈기 있게 진행하는 것도 필요하지만, 이러한 제한된 수단을 취할 경우 장기적인 곤경이 있게 될 것이다. 이는 카르자이 정부의 성과에 대한 찬사를 훼손하는 일이 없도록 하는 수준에서 해결을 봐야 한다.

전 세계적으로 테러리즘의 도전이 이루어지는 것과 관련해, 우리는 테러리즘에 대항하는 전 세계 지도자들에게 현재보다 더 명료한 사고를 해주기를 기대할 이유가 있다. 정체성을 고립주의적으로 이해하는 것을 암묵적으로 신뢰함으로써 생긴 혼란은 전 세계적 테러리즘을 극복하거나 이데올로기적으로 조직된 대규모 폭력이 사라진 세계를 만드는 데 심각한 장애물이 된다. 다중적 정체성을 인정하고 종교적 소속 관계를 넘어서는 세계를 수용하는 것은 우리가 살고 있는 혼란스럽고 불안한 세계에 얼마간의 변화를 만들어낼 수 있다. 심지어 매우 종교적인 사람에게도 말이다.

테러리즘과 종교 Terrorism and Religion

나는 대니얼 펄Daniel Pearl, 1963~2002과 개인적으로 조금 알고 지내는 특권을 누렸다. 그는 나와의 대담을 위해 2000년 여름 파리로 왔고, 우리는 곧 기나긴 대화를 나누었다. 당시 그는 곧 봄베이(지금은 뭄바이로 불린다)를 근거지로 삼아 《월 스트리트 저널The Wall Street Journal》에 아대륙에 대한 기사를 작성하게 되리라는 것을 알고 있었다. 그 후 2001년 2월 초, 나는 그와 봄베이에서 다시 만나, 지난번의 대화를 이어갈 기회를 갖게 되었다. 나는 펄의 뛰어난 이해력에도 깊은 인상을 받았지만, 진리를 추구하고 이를 통해 더 나은, 그래서 덜 부당한 세계를 만드는 데 일조하겠다는 그의 언질에서도 큰 감명을 받았다. 우리는 특히 첫 만남에서, 세계의 폭력이 (거의 주목받지 못하는) 부당함에서만 비롯되는 것이 아니라 무지와 혼란에서도 어떻게 기인하는지 토론했다. 나는 이해를 향상시키고 계몽을 촉진함으로써 평화와 정의를 위한 싸움에 헌신하는 대니얼 펄에게서 정서적으로도 지성적으로도 감동을 받았다. 내가 그를 마지막으로 본 그 이듬해 테러리스트들이 파키스탄에서 그를 붙잡아 처형했을 때, 궁극적으로 그의 목숨을 앗아 간 것은 조사와 탐구에 바친 바로 그 헌신이었다.

문화 간 이해 증진에 헌신하고 있는 대니얼 펄 재단Daniel Pearl Foundation의 이사장은 대니얼의 부친 주디어 펄Judea Pearl이다. 그는 최근 요르단 암만에서 개최된 무슬림 학자들의 중요한 회의 결과에 대해 자신의 좌절감을 표현하며 감동적이고 계몽적인 기고문을 썼다. 40여 개국에서 온 이슬람 성직자와 전문가 170명이 참여한 그 회의는 "현대 사회에서의 이슬람의 현실과 그 역할"을 규정하려 했다. 2005년 7월에 발표된 암만 회의의 최종적인 공식 성명은 다음과 같이 단정적으로 진술되어 있다. "가장 위대하고 숭고한 분인 알라와 예언자(그에게 평화와 은총이 내려질 것이다)와 신앙의 기둥을 믿고 이슬람의 다섯 기둥[가]을 존중하며 종교의 필수 조목을 부인하지 않는 무슬림 집단이라면 누구든 그들을 배교자로 선언하는 것은 가능하지 않다."14 주디어 펄은 너무 점잖고 관대한 편이라 분노를 표현하지는 않았지만, "신앙의 기본 교의를 믿기만 하면 배교에 대한 문책으로부터 변치 않는 보호를 받는 것"이라는 결론을 내리면서 자신의 실망을 표현했다. 그는 이것이 "빈라덴Osama bin Laden, 1957?~과 아부 무사브 알자르카위Abu Musab al-Zarqawi, 1966~2006[나]가, 그리고 대니얼 펄 및 닉 버그Nick Berg, 1978~2004[다]의 살해자들이 명시적으로 무슬림 신앙의 포기를 선언하지 않는 한, 무슬림 신앙의 진실한 신자로 남을 것"이라는 사실을 의미한다고 지적했다.

주디어 펄의 실망에는 끔찍한 테러 행위가 무슬림 학자들에게서 마땅히 지탄을 받을 테고(사실 학자들은 명백히 지탄을 가했다) 종교적 파문을 당할 충분한 근거가 될 것이라고 생각했던 그의 바람이 반영되어 있다. 하지만 어떤 파문도 일어나지 않았다. 무슬림이 되는 요구 조건을 이슬람교에서 근본적으로 규정하는 방식이 있는 상황에서는 파문은 일어날 수 없었을 것이다. 주디어 펄의 경우 개인적 실망은 전적으로 당연한 것이었다. 그러나 세계적 차

|가| 수니파 이슬람교도가 준수해야 하는 이슬람 신앙의 다섯 가지 의무로, 하지hāji(순례), 샤하다shahādah(신앙 고백), 살라트salāt(기도), 자카트zakāt(자선), 사움sawm(금식)을 일컫는다. 시아파는 이스마일파Ismaili, 트웰버 시아Twelver Shia파, 드루즈Druze파 등 교파에 따라 다른데, 보통 수니파의 다섯 가지 의무를 상당 부분 포함하고 있다.

|나| 9·11 이후 빈라덴을 대신해 지휘했던 알카에다 지도자.

|다| 유대계 미국인 사업가로 2004년 5월 이라크 무장 단체에 붙잡혀 살해되었다. 그의 참수 동영상이 인터넷으로 공개되어 세계적으로 큰 충격을 주었으며, 살해자들은 아부그라이브 교도소에서 미군이 이라크 수감자들에게 행한 학대에 대한 복수로서 결행한 것이라고 주장했다.

원에서 수행되는 테러리즘과의 전쟁 전략에서도 이와 동일한 기대를 품는다고 한다면, 서구 전략가들에게 테러리즘과 싸우기 위해 테러리스트들은 배교자라고 선언함으로써 종교 자체를 끌어들일 수 있다고 기대할 만한 마땅한 이유가 과연 있는지 정당하게 질문할 수 있어야 한다. 그러한 기대감은 암만에서 무너졌지만, 그런 기대가 전략가들이 품을 만한 합당한 기대였을까?

앞서 논의되었듯이, 우리는 "진정한 무슬림"을 대립과 관용에 관한 신념에 의거해 정의하는 게 과연 가능한지 물어봐야 한다. 이슬람교는 그러한 신념을 요구하지 않으며 그런 신념에 대해 수 세기가 넘도록 여러 무슬림들이 매우 상이한 입장을 취해 왔다. 당연히 이러한 자유가 있기에 요르단 국왕 압둘라 2세Abdullah II bin al-Hussein, 재위 1999~는 "일부 극단주의 집단이 이슬람의 이름으로 수행하는 폭력과 테러리즘 행위는 전적으로 이슬람의 원리와 이념에 어긋난다"라고 확고히 단언할 수 있었던 것이며, 그 암만 회의에서 실제 단언했던 것이다. 하지만 그러한 진단이, 그리고 진정 그러한 질책이 있다고 해서 그렇게 비판받은 사람들을 "배교자"로 인식해야 하는 입장에 서도록 우리를 움직이기에는 여전히 부족하다. 무슬림 학자들의 암만 선언이 확인시켜 준 것도 바로 그런 요지였다. 배교 행위는 기본적인 종교적 신념의 문제이자 구체적 실천의 문제이지, 사회적, 정치적 원리를 해석할 때의 올바름이나 시민 사회의 공정성의 문제는 아니다. 무슬림 대부분이 끔찍한 시민 행위나 추악한 정치 행위로 이해하는 것과 동일시할 문제는 더더욱 아니다.

만약 이슬람교도라는 사실이 한 무슬림의 유일한 정체성이라면, 당연히 그 사람의 모든 도덕적, 정치적 판단은 명확히 종교적 평가와 연계되어야 할 것이다. 이른바 테러와의 전쟁에 이슬람을 끌어들이려는 서구, 특히 영미권의 시도에 기초가 되는 것은 이러한 고립주의적 환영이다.[15] ① 한 무슬림의 다양한 교제 관계 및 소속 관계(이것은 개인마다 매우 다를 수 있다)와 ② 그의 이슬람 정체성, 이 양자의 구별을 꺼리는 것이 서구 지도자들로 하여금 이슬람을 정의하는(또는 재정의하는) 새로운 방법을 통해 테러리즘과의 정치적 전투를 수행하게끔 유혹하는 경향이 있다. 이러한 고립주의적 접근이 거둔 성과는 지금껏 거의 없다는 사실도 인정되어야 하지만, 종교적 쟁점 따로 있고, 무슬림이 (그가 얼마나 종교적인가와는 관계없이) 스스로 결정해야 하는 문제들 따로 있다고 구분하는 상황에서는 많은 것을 성취하기를 기대하기란 어렵다는 점 또한 인정되어야 한다. 설령 두 영역 간에 경계선을 긋기 어렵다고 할지라도, 이미 정립되어 있는 이슬람 율법의 핵심 교의와 확인된 관행을 넘어서까지 종교적 파문과 배교 행위의 영역이 확장될 수는 없다. 종교는 한 사람의 모든 것을 포괄하는 정체성이 아니며, 그렇게 될 수도 없는 것이다.[16]

(압둘라 2세가 올바르게 주목했던 것처럼) 일반적으로 받아들여지는 이슬람의 원리와 영역과는 반대로, 이른바 이슬람 테러리스트가 종교의 역할을 다른 영역으로까지 거듭 확장하려고 시도해 왔

다는 것은 물론 사실이다. 테러리즘에 필요한 신병을 모집하는 이들은, 무슬림들이 자신에게는 다른 정체성들도 있다는 사실을 망각하기를 바란다. 또 그들은 무슬림들이 이슬람에 대한 일반적이지 않은 해석에 기초한 신병 모집자들의 뜻에 끌려가기보다는 중요한 정치적, 도덕적 문제들을 결정하고 자신의 결정에 책임을 져야 한다는 사실도 망각하기를 바란다. 이러한 노력에 포함된 잘못된 전제는 철저히 검토되어야 하고 비판받아야 한다. 하지만 그런 모병을 중지시키기 위해 신병 모집자들을 "배교자"라고 선언하는 전략을 쓰는 것 또한(나는 이 또한 단일주의적 방식이 아닐까 한다) 종교의 범위를 기존 종교 영역을 넘어서까지로 확장시키는 일이 될 것이다.

가지각색의 정체성들을 기본적으로 인정하는 것은, 사람들이 종교 영역 내에서 얼마나 종교적인가에 상관없이 오직 종교적 언어로 사람들을 파악하려는 시도를 제지할 수 있을 것이다. 민주주의의 실천을 포함해 시민 사회에서 무슬림의 사회적, 정치적 역할을 강조하고 더 큰 지지를 보낼 필요가 있는 이때, 종교의 도움을 받아 테러리즘과 맞붙으려는 시도는 영국과 미국에서 종교의 영역이 아닌 문제들에 대해 이슬람 성직자와 종교 엘리트의 목소리를 확대하는 효과를 낳았다. 종교 엘리트들을 "올바른 쪽"으로 끌어들여 테러리즘과 싸우려는 시도들은, 종교적 극단주의가 (종교적 민족성과는 무관한) 시민들의 책임 있는 정치 행위를 격하하고 경시하기 위해 해온 일들을 (근절시킨 것이 아니라 오히려) 어느 정도 재강화시켜 왔다. 시민 사회를 강화하는 일이 크게 요구되는 시점에 종교적 정체성과 대립되는 정치적, 사회적 정체성들을 경시할 때 항상 패자敗者가 되어왔던 쪽은 바로 시민 사회 그 자체다.

Chapter 

서구와 반서구

West and Anti-West

오늘날 "서구화Westernization"에 대한 저항은 세계적으로 존재감이 강하다. 그 저항은 "서구적인 것"으로 보이는 사고를 멀리하는 형식을 취할 수 있다. 역사적으로 볼 때 그러한 사고들이 비서구 사회에서 무수히 생겨나 꽃피고 세계의 과거 일부가 되었음에도 말이다. 예를 들어, 자유의 존중이나 공공의 이성적 추론을 지지하는 데 있어 전적으로 "서구적인 것"은 없다. 그럼에도 그러한 것들에 "서구적"이라는 꼬리표를 붙이는 것은 다른 사회에서 그런 사고를 부정적으로 생각하는 태도를 유발할 수 있다. 실제로, 이는 여러 가지 형태의 반反서구적 수사로 나타날 수 있다. 즉 (특히 1990년대 동아시아에서 활발히 논의된) "아시아적 가치"의 옹호에서부터, "이슬람의 이상"은 서구적인 것 전체에 대해 철저히 적대적이어야 한다는 주장(이러한 태도는 최근 상당한 기반을 얻고 있다)에 이르기까지 다양하게 나타난다.

서구에 대한 의식, 혹은 서구적이라고 '주장된' 것에 대한 의식이 이렇게 고착화된 것은 식민주의 역사에서 그 원인을 일부 찾을 수 있다. 지난 몇 세기 동안 서구 제국주의는 식민 세력에 의해 통치되거나 지배당한 국가들의 정치적 독립을 좌절시켰을 뿐만 아니라, 개인의 태도에 있어서는 서구에 사로잡혀 있는 풍조를 불러일으켰다. 이는 한편으로는 맹종적인 모방에서부터 다른 한편으로는 결연한 적대 행위에 이르기까지 매우 다양했다. 식민화된 정신의 변증법에는 찬미와 적대감 둘 다 포함된다.

서구에 대한 탈식민지적 적대감을 곧바로 실제적인 식민지적 학대, 착취, 굴욕에 대한 반발로 보려는 것은 잘못된 생각일 것이다. 실제 학대의 역사에 대한 반발보다는 탈식민지 시대의 소외에 대한 반발이 더 크기 때문이다. "맞받아치기" 식의 반발에 기대어 당장의 설명을 찾으려 하기보다 더 깊이 파고들어야 한다. 이에 관해서는 좀더 자세히 다룰 것이다.

그러나 심각한 학대가 실제 일어났다는 사실, 그리고 가끔은 그런 실제적 죄에 대한 (산문이나 시로 보존된) 사회적 기억이 여전히 오늘날 반서구적 태도를 고취시킨다는 사실을 인식하고 기억하는 것 또한 중요하다. 과거의 제국들, 그중에서도 영국에 대한 열렬한 향수가 유럽에서 (그리고 아주 이상하게도 미국에서조차) 복귀의 조짐을 보이는 이상, 식민지 시대의 부정행위를 지각한 감각이 전적으로 근거가 없는 것은 아님을 기억할 만하다.

식민지 지배자들이 범한 침해와 잔학 행위에다(1919년 4월 13일 평화 집회에 참가한 379명의 비무장 인도인들이 총탄에 쓰러진, 유명한 암리차르Amritsar 대학살[가]이 이를 잘 보여준다) 종속 민족에 대한 지배자들의 일반적인 심리 태도가 덧붙여지면서 강한 굴욕감과 열등감을 발생시키는 일이 많았다. 피지배 민중의 변증법에서 식민지적 굴욕이 맡은 역할은 주목을 받을 만하다. 적어도 제국주의 당국이 부과한 경제적, 정치적 불균형의 영향에 주목하는 정도만큼은 받을 자격이 있다.

『천로역정The Pilgrim's Progress』1678에서 존 버니언John Bunyan, 1628~1688은 "굴욕의 골짜기the valley of humiliation"에 대해 말한다. 버니언은 감옥에서 여러 해를 보내면서 굴욕을 잘 알게 되었다. 사실, 『천로역정』도 그의 두 번째 투옥 기간인 1670년대에 집필이 시작되었다(1678년에 출간되었다). 그러나 상상으로 만든 골짜기 이미지가 아무리 비참하다고 하더라도 버니언이 살던 17세기에 아프리카가 이미 경험하고 있었던 모욕과 수치의 세계에 필적할 수는 없다. 인류의 발원지이자 세계 문명의 성장에 선구적 발전을 무수히 떠맡았던 아프리카는 유럽이 지배하는 대륙으로, 그리고 신세계에 짐승처럼 운반되는 노예의 사냥터로 변질되기 시작했다.

굴욕이 인간 삶에 드리우는 파멸적 영향은 절대로 과장일 수가 없다. 오늘날 아프리카의 주요 과제를 "굴욕과의 전쟁에서 승리하기"로 삼은 아프리카문제독립위원회Independent Commission on Africa(위원장 알베르 트뵈지레Albert Teveodjré, 1929~, 위원회는 이 과제를 보고서 제목으로 채택했다)는 노예 무역과 식민 지배의 역사적 죄악(그리고

|가| 당시 인도 군중은 영국에 인도를 독립시키기로 한 약속을 이행할 것을 요구했고, 영국군은 무력 진압에 나섰다.

신체적, 사회적 상해에 더해진 인종적 모욕)을 "아프리카와의 전쟁"으로 보았다.[1] 위원회가 주장하듯이, 지난 몇 세기에 걸쳐 이루어진 아프리카의 종속과 모욕은 아프리카 대륙의 민중이 이겨내야 할 크나큰 부정적 유산을 남겨놓았다. 여기에는 유서 깊은 제도의 파괴, 새 제도 건설 기회의 유보뿐 아니라, 그 밖의 매우 많은 것들이 의지하고 있는 사회적 신뢰의 파괴 또한 포함된다.

이와 유사한 침해가 다른 곳에서도 있었다. 오늘날 영국에서는 과거 영국이 인도를 통치했다는 현실 기억이 대부분 희미해지고 영국 통치에 대한 향수가 (카레에 대한 미각과 함께) 매우 강하게 남아 있다. 이런 맥락에서 영국에 대한 남아시아인들의 복잡한 태도에는 제국주의 정신의 일부 아름답지 않은 특정 요소들에 대한 반발이 포함되어 있음을 기억할 만하다(물론 제국주의 정신에는 다른 요소들도 공존한다). 영국 제국의 권력층 내에는 친인도파가 결코 적지 않았고, 이들은 특히 18세기에 중요한 역할을 했다. 그러나 제국이 일단 안정되자, 19세기 초반부터는 인도와 얼마간 거리를 유지할 필요가 있다는 것이 영국 공무원 교육에서 중요한 부분으로 포함되었다.[2] 이에 대한 근거 중 하나가, 제국의 고위 관리들이 인도로 가기 전 꼭 읽어야 할 지침서였던 제임스 밀 James Mill, 1773~1836의 유명한 인도 역사서[가]에 가장 잘 설명되어 있다. 이를테면, "우리의 선조들은 거칠기는 했으나 신실했다", 그런데 이와 대조적으로 "힌두교도의 번지르르한 외모 이면에는 기만과 불성실 같은 일반적 기질이 숨어 있다"와 같은 식이었다.[3] 한 번도 인도를 방문하지 않았고 심지어 인도의 언어를 조금도 읽을 수 없었던 밀이 쓴 그 책을 영국 정부는 전적으로 권위 있는 것으로 간주했고, 곧 가장 유력한 인도 총독 고문이 될 토머스 매콜리Thomas B. Macaulay, 1800~1859는 "전체적으로 에드워드 기번Edward Gibbon, 1737~1794[나]의 책 이래 우리 언어로 출간된 최고의 역사서"[4]라고 표현했다.

이 "인도의 영국 관리를 위한 필독서"에서, 밀은 일부 사람들이 인도인과 힌두교도를 "고도 문명의 사람들"로 여기지만 자신은 "그들이 실제로는 문명 발달 과정의 가장 이른 단계의 몇 걸음을 겨우 내디딘 것일 뿐"[5]이라고 결론을 내렸음을 분명히 했다. 예를 들어, 밀의 책을 채우고 있는 인도에 대한 다양한 비난들 중에서 인도의 고대 천문학에 대한 그의 평가를 간략히 살펴보자. 특히 476년에 태어난 아리아바타가 제안한 지구 자전과 중력 모형에 대한 논증들, 그리고 그보다 후대의 인도 천문학자인 바라하미히라와 브라마굽타가 각각 6세기와 7세기에 탐구한 논증들에 대한 평가다. 이러한 연구들은 아랍 세계에 잘 알려졌고 많은 논의가 이루어졌다. 실제로, 브라마굽타의 책[다]은 8세기에 아랍어로 번역되었고 11세기에 이란 수학자 알비루니al-Bīrūnī, 973~1048에 의해 다시 번역되었다(알비루니는 이전의 아랍어 번역본이 다소 불완전하다고 생각했다).

18세기 후반, 윌리엄 존스William Jones, 1746~1794는 콜카타Kolkata

|가| 『영국령 인도 역사The History of British India』 1818~1819.
|나| 『로마 제국 쇠망사The History of the Decline and Fall of the Roman Empire』 1776~1789의 저자.
|다| 『우주의 창조Brahma-sphuṭa-siddhānta』 628.

의 동인도 회사에 근무하면서 이 유서 깊은 산스크리트 문헌들을 접하게 되었을 때, 초기 인도 천문학의 성과에 대해 찬탄을 금치 못했다.[6] 밀은 이에 관해 논평하면서 존스가 잘 속는다며 경악을 표현했다.[7] 밀은 이러한 찬양의 어리석음을 비웃고 존스에게 정보를 제공한 인도 학자들의 "자만과 욕심"에 관해 논평한 후, 사실 "윌리엄 존스 경의 인도 학자들이 우주 체계에 관한 유럽 철학자들의 사상을 미리 알고는, 그 사상이 원래 자신들의 책에 수록되어 있었다고 존스 경에게 말했을 것임은 너무 당연했다"라고 결론지었다.[8] 따라서 인도인들의 "기만과 불성실 같은 일반적 기질"에 대한 밀의 신념은 결국 그가 쓴 인도 역사에서도 설명의 기능을 했던 것이다.

밀은 특히 수학과 과학에서 이룩한 인도의 성과를 포괄적으로 공격하면서, 인도 문명이 그가 알고 있는 "다른 하등 문명들"과 마찬가지라는 결론에 이르렀다.[9] 즉 인도 문명은 "중국인, 페르시아인, 아랍인의 문명과 거의 동일하며" 다른 "종속 민족들, 즉 일본인, 코친차이나[가]인, 시암인, 버마인, 심지어 말레이인과 티베트인"의 문명들만큼 열등하다는 것이다. 이렇게 포괄적인 평가를 내려놓고, 이들 "종속 민족들"이 식민지를 만들어내는 서구에 적대감을 가지게 되었다며 그런 적대감을 단순히 스스로 만들어낸 망상증 탓으로 돌리는 것은 조금 부당할 것이다.

|가| 코친차이나는 인도차이나 반도의 베트남 남부를 일컫던 옛 이름이며, 시암은 태국의 옛 왕국 이름, 버마는 미얀마의 옛 국호다.

그럼에도 식민화된 정신은 극복되어야 하고, 식민화된 정신의 한정된 지평과, 분개의 형태이든 찬탄의 형태이든 서구에 대한 집착 또한 극복되어야 한다. 자기 자신을, 또는 자신의 조상들을 기본적으로 식민주의자들이 왜곡한, 또는 나쁘게 취급한 누군가의 모습으로 바라보는 것은 (그런 동일시가 아무리 진실이라고 하더라도) 온당치 않다.

확실히 그런 진단이 의심의 여지 없이 적절한 경우들은 있다. 식민지적 불균형이 다른 형식으로 지속된다면(흔히 "신식민주의neocolonialism"라는 용어로 표현된다) 그리고 과거 제국의 제도들에서 큰 장점을 찾고 싶은 새로운 유혹이 강력히 일어난다면, 그런 경우들이 빈번하게 발생할 것이다. 그러나 과거 역사로부터 부과된 열등감에 대한 분개가 오늘날 한 개인의 인생에서 우선순위를 차지하게 된다면, 그에게는 그런 삶을 사는 것이 부당할 수밖에 없다. 이는 또한 이미 과거 식민지로부터 벗어난 사람들이 현대 사회에서 존중하고 추구할 이유가 있는 다른 목표들에 주목하는 것을 크게 방해할 수도 있다.

진정, 식민화된 정신은 외래적인 식민지 권력과의 관계에 기생적으로 사로잡혀 있다. 이러한 강박 관념이 주는 충격은 여러 다양한 형태를 취할 수는 있겠지만, 그런 전반적인 종속이 자기 이해를 위한 좋은 기초가 될 리 만무하다. 곧 논의하겠지만, 이와 같은 "반발적 자아 인식reactive self-perception"의 본질은 오늘날 우리 사회에 광범위한 영향을 끼쳤다. 여기에는 다음과 같은 것이 포함된다. 그것은 ① (민주주의나 개인의 자유와 같은) 여러 세계적 개념들이 "서구" 관념이라는 잘못된 인상 때문에 그 개념들에 대한 불필요한 적개심을 불러일으키도록 자극한다. 또한 ② (전형적으로 "서구적"인 것뿐 아니라 뒤섞인 유산 또한 포함하는) 세계의 지성사와 과학사를 왜곡해서 독해하는 데 기여했다. 그리고 ③ 종교 근본주의의 성장과 국제적 테러리즘까지도 뒷받침해 왔다.

나는 이것이 분명 직간접적인 기여를 나열한 대단한 목록이라고 평가한다. 그러나 이 기여들을 좀더 충분히 살펴보기 전에, 지적 정체성을 포함하는 하나의 역사적 사례를 들어 이 반발적 자아 인식의 본성을 설명해 보겠다. 이것은 인도의 과거에 대한 해석과 인도 정체성에 대한 자아 인식에 관한 것이다.[10] (제임스 밀의 사례처럼) 과학과 수학에서 이룬 인도의 성취를 식민 세력이 훼손한 것은, 인도인들이 서구와의 경쟁을 위해 "정신적인" 면에서의 인도의 비교 우위를 강조하면서 "자신만의 근거지"를 택하는 "개조된 adapted" 자아 인식에 이르도록 기여했다. 파르타 차터지Partha Chatterjee, 1945~[가]는 이런 태도가 출현하게 된 것을 다음과 같이 논했다.

> 반식민주의적 민족주의는 제국주의 권력과의 정치적 투쟁이 있기 훨씬 이전에 식민지 사회 내에 그 자신의 주권 영역을 확보했다. 이는 사회 제도와 관습의 세계를 두 영역, 즉 물질적 영역과 정신적 영역으로 분리함으로써 가능했다. 물질적인 것은 "외적" 영역, 곧

경제 영역과 정치 영역, 과학과 기술의 영역이며, 서구가 그 자신의 우월을 입증했고 동방이 굴복했던 영역이다. 따라서 물질적 영역에서 서구의 우월성은 인정되어야 했고 그 성취는 면밀히 연구되고 모방되어야 했다. 다른 한편, 정신적인 것은 문화적 정체성의 "본질적" 특징을 품고 있는 "내적" 영역이다. 따라서 물질적 영역에서 서구의 기술을 모방하는 데 성공하면 할수록, 정신적 문화의 독특함을 보전할 필요는 더욱더 커진다. 내 생각에, 이러한 공식은 아시아와 아프리카의 반식민주의적 민족주의의 근본 특징이다.[11]

차터지의 통찰력 있는 진단은 다소 "인도 중심적"일 수 있으며, 그가 지리적으로 "아시아와 아프리카"를 망라해서 내린 포괄적 결론은 특별히 인도 아대륙의 19세기 경험에 기초한 지나친 일반화인지도 모른다. 반발적 자아 정체성은 실로 지역과 시대마다 매우 상이한 방식으로 작동할 수 있기 때문이다. 그럼에도 내 생각에, 차터지는 영국 통치 기간 동안의 인도 아대륙을 포함해, 유럽 제국주의가 지배하던 아시아와 아프리카의 여러 지역에서 전개되었던 경향적 측면을 제대로 식별하고 있다. 그것은 확실히 인도인들로 하여금 자신들의 "정신적 지반"을 내세우도록 자극했다. 이는 분석적이고 과학적이었던 인도의 역사를 오히려 경멸적이고 제국주의적으로 독해하는 것에 대한 상당한 반발이었다.[12] 이런 선별적 초점은, 자신들이 전반적으로 우월했음을 주장

|가| 서발턴(하위 주체) 연구와 탈식민주의 연구로 알려져 있는 인도 출신의 정치학자이자 역사학자.

하는 제국주의에 대해서는 투쟁적이기는 해도(제국주의는 정신적 토대 또한 "우리 것"이라고 주장했다), 인도의 과학적, 수학적 유산의 거대한 일부를 방치하는, 그래서 경시하는 결과를 낳았다. 사실, 이런 점에서 보면 반발적 자아 정체성은 인도의 지적 과거에 대한 제임스 밀의 오독에 저항하기보다 결과적으로 오히려 그것을 공고히 했다.

반발적 정체성 발달의 더욱 일반적인 패턴을 보여주는 사례도 있다. 탈식민주의 세계의 기이함 중의 하나가, 오늘날 비서구인들 중에는 자신을 본질적으로 "타자the other"로 생각하는 경향이 있는 사람들이 많다는 점이다. 이는 철학자 아킬 빌그라미Akeel Bilgrami가 「무슬림이란 무엇인가?What Is a Muslim?」[13]라는 논문에서 훌륭하게 논의한 것이다. 결국 비서구인들은 자신의 정체성을 우선적으로 서구인들과 '다르다'는 면에서 규정하도록 이끌린다. 이러한 "타자성otherness" 비슷한 것이 문화적 또는 정치적 민족주의로 특징짓는 다양한 자기규정의 출현 속에서 보인다. 심지어 이런 반발적 관점이 근본주의에 기여하는 양상에서도 보인다.

이런 "비서구적인", 그리고 때로는 "반서구적인" 관점들이 식민 지배로부터 단호히 독립을 추구하도록 만드는 측면도 있기는 하지만, 사실 이 관점들은 철저히 대외 의존적이다. 그것도 부정적이고 반대되는 형태다. 사로잡힌 정신의 변증법은 지나치게 편향되고 기생적으로 반발적인 자아 인식으로 이어질 수 있다. 또한, 이런 단일한 양식의 사유는 서구에 "복수"하려는 형태를 취할 수도 있고(수많은 테러리스트들이 식민지 시기 동안 자행된 잔학 행위에 대해 명시적이거나 암묵적으로 언급하면서 자신들이 복수하고자 노력하고 있다고 여긴다), 또한 과거와 현재에 감행된 서구 세계의 공격을 떠올리면서 오늘날의 세계에서 정의를 추구하려는 형태를 취할 수도 있다. "서구를 따라잡고" 싶어 하거나, "서구의 것으로 서구를 제압하고자" 하는, 혹은 "서구인들마저 감탄하지 않을 수 없는" 사회 건설을 시도하는 더욱 긍정적인 형태를 취할 수도 있다. 이러한 긍정적인 프로그램들은 잘못된 것을 고치려 하거나 보복하려는 의제에 존재하는 모순이나 경솔한 분노는 없을지 몰라도, 개인의 정체성을 타자들과의 관계에 있어 지극히 부차적인 것으로 만들어버리는 것은 마찬가지다. 과거 식민지의 주인들은 오늘날의 탈식민적 정신에도 지속적으로 막대한 영향력을 행사한다.

자신을 "타자"로 바라보는 관점이 가져오는 불행한 결과가 또 하나 있다. 그러한 관점은 (자유의 중요성이나 민주적 논의의 중요성과 같이) 전 세계의 공동 유산으로 간주되는 보편주의적 정치 개념을 서구의 것으로 전용專用하는 행위를 더욱 파괴적이게끔 만드는 경향이 있다. "서구적인" 것이 무엇인가를 잘못 진단함으로써 (3장에서 논의했듯이 이러한 오진은 매우 흔하다) 비서구 세계의 민주주의나 자유에 대한 토대를 침식한다면 막대한 희생이 뒤따를 수 있다. 게다가, 그것은 "서구 과학"을 충분히 의심할 필요가 있다는 추정을 구실로 과학과 지식의 객관성에 대한 이해를 훼손할 수도 있다.

아시아와 아프리카의 삶을 더욱 힘겹게 만드는 식민화된 변증법의 역할은 몇 가지 상이한 유형의 사례를 들어 설명할 수 있다.

매우 널리 알려진 예를 하나 들어보자. 출중한 의사이자 반反아파르트헤이트 활동가, 세계적 정책 입안가를 훌륭하게 겸하고 있는 맘펠라 람펠레Mamphela Ramphele, 1947~는, 남아프리카 공화국에서 에이즈 유행을 막기 위한 보호 조치가 불충분한 상태에서, "전통적으로 백인이 통제해 온 과학에 대한 불신"이 아파르트헤이트 종식 이후 남아공 공공 정책의 성격에 어떤 영향을 끼쳤는지를 예리하게 논했다. 그러한 불신은 또 다른 변증법적 영향력을 강화시켰다. 즉 "최악의 인종 차별적 고정 관념을 부추기는 데 쉽게 이용될 수도 있는 전염병을 인정해야 하는 두려움"[14] 때문에 아무런 조치도 취하지 않는 방향으로 나아가게 만든 것이다.

식민화된 정신의 변증법은 서구에 대한 반발에 사로잡혀 있는 사람들의 삶과 자유에 무거운 형벌을 부과할 수 있다. 게다가 그 반발이 (보복으로 보이는 것을 포함해) 대결을 추구하는 폭력적 형태를 띨 때에는 다른 나라 사람들의 삶마저 파멸시킬 수 있다. 이 괴로운 쟁점은 이 장의 후반부에서 다시 다룰 것이다.

아시아적 가치와 그보다 작은 주제들 Asian Values and Smaller Themes

비서구의 반발적 정체성을 명료하게 표현한 것 중에서는 "아시아적 가치Asian values"의 옹호를 주목할 만하다. "아시아적 가치"는 동아시아를 옹호하는 많은 이들에게서 나온 개념이다. 이는 상당 부분 서구가 자유와 권리 사상의 역사적 수탁자라고 주장하는 데 대한 반발이다(이러한 노선의 새뮤얼 헌팅턴의 주장은 앞에서 논의되었다). "아시아적 가치"의 탁월성을 지지하는 사람들은 그러한 서구의 주장을 논박하지 않으며, 오히려 정반대에 가깝다. 유럽이 자유와 개인적 권리의 본거지였을지는 모르나, 대신 "아시아적 가치"는 수양과 도리를 소중하게 생각한다고 주장한다. 그리고 여기에는 엄청난 우선순위가 있다고 주장한다. 이는 서구가 개인의 자유와 권리를 보호할 수 있는 반면, 아시아는 질서 있는 행위와 수양된 품행을 고수함으로써 더 잘할 것이라고 서구에 말하는 것이다. 이 위대한 "아시아적" 주장 또한 서구 강박의 형태를 피하기는 어렵다.

"아시아적 가치"는 대표적으로 태국을 기준으로 동쪽에 위치한 나라들이 (특히 정치 지도자들과 정부 대변인들이) 가장 찬양했다. 그 밖의 아시아 국가들도 어느 정도 "비슷하다"는 더욱 야심찬 주장도 있기는 하다. 예를 들어, 동아시아 부활의 위대한 건설자의 한 사람이며 그 자신이 공상가적 정치 지도자인 싱가포르의 강력한 선임 장관(이자 전 총리) 리콴유Lee Kuan Yew, 재임 1959~1990는 "사회와 정부에 대한 서구의 개념과 동아시아 개념 간의 근본적 차이"를 개괄하면서, "내가 동아시아를 말할 때는 한국, 일본, 중국, 베트남을 의미한다. 동아시아는 화교와 인도인 간의 혼합인 동남아시아와는 구별된다. 물론 인도 문화 자체도 비슷한 가치를 강조하기는 한다"[15]라고 설명했다. 리콴유는 싱가포르는 "미국에 예속된 주가 아니다"[16]라고 지적하면서, 서구 헤게모니에, 특히 미국의 정치적 지배에 저항할 필요성과 결부시켜 아시아적 가치를 강조했다.

아시아와 서구의 문화 차이와 가치 차이는 1993년 빈에서 열린 세계인권회의World Conference on Human Rights에서 몇몇 공식 대표단이 강조한 것이었다. 싱가포르 외무부 장관은 "보편주의가 현실적 다양성을 부정하거나 가리는 데 이용되는 경우에는 인권의 이상理想을 보편적으로 인정하는 것이 해로울 수 있다"[17]라고 경고했다. 중국 대표단은 지역 간에 차이가 있음을 역설하고, 인권 선언문에 채택된 규범적 틀이 "지역적 다양성"을 허용할 여지를 확실히 마련하는 데 주도적인 역할을 했다. 중국 외교부장은 심지어 아시아적 우선순위에서는 "개인은 자신의 권리 이전에 국가의 권리를 먼저 내세울 것"이 요구된다는 명제를 공식적으로 천명하기까지 했다.[18]

이런 문화적 진단을 지지하기 어려운 이유는 이미 3장에서 논의했다. 자유와 공적 토론 개념에 대한 지지, 그리고 무엇이 기본적 인권으로 불릴 수 있는가에 대해서는 아시아(인도, 중국, 일본, 그리고 동아시아, 동남아시아, 남아시아, 서아시아의 여러 다른 나라들)에서도 유럽만큼이나 자주 명료하게 표현되었다.[19] 여기서 유념해야 할 것은 단지 "아시아적 가치"에 대한 진단에 논쟁적 속성이 있다는 것, 또 그것이 아시아의 지적 유산이 가지는 범위와 영역을 심각하게 과소평가한다는 사실뿐만이 아니다. 현재의 분석 맥락에서는 이런 관점이 철저하게 반발적 성격을 가지고 발생했음을 이해하는 것도 중요하다. 서구와 차별화할 필요성은 분명 이런 탈식민주의 변증법에 뚜렷이 나타난다. 또한 아시아가 유럽보다 훨씬 나은 것을 가지고 있다는 주장이 많은 아시아인에게 매력이 된다는 것도 쉽게 파악할 수 있다.

공교롭게도, 특별한 차이가 있다는 리콴유의 독자적인 주장은 부정하기 어려울 것이다. 정치적 자유와 민주주의를 옹호하는 아시아인들이(여기에는 나도 포함된다) 리콴유의 언행이 자신들과 반대 방향으로 치달았다고 실망할 수밖에 없더라도, 마땅히 그에게 공을 돌려야 할 것을 보류하는 일은 잘못일 것이다. 특히, 리콴유의 싱가포르가 경제적으로도 매우 성공적이었지만, 동시에 싱가포르 내 소수 민족 공동체들에게 강한 소속감과 안전감, 공유된 국민 정체성을 줄 수 있었다는 것도 인정할 필요가 있다. 상당한 규모의 소수 집단을 거느린 대부분의 유럽 국가들이 자국 내의 소수파 공동체들에게 그런 것을 제공할 수 없는 때에 말이다. 우리는 2005년 가을 프랑스에서 인종 및 민족과 연계되어 발생한 도시 소요 사태와 같은 대조적 상황을 생각하지 않을 수 없다.

그럼에도, 아시아의 역사적 고전들뿐만 아니라 오늘날 아시아의 경험과 저작 들을 편견 없이 독해한다면, 아시아의 가치들에 대한 리콴유의 일반화는 그 정당함을 입증하기 어렵다. 리콴유 및 다른 사람들의 논제에서 발견되는 아시아적 가치에 대한 진단은 분명 자유와 권리의 당연한 본고장임을 주장하는 서구에 대한 반발적 대응 방식에서 영향을 받은 것이다. 리콴유는 그런 주장에 도전하기보다는, 오히려 "그렇다. 우리는 자유와 권리라는 서구 개념에 크게 이바지하지는 못했다. 왜냐하면 우리는 더 좋은 것을 가지고 있기 때문이다"라고 주장함으로써 서구에 응수하고자 한다. 하지만 이와 같은 반서구적 수사 또한 변증법적 의미에서 서구에 사로잡혀 있는 것이다.

식민주의와 아프리카 Colonialism and Africa

아마도 지난 세기, 특히 그 후반기에 가장 괴로웠던 대륙은 아프리카였을 것이다. 20세기 중반 무렵, 영국, 프랑스, 포르투갈, 벨기에 같은 제국의 지배가 공식적으로 종식됨으로써 아프리카의 민주주의가 발전할 것이라는 강한 기대감이 있었다. 하지만 아프리카의 대부분은 곧 권위주의와 군부의 지배에 희생되어, 치안과 교육, 공중 보건 서비스가 붕괴되고, 국지전과 부족 간 분쟁, 내전이 급격히 증가했다.

이 지면은 이런 비관적인 전개의 배후에 어떤 원인이 도사리고 있는지 조사하는 자리가 아니다. 아프리카 대륙의 많은 지역을 황폐화하고 있는 (에이즈같이) 새롭거나 (말라리아처럼) 해묵은 대규모 전염병 문제로 더욱 힘들어지기는 했어도, 아프리카는 이제 이런 비관적 전개로부터 벗어나는 걸음을 내딛기 시작하고 있다. 나는 다른 책(특히 『자유로서의 발전Development as Freedom』1999)에서 이런 복잡한 전개들을 설명하려고 노력한 바 있다.[20] 여기서는 특히 식민주의의 지속적 역할과 식민주의에 사로잡혀 있는 정신의 작용과 관련해 얼마간 논하는 것에 국한하고자 한다.

첫째, 서구의 지배로 말미암아 발생한 결과가 아프리카의 경제

성장과 발전을 방해했다는 데 대해서는 많은 글들이 나와 있지만 (유럽과 북미 대륙 내 아프리카 농산물과 직물 및 그 밖의 상품 수출 시장의 인위적인 제한, 그리고 감당할 수 없는 수준의 부채가 그 보기다. 아프리카는 이 빚을 이제야 겨우 덜기 시작했다), 아프리카 대륙의 최근 정치적, 군사적 동향에서 서구 세력의 역할을 살펴보는 것 또한 중요하다.

고전적 제국주의 시대에 겪어야 했던 아프리카의 불행은 공교롭게도 20세기 후반 냉전의 시기를 거치며 제도적으로 불리한 입장이었던 또 다른 시대로 이어졌다. 냉전은 실질적으로 아프리카 대륙에서 벌어졌으며(이 점은 좀처럼 인정되지 않는다), 그 결과 초강대국들은 자국에 우호적인, 아마도 더욱 중요하게는 자신들의 적에게 적대적인 아프리카 군 지도자들을 양성해 놓았다. 콩고 민주 공화국의 모부투 세세 세코Mobutu Sese Seko, 1930~1997나 앙골라의 조나스 사빔비Jonas Savimbi, 1934~2002, 또는 그 밖의 누구든, 이들이 아프리카의 사회적, 정치적 질서를 (궁극적으로는 경제적 질서까지도) 파괴했을 때, 그들은 군사 동맹에 따라 소련이나 미국을 비롯한 동맹국의 원조에 의존할 수 있었다. 민간 권력을 군사적으로 찬탈한 자에게는 군사 동맹으로 연결된 초강대국 친구가 늘 있었다. 또한 1950년대 활발한 민주주의 정치를 펼칠 각오가 되어 있는 것처럼 보이던 아프리카 대륙은 곧 냉전 대결의 이쪽 진영이나 저쪽 진영에 가담해 있는 이런저런 독재자들에 의해 지배되고 있었다. 그들은 전제 정치에 관한 한 아파르트헤이트에 기반한 남아프리카 공화국과 경쟁할 정도였다.

그러한 상황은 이제 서서히 바뀌고 있다. 아파르트헤이트가 종식된 남아프리카 공화국이 이런 건설적 변화를 주도해 가고 있다. 그러나 서구 군대의 아프리카 주둔(그리고 아프리카로의 유인)은 전 세계에 팔리는 무기의 주요 공급처가 되는 점차 다른 형태를 취해 가고 있다. 그렇게 팔린 무기들은 보통 국지전과 군사적 충돌을 뒷받침하는 데 사용되며, 이는 매우 파괴적인 결과를 낳는다. 특히 가난한 나라들의 경제적 전망에 파괴적이다. 무기 판매와 군비 "촉진"의 문제가 명백히 아프리카의 군사적 충돌을 줄이는 데 있어 유일한 쟁점이 아니라 할지라도(무기 시장의 수요가 많다는 것은 당연히 그 지역의 문제점들을 반영하는 것이다), 대규모 국제 무기 거래를 억제하는 것은 지금 당장 매우 강력히 요구되는 것이다. 군비는 무기 판매가 곧 장비 체계 도입을 촉진하는 것으로 거의 이어지는 사업이다.

오늘날 세계 군비 시장의 주요 공급자는 G8 국가들이다. 이들 국가는 1998~2003년에 전체 무기 판매량의 84퍼센트를 점유했다.[21] G8 중 유일한 비서구 국가인 일본은 이런 거래에서 유일하게 빠져 있다. 미국 한 나라가 세계 시장의 무기 판매량의 절반가량을 차지하고 있고, 미국 무기 수출의 3분의 2가량은 아프리카를 포함한 개발도상국들에 팔린다. 무기는 피비린내 나는 결과를 가져올 뿐만 아니라, 정치, 경제, 사회에 파괴적인 영향을 끼친다. 이것은 어떤 측면에서, 대륙 전역에 냉전의 바람이 휩쓸고 지나갔던 1960~1980년대 아프리카에서 군부 독재가 확대되는 동안 세계 강대국들의 역할이 전혀 쓸모가 없었던 그 상황이 계속되고 있는 것이다. 강대국들은 냉전 시기 동안 아프리카 민주주의의 파괴에 기여한 무거운 책임이 있다. 강대국들은 무기 판매와 촉진을 통해 오늘날 아프리카나 그 밖의 지역에서 군사적 충돌이 확대되는 데 지속적인 역할을 하고 있다. 심지어 소형 화기 불법 수출 공동 단속안(몇 해 전 코피 아난Kofi Annan, 1938~ 유엔 사무총장이 제출한 매우 온건한 수준의 제안)을 미국 정부가 거부한 것은 이와 관련해 현재의 상황이 얼마나 어려운가를 예증한다.

식민지 역사 및 냉전 시기의 민주주의 억압으로부터 벗어나고자 애쓰고 있는 아프리카가 오늘날 직면한 역경들 중에는 과거에서 계승된 현상들이 군부 독재와 지속적인 전쟁(이는 서구가 촉진의 역할을 했던 것들이다)의 형태로 계속되고 있다는 점도 포함된다. 오늘날 많이 사용되는 문명의 범주화에서는, 서구는 흔히 (헌팅턴의 구절을 인용하면) "문명화된 사회들 중에서 유례없는 개인의 권리와 자유의 전통"이 있는 범주로 찬양될 수도 있다. 그러나 (앞에서 논의된) 이 주제의 역사적 한계는 둘째로 치더라도, 아프리카 나라들을 포함해 '다른' 나라들의 "개인의 권리와 자유"를 훼손하는 데 서구가 행한 역할을 주목하는 것 또한 중요하다. 서구의 정부들은 자국 내에서부터 죽음의 상인들을 금지하는 정책 변화를 꾀할 필요가 있다. 식민화된 정신을 탈식민화하는 것은 서구의 국제 정책 변화를 통해 보완되어야 한다.

둘째, 물론 식민화된 정신에도 역시 많은 문제가 있다. 콰메 앤터니 애피아Kwame Anthony Appiah, 1954~가 주장했듯이, "이데올로기적 탈식민화는 내생적 '전통'이나 외생적 '서구' 관념을 무시한다면 실패할 수밖에 없다".[22] 특히, 민주주의는 아프리카에 적합하지 않다는 주장이 자주 되풀이되는데(민주주의는 "매우 서구적인 것"이라는 주장) 이는 1960~1980년대에 아프리카에서 민주주의의 토대를 약화시키는 극히 부정적인 결과를 낳았다. (세계의 다른 지역에서도 마찬가지지만) 아프리카에서 민주주의가 어떤 건설적인 역할을 했는지 살펴볼 필요성은 둘째로 치더라도, 그러한 문화적 주장은 이중의 결함이 있다. 즉 서구의 발명은 여전히 세계 다른 지역에서 매우 유용할 수 있기 때문이며(페니실린이 그 명백한 예이다), 사실 아프리카에도 (앞서 논의된) 참여적 통치의 긴 전통이 있기 때문이다.

위대한 아프리카 인류학자 마이어 포르테스Meyer Fortes, 1906~1983와 에드워드 에번스프리처드Edward Evans-Pritchard, 1902~1973는 60여 년 전에 출간된 그들의 고전 『아프리카의 정치 체계African Political Systems』1940에서 "아프리카 국가의 구조는 왕과 부족장이 서로 동의를 함으로써 통치함을 의미한다"라고 주장했다.[23] 비평가들이 주장했듯이 여기에 다소 지나친 일반화가 있을 수는 있지만, 아프리카의 정치적 유산에서 책임과 참여participation의 중요한 역할과 지속적인 관련성에 대해서는 의심의 여지가 거의 없다. 아프리카의 민주주의 투쟁을 오직 "서구의 이념"인 민주주의를 수입하려는 시도로서만 보려 하고 다른 모든 것을 간과하는 것은 (앞서 논의된 바대로) 심각하게 잘못된 설명일 것이다.

여기서 다시 한 번 참여commitments의 다원성을 이해하고 다중적 정체성의 공존을 인정하는 것은 극히 중요하다. 이는 아프리카의 탈식민화에 있어 특히 그렇다. 애피아는 자신이 자기 아버지의 "정체성들, 그중에서도 아샨티Ashanti[가]인, 가나인, 아프리카인, 기독교도이자 감리교도 등의 정체성에 대한 다중적 애착multiple attachment"[24]에서 얼마나 영향을 받았는지 설명한다. 다원적 정체성의 세계를 정확히 이해하기 위해서는 우리의 다중적 참여와 소속 관계의 인식에 대한 명료한 사고가 요구된다. 비록, 하나의 시각에만 초점을 맞추고 지지하는 일이 만연하는 가운데 이러한 이해가 쉽게 묻힐지라도 말이다. 그러므로 정신의 탈식민화는 고립된 정체성과 우선순위의 유혹으로부터 단호히 이탈할 것을 요구한다.

근본주의와 서구 중심성 Fundamentalism and the Centrality of the West

이제 현대 사회의 주목할 만한 현상인 근본주의를 살펴보자. 근본주의는 충성심과 사회적 적대감 모두를 발생시키는 데 중요한 역할을 한다. 물론 근본주의가 비서구뿐 아니라 서구에서도 융성하고 있다는 점에도 주목해야 한다. 사실, 오늘날 다윈과 진화론에 가장 크고 조직적으로 반대하는 이들은 다른 나라도 아닌 미국의 일부 교양 있는 대중인 듯하다. 그러나 여기서는 특별히 비기독교

|가| 아샨티는 18~19세기에 가나의 삼림 지대를 중심으로 번영한 왕국이었으나 20세기 초에 영국의 식민지가 되었다가 1957년 가나 공화국에 포함되어 독립했다. 현재 가나 공화국 내에서 헌법적으로 보호되는 전통 왕국의 지위를 누리고 있다.

근본주의에 관심을 집중하고자 한다. 비기독교 근본주의와 세계 식민지 역사의 연결 고리가 무엇보다 중요하기 때문이다.

일부 비기독교 근본주의 운동이 반서구적 성격을 강하게 보이고 있는 것을 두고, 근본주의 운동이 사실상 서구에 깊이 의존하고 있다고 주장한다면 받아들이기 힘들 것이다. 그러나 비기독교 근본주의 운동은 서구의 관념과 관심에 한결같이 명시적으로 반대하는 가치와 우선순위를 제시하는 데 집중한다는 점에서 이러한 의존성을 가지고 있는 것만큼은 명백하다. 어떤 외적인(이 경우에는 식민지의) 권력 구조와는 대조적으로, (아킬 빌그라미가 훌륭하게 논의한 효과적인 개념을 빌려 오자면) 자기 자신을 "타자"로 이해하는 것은 몇몇 가장 급진적인 반서구 근본주의 운동의 근간을 이루는 신념 체계에 속한다. 이러한 운동에는 이슬람 근본주의 중에서도 더욱 열렬한 형태의 근본주의가 포함되어 있다.

무슬림 통치자들이 구세계의 중심지를 관할하고 엄중하게 통치했을 당시에(7~17세기), 무슬림이 반발적인 관점에서 자신들의 문화와 우선순위를 정의했던 것은 아니다. 이슬람교가 확산되어 기독교, 힌두교, 불교 및 그 밖의 종교 등 다른 종교의 지배력을 극복해야 하는 경우조차, 무슬림은 그 세계의 일부 지배 권력과는 달리, 자신들을 "타자"로 정의할 필요는 없었다. 통합된 반서구적 입장이 필요하며 ("거대 사탄Great Satan"이나 그 무엇의 화신인) 서구와 싸우기 위해 압도적으로 헌신해야 한다는 주장으로 인해 서구가 근본주의 관점의 정치 무대 중심에 자리하게 되면서부터 이러한 자주적인 관점에 어떤 이탈이 생겨나게 되었다. 그런 반발적 자기규정은 무슬림이 우위를 점했던 그 웅대한 시절에는 결코 필요하지 않았다.

사실, 오늘날도 이러한 "필요"는 그다지 많지 않다. 무슬림이 된다는 것은 적극적인 종교적 믿음(특히 "알라 외에는 다른 신은 없다"와 "무함마드는 신의 사자다"라고 받아들인다)과 (예배와 같은) 수행의 의무를 필요로 한다. 그러나 이런 종교적 믿음과 수행의 광범위한 요구들 내에서, 다양한 무슬림이 세속적 주제에 관해 상이한 관점을 선택할 수 있고 자신의 삶을 어떻게 살아갈 것인가에 관해 스스로 결정할 수 있다. 세계 도처의 대다수 무슬림들이 오늘날에도 바로 그렇게 한다. 반면, 일부 이슬람 근본주의 운동에서는, 사회적 비전 및 정치적 전망과 같이 서구가 매우 부정적이기는 해도 중심적인 역할을 해온 특정 영역을 자기들 힘으로 개척한다.[25]

만약 이런 의미에서 현대 이슬람 근본주의가 서구에 기생하고 있는 것이라면, 미국이나 가끔씩 미국을 지지하는 유럽을 겨냥하는 테러리즘은 서구에 더더욱 의존적인 것이다. 어느 누군가의 생명을 서구를 약화시키는 데 바치거나, 그리고 서구에서 실질적 또는 상징적 중요성을 가지는 유명 건물을 폭파하는 데 바치는 것은 다른 모든 우선순위와 가치를 압도하는, 서구에 대한 강박관념을 반영하는 것이다. 이는 식민화된 정신의 변증법에 의해 크게 조장될 수 있는 선입견의 하나다.

4장에서 논의했듯이, 문명에 따르는 조잡한 분류법에서 매우 흐릿해진 구분 중의 하나가 ① 한 개인이 무슬림이라는 것(이는 중요한 정체성이지만 반드시 그의 유일한 정체성은 아니다)과 ② 한 개인을 그의 이슬람 정체성에 의해 전적으로 또는 우선적으로 정의하는 것 사이의 구분이다. 무슬림이라는 것과 단일의 이슬람 정체성을 가지는 것 사이의 구분이 흐릿한 것은(이러한 모호성은 오늘날 정치 토론에서 널리 확인되고 있다) 혼란을 일으키는 수많은 우려들에 의해 더욱 심화되며, 오로지 조잡한 문명론적 범주들에만 의지하는 것은 확실히 그러한 우려들 중의 하나다. 그렇지만 반서구적 사고와 수사에서 반발적 자아 개념이 발생하는 것 또한 이러한 개념적 모호성에 기여하는 것이다. 문화와 문학, 과학, 수학은 종교보다 더 쉽게 공유된다. 스스로를 서구와는 확연히 구별되는 "타자"로서 이해하려는 경향은, 아시아와 아프리카의 수많은 이들이 자신을 이해하는 다른 요소들보다 자신들만의 '비'서구적 정체성(이는 서구의 유대교·기독교적 유산에서 멀리 떨어진 것이다)에 더욱 중점을 두도록 하는 효과를 낳는다.

이런 전반적인 분류는 미국과 유럽에서 근본주의와 테러리즘에 대한 응답을 일부 교란시키는 역할을 담당했다. 이런 역할까지 포함하는 더욱 세밀한 고찰을 위해 이 문제를 다시 다뤄야 할 것 같다.

Chapter  문화와 포로

Culture and Captivity

세계는 문화가 중요하다는 결론에 도달했다. 그것도 필요 이상으로 도전적이었다. 세상이 명백히 옳다. 문화는 중요한 것이다. 그러나 진정한 물음은 이것이다. "문화가 '어떻게' 중요한가?"[1] 앞의 두 장에서 논의했듯이, 문화를 문명이나 종교 정체성과 같은 뚜렷이 분리된 상자에 넣어 한정하는 것은 너무 좁은 관점에서 문화의 특질들을 바라보는 것이다. 다른 문화적 일반화들, 예를 들어, 국민적, 민족적, 인종 집단에 대한 문화적 일반화들 또한 인간의 성격에 대해 놀라울 정도로 제한되고 궁색한 이해를 보여줄 수 있다. 문화에 대한 막연한 인식이 문화의 지배력에 관한 숙명론과 결합될 때, 우리는 사실상 실체 없는 힘의 가상의 노예가 되도록 요구받게 된다.

그럼에도, 단순한 문화적 일반화가 우리의 사유 방식을 고착시키는 데 대단한 효과를 발휘한다. 그런 일반화가 대중의 신념과 비공식적 의사소통에서 많다는 사실은 쉽게 알아차릴 수 있다.

맹목적이고 비틀어진 신념은 인종 차별적 농담과 민족 비방의 주제인 경우가 많을 뿐 아니라, 때로는 위대한 이론의 모습으로 나타나기까지 한다. 문화적 편견과 사회적 관찰 사이에 우연한 상관성이 있을 때는(그것이 아무리 우연적이라고 하더라도) 이론이 하나 탄생한다. 그리고 그 우연한 상관성이 흔적도 없이 사라지더라도, 그 이론은 사라지기를 거부할 것이다.

잉글랜드에서 오랫동안 유행했던 아일랜드[가] 국민에 대해 억지스러운 농담들("백열등을 갈아 끼우는 데 아일랜드인이 몇 명 필요한가?"와 같은 조잡한 농담들)을 생각해 보라. 마찬가지로 그런 농담은 폴란드인에 대한 미국인들의 똑같이 지각없는 농담과 유사하다. 이러한 조잡함은 아일랜드의 경제 상황이 상당히 안 좋을 때 아일랜드 경제의 우울한 곤경과 외견상 잘 어울렸다. 그러나 아일랜드 경제가 놀랍도록 빠르게 성장하기 시작했을 때도(실제로, 아일랜드 경제는 최근 몇 해 동안 유럽의 다른 어떤 나라보다도 더 빠르게 성장했다. 아일랜드는 현재 1인당 국민소득 면에서 유럽의 거의 모든 나라에 앞서 있다) 문화적 고정 관념은, 그리고 그 고정 관념이 사회적, 경제적인 것과 깊이 관련되어 있다는 추정은 순전히 쓰레기에 불과하다며 폐기되거나 하지는 않았다. 이론은 이처럼 그 자체의 독자적 생명력을 영위한다. 실제 관찰될 수 있는 현상 세계에 대한 상당한 반발이다.

[가] 아일랜드는 12세기 후반 영국(잉글랜드)의 침입을 받은 이래 점차 영국에 예속화되었으며, 16세기 중반부터는 영국 왕의 직접적인 지배를 받았다. 1801년에 영국·아일랜드 연합 왕국으로 합병했다가, 1922년 아일랜드 자유국, 1937년 독립 선언 등의 과정을 거쳐 1949년 영연방에서 완전히 독립했다.

그런 이론들이 단지 무해한 장난으로 그치지 않는 경우가 자주 있다. 예를 들어, 아일랜드가 영국 정부에게서 받은 대우에는 문화적 편견이 분명 모종의 역할을 했으며, 심지어 1840년대의 대기근을 막아내지 못한 것에도 문화적 편견이 관여했다. 영국이 아일랜드 경제 문제를 다룰 때 문화적인 따돌림도 일부 영향력을 행사했다. 영국의 빈곤은 일반적으로 경제적 변화와 부침 탓으로 돌려진 반면, (정치 분석가 리처드 네드 리보Richard Ned Lebow가 주장한 것처럼) 아일랜드의 빈곤은 게으름과 무관심, 어리석음에 기인한 것이라는 관점이 영국에서 널리 견지되었다. 그래서 "영국의 임무"는 "아일랜드의 곤궁을 완화하는 것"이 아니라 "아일랜드 국민을 개화시키고 인간처럼 느끼고 행동하도록 이끄는" 것으로 이해되었다.[2]

아일랜드의 경제적 곤경의 문화적 원인을 조사하려면 더 먼 과거까지, 적어도 16세기까지 거슬러 올라가야 한다. 1590년에 발표된 에드먼드 스펜서Edmund Spenser, 1552?~1599의 「선녀 여왕The Faerie Queene」1590, 1596[나]에 이것이 잘 반영되어 있다. 「선녀 여왕」에는 이재민들을 비난하는 묘사가 자주 나오는데, 1840년대 대기

[나] 「선녀 여왕」은 영국의 엘리자베스 1세Elizabeth I, 재위 1558~1603를 찬양한 우화시다. 스펜서는 아일랜드의 신임 총독의 비서가 되어 아일랜드에 머물게 되는데, 아일랜드의 낭만적인 경치는 사랑했으나 그 문화에서는 미개함과 무질서를 느껴 이를 표현하는 시들을 많이 남겼다. 「선녀 여왕」은 당시 국제 정세에 따른 스페인의 침략 위협과 영국의 지배 및 전쟁, 기근에 시달리던 아일랜드인들의 봉기 가능성 등으로 위기가 고조되던 시기에 완성되었다.

근 동안 이 표현들이 효과적으로 사용되었으며 이 오랜 설화에 새로운 요소들마저 덧붙여졌다. 예를 들어, 영국인의 눈에는 대참사는 아일랜드인 스스로가 초래한 것이었으며, 감자를 주식으로 하는 토착민들의 식성도 이러한 참화의 목록에 추가되었다. 대기근 당시 재무부 장관이었던 찰스 에드워드 트리벨리언Charles Edward Trevelyan, 1807~1886은 기근으로 인한 사망이 마구 퍼지고 있음에도 아일랜드를 위해 런던이 할 수 있는 모든 것을 다 했다는 자신의 믿음을 표명했다(사실, 기록으로 남은 세계 어느 지역의 기근보다도 아일랜드 기근의 사망률이 높았다).

트리벨리언은 또한 아일랜드의 명백한 기근을 (당시 영국의 통치에 대해서는 어떠한 비난도 가하지 않은 채) 아일랜드 문화의 이른바 한정된 지평에 연결함으로써, 기근에 대해 다소 주목할 만한 문화적 해석을 내놓았다. "아일랜드 서부 농가에서는 감자를 삶는 것 이상의 요리를 하는 부녀자들을 거의 찾아볼 수 없다."[3] 이 촌평은 다른 나라의 요리법에 대해 국제적인 비평을 잘 내놓지 않던 영국의 관례에서 볼 때 고무적인 출발로서 여겨질 수도 있을 테지만(프랑스, 이탈리아, 중국이 그다음일 것이다), 아일랜드 기근을 문화적으로 설명하려는 그 기이함은 확실히 별난 인류학 사료史料로서의 지위를 차지할 만하다.

문화적 편협함과 정치적 전제 정치 사이에는 긴밀한 연관이 있을 수 있다. 통치자와 피통치자 간의 권력 불균형은 정체성 차이라는 고상한 의미를 만들어내는 한편, 통치와 공공 정책의 실패를 발뺌하고자 할 때는 문화적 편견과 쉽게 결합할 수 있는 것이다. 윈스턴 처칠Winston Churchill, 재임 1940~1945, 1951~1955은 1947년 인도가 영국에서 독립하기 직전에 발생한 1943년 벵골 대기근을 두고 그곳 사람들의 "토끼처럼 번식하는" 경향 때문에 대기근이 초래되었다는 유명한 말을 남겼다(인도에서는 영국의 통치가 종결됨과 더불어 대기근이 사라졌기 때문에 벵골 대기근은 20세기 인도에서 마지막으로 발생한 기근일 것이다). 그러한 설명은 재난의 원인을 통치를 제대로 하지 못해서가 아니라 피지배자의 문화에서 찾아 설명하려는 일반적 전통에 속하며, 이런 사고 습관은 200~300만 명이 죽은 벵골의 기근 구제를 결정적으로 지체시키도록 실질적인 영향을 미쳤다. 처칠은 인도인들이 "독일인 다음으로 세계에서 가장 지독한 사람들"[4]이었다는 말을 통해 인도를 통치하는 일이 정말 어려웠었다는 자신의 좌절감을 피력함으로써 사태를 수습하고자 했다. 문화 이론은 이렇게 명백히 쓸모가 있는 것이다.

한국과 가나 Korea and Ghana

경제적 저개발을 문화적으로 설명하려는 시도가 근래 많은 기반을 다져왔다. 예를 들어, 로런스 해리슨Lawrence E. Harrison과 새뮤얼 헌팅턴이 공동 편집한 영향력 있고 매력적인 책 『문화가 중요하다Culture Matters』2001에 나오는 다음 주장을 보자. 이 주장은 헌팅턴이 「문화는 정말 중요하다Cultures Count」라는 제목으로 쓴 서문에 들어 있다.

> 1990년대 초 나는 가나와 남한의 1960년대 초반 경제 자료를 검토하게 되었는데, 1960년대 당시 두 나라의 경제 상황이 아주 비슷했다는 사실을 발견하고서 깜짝 놀랐다. …… 30년 뒤 남한은 세계 14위의 경제 규모를 가진 산업 강국이 되었다. 다국적 기업을 거느리고 자동차, 전자 제품, 기타 기술 집약적 제품 등이 주요 수출품인 나라로 부상했다. 1인당 소득은 그리스 수준에 육박했다. 더욱이 남한은 민주주의 제도를 강화해 가고 있는 중이었다. 반면 가나에서는 이러한 변화가 이루어지지 않아, 이제 가나의 1인당 소득은 남한의 15분의 1 수준이다. 이런 엄청난 발전의 차이를 어떻게 설명할 수 있을까? 물론 여러 가지 요인이 작용했겠지만, 내가 볼 때 문화가 결정적 요인이라고 생각한다. 한국인은 검약, 투자, 근면, 교육, 조직, 기강 등을 소중한 가치로 생각한다. 가나인의 가치관은 다르다. 요컨대, 문화가 중요하다.[5]

이런 기발한 비교에 관심이 가는 대목이 있을 수 있겠지만(맥락과는 관계없는 서푼짜리밖에 안 되는 진실이라도 말이다), 이러한 대조에는 엄밀한 검토가 요구된다. 방금 인용한 설명에서 사용되었듯이, 인과적 이야기는 극단적인 오해를 살 수도 있다. 1960년대 가나와 한국 사이에는 문화적 경향 말고도 다른 중요한 차이점이 많았다.

첫째, 두 나라의 계급 구조가 매우 달랐다. 남한에서는 기업가 계급이 더 큰 역할, 더 선도적인 역할을 수행했다. 둘째, 정치 역시 매우 달랐다. 남한 정부는 기업 중심의 경제 발전을 일으키는 데 주도적인 역할을 기꺼이 하고 열망했지만, 가나는 그러지 못했다. 셋째, 적어도 한국 경제 팽창의 초기 단계에서 한국 경제가 한편으로는 일본 경제와, 다른 한편으로는 미국 경제와 밀접한 관계를 맺었다는 점이 가나와는 큰 차이를 보였다.

넷째는 아마도 가장 중요한 차이점일 터인데, 1960년대를 거치면서 남한은 가나보다 더 높은 문자 해독률을 유지했고 더 확장된 교육 체계를 수립했다. 한국에서 학교 교육은 2차 세계대전 이후 주로 확고부동한 공공 정책을 통해 크게 신장되었으며, 이를 단지 문화의 반영으로만 여길 수는 없다(문화가 한 나라에서 일어나는 모든 일을 포함하는 것으로 여겨지는 일반적 의미를 제외한다면 말이다).[6] 헌팅턴의 결론을 뒷받침했던 빈약한 조사에 기초해, 한국 문화가 우월하다는 문화적 승리주의를 정당화하거나, 헌팅턴이 문화적 결정론에 의거해 내린 결론이었던 가나의 미래에 대한 극단적인 비관주의를 정당화하기는 어렵다.

이는 문화적 요인이 발전 과정과는 무관함을 주장하는 것이 아니다. 문화적 요인은 사회적, 정치적, 경제적 영향과 분리되어 작동하지 않는다는 것이다. 또 그런 요인이 변하지 않는다는 것도 아니다. 만약 다른 무엇보다도 사회적 변동 양상이 문화적 쟁점들에 더욱 충실하게 고려된다면, 발전 과정에 대한 이해와 우리 정체성의 본성에 대한 이해는 물론이고, 세계에 대한 우리의 이해를 넓히는 데 크게 기여할 수 있다. 이른바 고착된 문화적 우선순위(헌팅턴이 말하듯 "가나인의 가치관은 다르다")에 대해 손을 들어 반대하는 것은 딱히 계몽적이지도 별반 도움이 되지도 않지만, 가치와 행위가 사회 변화에 어떻게 대응할 수 있는가를 검토하는 것은 유용하다. 예컨대 학교와 대학의 영향을 통해 검토해 보자. 남한을 다시 언급해 보면, 1960년대(헌팅턴에게 당시 남한과 가나의 경제는 상당히 유사하게 보였다)에 남한은 가나보다 더 많은 교육이 이루어진 사회였다. 이미 언급했듯이, 남한과 가나의 차이는 실질적으로 2차 세계대전 이후 남한이 추구한 공공 정책의 결과로 나타난 것이었다. 그러나 전후 교육에 관한 공공 정책은 또한 선행하는 문화적 특징들에 영향을 받았다. 우리가 일단 문화를 운명이라는 환영과 분리하게 되고, 문화를 다른 영향 및 상호 작용적 사회 과정과 함께 고려한다면 사회 변화에 대한 더 나은 이해에 닿을 수 있다.

쌍방의 상호 관계 속에서 교육이 문화에 영향을 미치듯이, 선행하는 문화는 교육 정책에 영향을 미칠 수 있다. 예를 들어, 불교 전통이 강력하게 자리 잡고 있는 나라들은 거의 모두 광범위한 학교 교육과 교양 교육을 열성적으로 채택하려는 경향이 있었다. 이는 일본과 한국에만 적용되는 것이 아니라 중국, 태국, 스리랑카, 심지어 다른 점에서는 퇴보하고 있는 버마(미얀마)에도 적용된다. 불교에서 깨달음에 집중하는 것과("부처"라는 말 자체가 "깨달은 사람"을 의미한다), 경전을 스님에게 맡기지 않고 직접 읽기를 우선시하는 것은 교육의 확대를 촉진하는 데 기여할 수 있다. 더욱 넓은 틀에서 보면, 아마 여기서도 검토하고 배울 만한 게 있을 것이다.

그렇지만 다른 나라들과 접촉하고 그들 나라의 경험을 습득함으로써 실질적으로 큰 변화를 가져오는 상호 작용적 과정의 본질을 이해하는 것 또한 중요하다. 한국이 2차 세계대전 후 학교 교육의 확대를 적극 추진하려고 결정했을 때, 교육에 대한 문화적 관심이 그런 결정에 영향을 주기도 했지만 (일본의 경험과 미국을 포함한 서구에 대한 경험을 토대로) 교육의 역할과 중요성을 새로이 이해한 것 또한 영향을 주었다는 증거도 수두룩하다.

일본의 경험과 공공 정책 Japanese Experience and Public Policy

일본의 교육 발전사에도 일찍부터 국제적 상호 작용 및 국가적 대응과 같은 비슷한 이야기가 등장한다. 일본이 (도쿠가와德川 체제가 성립된 17세기 이후) 세계로부터의 자발적 고립에서 빠져나왔을 때는 이미 상대적으로 잘 발달된 학교 제도를 갖춘 상태였다. 그리고 이런 성과 속에서 교육에 대한 일본의 전통적 관심이 중요한 역할을 했다. 실제로, 1868년 메이지 유신明治維新 때, 일본의 문자 해독률은 유럽보다 높았다. 그럼에도 일본의 문자 해독률은 여전히 낮았는데(유럽 역시 당연히 낮았다), 아마도 가장 중요한 요인은 일본의 교육 제도가, 산업화가 진행 중이던 서구의 과학기술적 진보와 거의 접촉이 없었다는 점일 것이다.

1852년, 미 해군 제독 매슈 페리Matthew Perry, 1794~1858가 신형 증기선을 타고 검은 연기를 내뿜으며 에도江戸만에 내항했을 때, 일본인들은 깊은 인상을 받으면서도 한편으로는 다소 두려움을 느끼며 미국과의 외교 및 통상 관계를 받아들였을 뿐 아니라 세계와 단절된 자신들의 지적 고립을 재검토하고 재평가해야 했다. 이는 메이지 유신을 이끌어내는 정치적 과정에 기여했으며, 동시에 일본의 교육 지형을 바꾸게 되는 결정으로 이어졌다. 1868년에 선언된 이른바 「5개조 서문誓文」에서는 "지식을 전 세계에 걸쳐 널리 구할" 필요가 있음을 확고하게 선언하고 있다.[7]

그로부터 3년이 지난 1872년에 공포된 교육 기본법은 신교육에 대한 결의를 명료하게 제시하고 있다.

> 장래에는 어떤 마을에도 문맹 가정이 없을 것이고, 어떤 가정에도 문맹인이 없을 것이다.[8]

당시 가장 영향력 있는 지도자의 한 사람이었던 기도 다카요시木戸孝允, 1833~1877는 일본의 근본 문제를 매우 분명하게 제시했다.

> 우리 국민은 오늘날 미국인이나 유럽인과 전혀 다르지 않다. 모든 것은 교육의 문제이거나 교육이 부족한 문제다.[9]

19세기 후반, 일본은 이러한 도전을 단호히 감행했다.

1906~1911년, 교육 부문은 일본 전역의 도시와 마을 전체 예산의 43퍼센트까지 차지했다.[10] 1906년쯤 되었을 때, 모병 장교들은 19세기 후반과는 달리 글을 모르는 신병이 거의 없다는 사실을 깨닫게 되었다. 일반적으로 정평이 나 있듯이, 1910년에 일본은 초등학교 보편 교육을 실시했다. 1913년경 일본은 여전히

경제적으로 매우 가난하고 저개발의 상태였지만, 영국보다 많은 책을, 미국보다는 두 배 이상 많은 책을 출판하는 세계 최대 도서 발행국의 하나가 되었다. 참으로, 일본이 경제 발전을 이룰 수 있었던 것은 대체로 교육과 훈련의 역할을 포함한 인간 능력을 개발한 덕이었다. 이는 공공 정책과 보조적인 문화적 풍토 '둘 다'에 의해 촉진되었다(이 둘은 상호 작용한다). 이러한 연합 관계의 역동성은 일본이 어떻게 눈부신 사회적, 경제적 발전의 토대를 구축했는지 이해하는 데 굉장히 중요하다.

이야기를 더 진행하자면, 일본은 학습자일 뿐만 아니라 훌륭한 교사이기도 했다. 동아시아와 동남아시아 나라들의 발전 노력은 교육의 확대를 꾀한 일본의 경험과, 사회와 경제를 변형시킨 일본의 명백한 성과에 깊은 영향을 받았다. 이른바 동아시아의 기적은 일본의 경험에 적잖은 영감을 얻어 이뤄낸 성취였다.

넓은 틀에서 보면, 문화적 상호 관계에 주목하는 것은 발전과 변화에 대한 이해를 진전시키는 유용한 방법이 될 수 있다. 이는 (일부 협의의 경제 모델처럼) 문화를 완전히 무시하는 것도 아니며, (일부 문화 이론가들이 선호하는 것처럼) 문화를 불변하는 존재감과 불가항력적인 영향을 가진, 독자적이고 정지된 힘으로서 특권화하는 것도 아닐 것이다. 문화적 운명이라는 환영은 우리를 오도할 뿐만 아니라, 우리를 현저하게 약화시킬 수도 있다. 왜냐하면 문화적 운명의 환영은 불리한 처지에 있는 사람들에게 숙명론을 주입하고 체념 의식을 낳을 수 있기 때문이다.

우리의 문화적 배경이 우리 행위와 사유에 상당히 중요한 영향을 미칠 수 있다는 것은 의심의 여지가 거의 없다. 또한 우리가 누리는 삶의 질은 우리 문화적 배경의 영향권에서 벗어날 수 없다. 또 분명 우리의 정체성 의식에 영향을 미칠 수 있고, 우리 자신이 속한 것으로 이해하는 집단과의 소속 관계에 대한 인식에도 영향을 미칠 수 있다. 여기서 나는 인간의 지각과 행위에서 문화의 기본적 중요성을 인정해야 한다는 점에 대해 회의하는 것이 아니다. 가끔 문화를, 사회적 난제들을 결정하는 중심적이고 완전히 독립적인 불변의 요소라고, 다소 독단적으로 이해하는 방식을 회의하는 것이다.

우리의 문화적 정체성은 극히 중요할 수 있다. 그러나 그것은 순전히 단독으로 존재하지도 않고 우리의 이해와 우선순위에 미치는 다른 영향들로부터 떨어져 있지도 않다. 문화가 인간의 삶과 행위에 영향을 미친다는 사실을 순순히 인정한다고 할지라도, 몇 가지 자격 사항은 갖추어야 한다. 첫째, 문화가 중요하기는 하지만 우리의 삶과 정체성을 결정하는 독보적으로 의미 있는 요소는 아니다. 계급, 인종, 젠더, 직업, 정치와 같은 다른 일들 또한 중요하며, 그 중요한 정도가 막대할 수도 있다.

둘째, 문화는 균일한 특질을 가지지 않는다. 동일한 문화 환경 내에서조차 수많은 변종이 존재할 수 있는 것이다. 예를 들어, 미국에는 (사상과 행동을 달리하는 수많은 종파들 가운데서) 거듭난 기독교도들도 있고 열렬한 비非신자들도 있듯이, 현대 이란에도 보수적인 아야톨라ayatollahs[가]도 있고 급진적인 반체제 인사들도 있다. 문화 결정론자들은 흔히 "하나의" 문화로 간주되는 사회의 내부 이질성 정도를 과소평가한다. 불일치의 목소리들은 외부에서 유입되기보다는 "내재적"인 경우가 많다. 또한 우리가 관심을 집중하기로 한 문화의 특정 측면(예컨대 종교나 문학, 또는 음악 등)에 따라, 우리는 내적, 외적 관계들의 꽤 다양한 양상을 파악할 수 있다.

셋째, 문화는 고요히 머물러 있지 않는다. 앞서 일본과 한국에서 일어난 교육의 변화를 심오한 문화적 함의와 더불어 간략하게 살펴봤는데, 이는 흔히 그렇듯이 공적 논의와 정책에 연관되는 변화의 중요성을 예증하는 사례였다. 명시적이든 암묵적이든 문화는 정지해 있다는 추정은 어떤 것이든 결코 믿을 만한 것이 못 된다. 문화 결정론을 이용해 보려는 유혹은 빠르게 움직이는 배 위에서 문화적 닻을 내려 정박하려고 하는 가망 없는 형태를 취하는 경우가 많다.

넷째, 문화는 사회적 지각 및 행동을 결정하는 다른 요소들과 상호 작용한다. 예를 들어, 경제적 세계화는 무역이 더 많이 이루어지도록 촉진할 뿐 아니라 세계적인 음악과 영화도 더 많이 만들어낸다. 문화는 다른 영향력들에서 독립해 있는 고립된 힘으로 이해될 수 없다. 흔히 은연중에 연상되는 것처럼 문화가 고립되

[가] 이란의 이슬람 시아파에서 신앙과 학식이 깊은 인물을 일컫는 말.

어 있다고 추정하는 것은 심각한 망상일 수 있다.

마지막으로, 우리는 '문화적 자유cultural liberty'라는 관념을 '문화 보존의 존중'이라는 관념과는 구분해야 한다. 문화적 자유는 (더 많은 지식이나 더 깊은 반성을 토대로, 또는 마찬가지로 변화하는 관습과 유행에 대한 우리의 평가를 기초로) 우리의 우선순위들을 보존하거나 변화시킬 자유에 초점을 둔다. 문화 보존의 존중 관념은 다문화주의의 수사학에서 큰 쟁점이 된 것으로, 보통 서구의 새로운 이민자들이 자신들의 전통적 생활 양식을 고수할 수 있도록 하는 토대가 되어왔다. 존중할 만한 인간의 능력에 문화적 자유를 포함시켜야 한다는 강력한 주장도 당연히 있다. 하지만 또한 문화적 자유와 다문화주의의 우선순위 간의 정확한 관계를 엄밀히 검토해야 할 필요 또한 있다.[11]

다문화주의와 문화적 자유 Multiculturalism and Cultural Freedom

최근 다문화주의는 중요한 가치로서, 더 정확히는 강력한 표어로서 많은 지지를 얻고 있다(다문화주의가 하나의 표어인 것은 다문화주의의 기본적 가치가 모두 분명한 것은 아니기 때문이다). 동일한 국가나 지역 내에서 상이한 문화들이 동시에 번성하는 것은 그 자체로 중요한 의미가 있다고 여길 수 있지만, 다문화주의가 옹호되었던 것은 대체로 다문화주의가 문화적 자유의 요구 조건이라는 근거에서였다. 이 주장은 더욱 면밀히 검토되어야 한다.

문화적 자유의 중요성은 모든 형태의 문화적 유산에 대한 찬사와는 구분되어야 한다. 문화 행위자에게 비판적으로 검토할 기회가 주어지고 그런 특정 관행들을 선택하는 행위가 실제 존재하는 다른 옵션과 선택권에 대한 충분한 지식이 주어진 상태에서 이루어지는가의 여부에 관계없이 말이다. 최근 몇 년간 사회생활과 인간 개발에서 문화적 요인의 중요하고 광범위한 역할에 대해 많은 논의가 있기는 했지만, 초점은 명시적이든 암묵적이든 대체로 문화 보존의 필요성(예컨대, 유럽이나 미국으로 이주했음에도 문화적으로 잘 적응하지 못하는 사람들이 기존의 생활 양식을 계속 고수하는 것)에 맞춰져 왔다. 문화적 자유에는 여러 우선순위 중에서도 자기 삶의 방식을 바꾸어야 할 이유를 발견한 사람들, 특히 젊은이들이 과거의 전통을 자동적으로 승인하는 것에 문제를 제기할 수 있는 자유가 포함될 것이다.

만약 인간에게 결정의 자유가 중요하다면, 그런 자유를 합당하게 행사해서 얻은 결과들 또한 존중해야지, 무조건적인 보존이 강요된 선례에 따라 그 결과를 부정해서는 안 된다. 여기에다, 다른 옵션들을 숙고하는 우리의 능력과 어떠한 선택권들이 수반되는지 이해하는 능력, 그래서 우리가 원할 만한 이유가 있는 것을 결정하는 능력이 중요하게 연결된다.

물론, 특정 공동체 구성원들이 어떤 전통적 생활 양식을 자유롭게 추구하는 것을 사회에서 허락하지 않는다면 문화적 자유가 방해받을 수 있음을 인정해야 한다. 실로, 특정한 생활 양식, 예를 들어, 동성애자나 이민자, 특정 종교 집단의 생활 양식을 사회적으로 억압하는 현상이 세계 많은 나라에서 공통적으로 발견된다. 게이나 레즈비언 들이 이성애자들처럼 살아야 한다는 주장이나 자신이 동성애자임을 드러내지 말아야 한다는 주장은 획일화를 요구하는 것일 뿐 아니라 선택의 자유를 부정하는 것이다. 만약 다양성이 허용되지 않는다면, 많은 선택이 사용 불가의 상태에 빠질 것이다. 다양성의 허용은 문화적 자유에 진정 중요할 수 있다.

만약 개인이 (현재 진행 중인 전통에 구속되지 않고) 스스로 가치 있는 삶이라고 생각하는 대로 살도록 허용되고 장려된다면 문화적 다양성은 확대될 것이다. 예를 들어, 음식이나 음악에서처럼 민족적으로 다양한 생활 양식을 추구할 수 있는 자유는 문화적 자유가 행사되면 행사될수록 사회를 그만큼 문화적으로 다양하게 만들 수 있다. 이 경우, 문화적 다양성의 중요성은 도구적이긴 하지만, 문화적 자유의 가치로부터 직접적으로 도출될 것이다. 왜냐하면 문화적 다양성은 문화적 자유의 결과일 것이기 때문이다.

다양성은 또한 심지어 직접적으로 관련되지 않은 사람들의 자유를 증진하는 데도 긍정적인 역할을 할 수 있다. 예를 들어, 문화적으로 다양한 사회는 갖가지 풍부한 경험의 형태를 제공하므로 이를 누릴 만한 위치에 있는 다른 사람들에게도 혜택을 줄 수 있다. 이를테면, 아프리카계 미국인들의 풍부한 음악 전통(아프리카 계보를 갖지만 미국에서 진화한 음악 전통)이 문화적 자유와 아프리카계 미국인들의 자존감을 증진하는 데 기여했을 뿐만 아니라, (아프리카계 미국인이건 아니건) 모든 사람의 문화적 선택권을 넓혔고 미국뿐 아니라 실로 전 세계의 문화적 조망을 풍부하게 했다는 주장이 가능하다.

그럼에도, 만약 우리의 초점이 (문화적 자유를 포함해) '자유'에 맞춰져 있다면, 문화적 다양성의 의의는 무조건적일 수 없으며, 문화적 다양성과 인간 자유 사이의 인과 관계에 따라, 그리고 사람들이 자신의 결정을 취할 수 있도록 돕는 문화적 다양성의 역할에 따라 바뀌어야 한다. 사실, 문화적 자유와 문화적 다양성의 관계는 일관되게 긍정적일 필요는 없다. 예를 들어, 어떤 환경에서 문화적 다양성을 갖게 되는 가장 단순한 방법은 어떤 한 시점에 '어쩌다' 지금까지의 모든 문화적 관행이 동시에 존속하는 경우일 것이다(예컨대, 새로 이민 온 이들은 자신들만의 익숙한 옛 방식과 습속 들을 유지하도록 권유받을 수 있으며, 직접적이든 간접적이든 그들의 행동 양식을 단념하지 않아도 될 것이다). 이는 '문화적 다양성'을 위해 우리가 '문화적 보수주의'를 지지해야 하고, 사람들에게 그들 자신의 문화적 배경을 고수하도록 요구해야 하며, 그들 자신의 생활 양식을 바꿀 좋은 이유가 있더라도 다른 생활 양식으로 옮겨 가지 못하도록 해야 함을 의미하는 것일까? 이로 말미암아 선택의 가능성이 훼손된다면, 이는 우리를 즉각 반反자유적인 입장으로 몰 것이고, 이는 결국 많은 사람이 바랄 수도 있는 변화된 생활 방식을 선택하지 못하게 가로막는 수단과 방법을 강구하는 것으로 이어질 것이다.

이를테면, 서구로 이민 온 보수적인 가족의 젊은 여성들은 그들이 주류 공동체의 더 자유로운 생활 양식을 모방할까 두려워하는 연장자들에 의해 엄하게 구속받을지 모른다. 이 경우 다양성은 문화적 자유를 희생하고서 달성될 것이다. 만약 궁극적으로 중요한 것이 문화적 자유라면, 문화적 다양성의 존중은 부수적이고 조건부의 형식을 취해야 한다. 따라서 다양성의 장점은 정확히 '어떻게' 다양성이 생겨나고 유지되는가에 달려 있다.

진정, 문화적 다양성을 변론하면서, 그 근거로 문화적 다양성이 상이한 집단의 사람들이 '물려받은' 것임을 내세우는 것은, 문화적 자유에 기초한 논증이 절대 아니다(그 논증이 때때로 마치 "자유를 옹호하는" 논증인 '것처럼' 제시되었다고 하더라도 말이다). 특정한 문화에서 태어나는 것은 문화적 자유를 행사한 것이 분명 아니다. 그리고 단순히 출생의 이유만으로 어떤 사람을 규정해 주는 요소를 보존하는 일이 그 자체로 자유의 행사가 될 수는 없다. 실제로 사람들에게 그런 자유를 행사할 기회를 주지 않고서는, 아니면 적어도, 선택이 가능한 경우 선택의 기회가 어떻게 행사되는지 세심하게 평가하지 않고서는, 자유의 이름으로 정당화할 수 있는 것은 아무것도 없다. 사회적 억압이 문화적 자유의 부정이 될 수 있듯이, 한 공동체의 구성원들이 다른 생활 양식을 선택하기 어렵게 만드는 순응주의의 횡포에서도 자유의 침해가 발생할 수 있다.

또한 다른 문화와 다른 생활 양식에 대한 지식과 이해력이 결여되었을 때도 부자유unfreedom가 초래될 수 있다. 이와 관련된 주요 쟁점을 예로 들어보자. 오늘날 영국은 배경과 태생이 다르더라도 영국에 거주하는 모든 이들에게 문화적 자유를 허용한다. 그런데 그러한 조치를 찬양하는 (나 같은) 사람들조차 (1장에서 간단히 언급했듯이) 국가가 지원하는 종교 학교를 점점 확대하는 영국 정부의 정책에 대해서는 상당히 불안해할 수 있다.

국가가 재정을 지원하는 기존의 종교 학교를 줄이기보다, 거기에 다른 학교를(이미 존재하는 기독교 학교에 이슬람교 학교, 힌두교 학교, 시크교 학교를) '추가하는 것'은 아이들에게서 이성적 추론을 계발하고 사용하는 기회를 줄이는 결과를 초래할 수 있다. 다른 사람과 다른 집단에 대한 이해의 지평을 넓히는 것이 크게 필요한 이때, 그리고 합리적인 의사 결정을 수행하는 능력이 특별히 중요한 이때 이러한 일이 일어나고 있는 것이다. 새로운 종교 학교에서 아이들에게 삶의 우선순위를 결정하는 데 있어 숙고를 거쳐 선택하는 능력을 계발하는 기회를 주지 않을 때 아이들에게 부과되는 제한 요소들은 특히 심각하다. 또한 종교 학교는 자신의 정체성을 구성하는 다양한 요소들(국적, 언어, 문학, 종교, 민족성, 문화사, 과학적 관심 등)에 얼마나 주목해야 하는지 스스로 결정해야 함을 학생들에게 주지시키는 데도 실패하는 경우가 많다.

여기서, 영국의 새 종교 학교들의 편향성 문제가(그리고 외곬의 시각을 의도적으로 육성하는 것이) 파키스탄의 근본주의적 마드라사 madrasa[가]의 편향성 문제만큼 극단적임을 암시하려는 것은 아니다. 마드라사는 긴장감이 팽배한 파키스탄에서 불관용과 폭력의 온상이 되기도 했으며, 가끔은 테러리즘의 온상이 되기까지 했다. 그러나 아무리 영국이라고 해도, 이성을 계발할 기회나 면밀한 검토를 거친 선택의 필요성을 인식할 기회는, 이 새로운 종교 학교보다 다른 학업 현장들, 즉 종교 학교에 비해 더 혼합적이되 덜 격리된 다른 학교들에서 오히려 더 많이 제공할 수 있다. 심지어 이 새 종교 학교에서는 기존의 종교 학교에 비해서도 실질적인 기회가 오히려 더 적은 경우도 많다. 특히 기독교 학교가 그런 경우인데, 오랫동안 폭넓은 교과 과정의 전통을 이어왔고 종교 교육 자체에 상당한 회의를 가지는 것마저 관용해 왔기 때문이다(물론 이 오래된 학교들 역시 예전보다는 상당히 덜 제한적일 수 있다).

영국의 종교 학교 정책의 변화는 또한 영국을 영국에 사는 사람들의 집합체로 보기보다 "공동체들의 연합a federation of communities"으로 이해하는 영국 특유의 시각을 반영한다. 이는 영국에는 언어, 문학, 정치, 계급, 젠더, 주거지 등에 따른 다양한 차이가 있으며 종교나 공동체에 기반한 구분은 단지 그런 차이의 일부분을 구성할 뿐이라는 점을 놓치는 것이다. 아직까지 이성적 추론과 선택의 기회가 많이 없었던 아이들을 하나의 특정한 범주화 기준에 의해 엄격하게 분류하는 것은, 그리고 그 아이들에게 "이것이 네 정체성이고 네가 갖게 될 정체성은 이게 전부"라고 말하는 것은 불공평하다.

나는 영국 학사원British Academy에서 2001년 연례 강연을 하는 명예를 얻게 되었는데(「다른 사람들Other People」이라는 제목이었다), 그 강연에서 이러한 "연합주의적federational" 접근이 더 많은 문제를 안고 있으며, 그중에서도 이민자 가정 출신 영국 아이들의 인간 능력 개발을 현저하게 약화시킬 수 있음을 표명했다.[12] 그 후, 영국 태생임에도 철저히 소외되었던 젊은이들이 저지른 (2005년 7월의) 런던 자살 폭탄 사건[나]은 영국에서 자아 인식의 문제와 자아 인식을 길러 주는 문제의 중요성을 한층 더 증대시켰다. 그렇지만 나는 연합주의적 접근에 기본적인 한계를 두는 것이, 테러리즘과의 연결 가능성이 조금이라도 있는 것보다는 낫다고 주장하려 한다. 공통된 인간성(이는 학교가 결정적인 역할을 해낼 수 있는 주제이고 과거에도 자주 해왔던 주제다)의 타당성 문제만 논의할 필요가 있는 것이 아니다. 인간의 정체성이란 수많은 개별 형식을 취할 수 있으며, 사람들이 자신을 이해하는 방법을 결정하는 데 있어, 또 자신이 어느 특정 공동체의 구성원으로 태어난 데 대해 어느 정도의 중요성을 부여할지 결정하는 데 있어 이성적으로 추론해야 함을 인식하는 것 또한 중요하다. 이 책의 마지막 두 장에서 이 문제를 재론할 기회가 있을 것이다.

(비판적인 검토를 포함한) 이성적 추론의 범위를 축소하지 않고

[가] 아랍 지역의 고등 교육 기관.

[나] 2005년 7월 7일 런던 시내 지하철 역과 버스 정거장 네 곳에서 동시다발적으로 발생한 자살 폭탄 사건. 영국인 무슬림 네 명이 자살 폭탄 공격을 자행해 시민 52명이 죽고 700명가량이 다쳤다.

확대하는 비종파적, 비교파적 학교 교육의 중요성은 아무리 강조해도 지나치지 않을 것이다. 셰익스피어는 이와 관련해서 다음과 같이 표명했다. "어떤 이들은 위대함을 가지고 태어나고, 어떤 이들은 위대함을 성취하며, 어떤 이들은 위대함을 억지로 떠맡는다." 아이들의 학교 교육에서, 아무리 '사소한 것'이라고 하더라도 삶을 스스로 헤쳐 나가야 할 젊은이들에게 "억지로 떠맡겨서는" 안 된다는 것을 확실히 할 필요가 있다. 이는 많은 것이 걸려 있는 문제다.

Chapter  세계화와 목소리

Globalization and Voice

세계는 눈부시게 풍족하면서도 동시에 참혹하게 피폐하다. 오늘날 우리의 삶은 전례 없이 풍요롭다. 그리고 우리 선조들이라면 상상조차 하기 어려웠을 테지만, 지금 우리는 자원과 지식, 기술을 강력히 지배하는 것을 너무나 당연하게 여길 정도다. 그러나 우리 세계는 또한 무시무시한 빈곤의 세계이자 끔찍한 박탈deprivation의 세계이기도 하다. 엄청난 수의 아이들이 제대로 먹지 못하고 입지 못하고 치료를 받지 못하고 있으며, 또 글을 모르며, 앓지 않아도 될 질병으로 아프다. 완전히 치료가 가능한데도, 적어도 자포자기하며 죽지 않아도 되는 질병으로 수백만 명의 사람들이 '매주' 죽어 나가고 있다. 태어난 곳이 어디냐에 따라, 아이들은 매우 부유하게 살 수 있는 수단과 편의를 보장받을 수도, 절망적으로 박탈된 삶을 살게 될 가능성에 직면할 수도 있다.

상이한 사람들에게 기회가 엄청나게 불균등하게 주어지는 것은 약자의 이익에 봉사한다는 세계화globalization의 능력에 회의를 품게 한다. 실제로, 이른바 반反세계화 활동가들의 저항 운동 슬로건에는 굳어진 좌절감이 잘 반영되어 있다. 저항 운동가들은 세계의 관계가 상호 협력적이라기보다 주로 서로 모순적이고 적대적이라는 논제에 이끌려, 자신들이 주장하는 세계화의 재앙으로부터 희생자들을 구원하고자 한다. 글로벌리즘globalism에 대한 비판은 단순히 시애틀, 워싱턴, 퀘벡, 마드리드, 런던, 멜버른, 제노바, 에든버러 등 세계 도처에서 일어나는 시위들로만 표현된 것은 아니었다. 이러한 관심은 또한 격렬한 시위에 동참하고 싶지는 않지만 부의 현격한 불균형이 상당히 불공평하고 비난할 만하다고 느끼는 수많은 이들에게 공감을 불러일으킨다. 어떤 이들은 이런 불평등 속에서, 세계적 정체성global identity이 이끌어주리라 고대하던 도덕적 힘이 총체적으로 실패함을 목도한다.

목소리와 진실성, 공공의 추론 Voice, Veracity and Public Reasoning

이제 박탈과 분열된 삶을 사회적, 정치적, 경제적 제도의 실패가 아닌 세계화의 형벌로 이해하는 것은 잘못임을 논증하려 한다. 세계화의 형벌은 전적으로 우발적인 것이지 세계화의 불가피한 동반자가 아니다. 그럼에도, 나는 또한 이른바 반反세계화적 비판에서 공적 논의를 통한 숙고와 평가가 요구되는 몇 가지 진지한 물음을 던지고 있다는 점에서 그 비판들이 긍정적이고 중요한 기여를 할 수 있음을(자주 그렇게 하고 있음을) 논증할 것이다. 원인에 대한 진지한 진단은 다소 엉뚱한 곳에 내려질 수도 있을 것이다. 그러나 명백히 존재하는 심각한 문제의 극복을 위해 반드시 필요한 과제를 계몽적으로 탐구하기 시작하는 데는 도움이 될 수 있다.

프랜시스 베이컨은 400년 전 『학문의 진보The Advancement of Learning』1605에서 다음과 같이 말했다. "의심을 품고 의문을 제기하는 것은 '이중의' 효용이 있다." 첫째 효용은 직접적이다. 즉 그것은 "오류로부터" 우리를 보호한다. 베이컨이 주장한 또 하나의 효용은 의심이 탐구의 과정을 개시하고 진척시키는 역할을 한다는 것이며, 이러한 탐구 과정은 우리의 이해를 풍부하게 하는 효과를 낳을 수 있다. "개입 없이 경솔하게 간과된" 쟁점들은, 베이컨이 지적하듯이 정확히 "의심의 개입" 덕분에 결국 "세심하고 신중하게 관찰되게" 된다.[1]

세계화와 세계 경제의 본질에 대해 진지한 물음을 제기하는 것은 건설적이고 논리적인 공헌을 할 수 있다. 특정 슬로건에, 특히 젊고 사나운 저항 운동가들이 내세우는 슬로건에 의심의 여지가 많을 때라도 그렇다. 세계의 경제 관계에서 발생한 이른바 사악한 결과들에 관해서는 의심할 만한 좋은 이유들이 있을 것이다. 그리고 이는 눈에 띄는 머리기사가 되어 반세계화적 관점을 요약하는 역할을 한다. 저항 운동가들이 전면에 내세울 수 있는(그리고 자주 내세우는) 중요한 쟁점들을 철저하게 검토할 필요가 있으며, 이 자체가 상당히 중요한 공헌이 된다. 실제로, 이렇게 시작된 논의들이 세계적 차원에서 주요 쟁점에 대한 공공의 이성적 추론의 기초로 기능할 수 있다. 민주주의는 (3장에서 논의했듯이) 본래 공공의 추론에 대한 것이므로, 이러한 "세계적 차원의 의심"을 통해 발생하는 논쟁들은 (물론 아직 시작 단계이지만) 일종의 글로벌 민주주의global democracy의 형식을 실천하는 데 기초적이지만 중요한 공헌을 하는 것으로 볼 수 있다.[2]

비판과 목소리, 세계적 연대 Critique, Voice and Global Solidarity

이제 곧 저항 운동가들 및 세계화에 회의를 품는 이들이 제기한 실질적 문제들을 살펴볼 것이다. 또한 세계화 옹호자들이 제시한 반론들도 검토해야 할 것이다. 그러나 그 전에, 나는 이런 논쟁들과 명시적으로든 암묵적으로든 관련된 세계적 정체성의 본질에 관해 간략하게 논하고자 한다. 일부 주도적인 세계화 비판가들은 스스로를, 냉혹한 세계 속에서 효과적인 세계적 연대가 슬프게도 부재함을 강력히 지적하는 존재라고 여긴다. 확실히, 심각하게 고통스러운 국제적 쟁점들을 효과적으로 다룰 만한 세계 도덕global morality이 명백히 부재한다는 사실은 무척이나 실망스럽다.

그러나 우리는 정말 도덕적으로 고립된 세계에 살고 있을까? 만약 세계적 연대감이 정말로 그렇게 터무니없는 것이라면, 왜 ("반세계화" 저항 운동가들과 실로 매우 많은 사람을 포함해) 세계 도처의 그토록 많은 이들이 세계가 처한 상태에 대해 그렇게 당황스러워하며, 혜택받지 못한 불우한 이들의 처지를 개선하기 위해 열렬히, 심지어 요란스럽게까지 주장해야 할까? 저항 운동가들 자체도 세계 곳곳에서 나왔다. 단지 시애틀이나 멜버른, 제노바나 에든버러에 사는 지역 거주자들만이 아닌 것이다. 세계화 반대자들은 스스로가 전 세계 사람들에게 재앙을 안기는 심각한 부정과 불공평이라고 여기는 것들에 저항하기 위해 서로 연대하고자 한다.

세계적 소속 의식도 없고 세계적 불공정에 대한 관심도 전혀 없다면 왜 세계 어느 한 지역에 사는 사람들이 부당한 처사를 받고 있는 다른 지역 사람들에 대해 걱정해야 하는가? (주지하다시피, 때때로 매우 거친 목소리로) 저항 운동이 토해 내는 세계적 불만은 세계적 정체성 의식이 존재하며 세계 윤리에 대한 관심이 존재한다는 증거로 이해할 수 있다.

이제 "반세계화"란 용어가 왜 이 명칭하에 진행되는 불만의 본질을 제대로 나타내지 못하는지 논의해야 한다. 그러나 그 명칭이 무엇이 되었든, 국경을 넘어선 그러한 불만은 그 자체만으로도 주요한 세계적 현상이다. (암시적인 인도주의 윤리와 포용의 정치를 포함해서) 그 관심의 주제 면에서나, 그것이 전 세계에 불러일으키는 광범위한 관심과 개입의 형태 면에서나 그렇다.

이러한 관심의 기초가 되는 확장된 정체성 의식은 국적이나 문화, 공동체, 종교의 경계를 초월한다. 세계 인구를 분열시키는 불공정함에 대해 수많은 사람들이 이의를 제기하도록 해주는 매우 포괄적인 소속 관념을 외면하기는 어렵다. 사실상, 이른바 반세계화 비판이야말로 아마도 오늘날 세계에서 가장 세계화된 도덕

운동일 것이다.

지적인 연대 Intellectual Solidarity

이 모든 것은 반세계화적 비판의 주제를 진지하게 주목하는 일이 중요함을 더욱 강조하는 것이다. 비록 세계화가 오늘날 세계에서 가장 많이 논의된 화제 중 하나라 해도, 충분히 정의된 개념은 아니다. 무수한 세계적 상호 작용들이 세계화라는 광범위한 표제하에서 일어나고 있다. 국경을 넘나드는 문화적, 과학적 영향력의 확장에서 전 세계에 걸친 경제적, 사업적 관계의 확대에 이르기까지 다양하다. 세계화를 전면적으로 거부하는 것은 글로벌 비즈니스를 거스르는 일일 뿐 아니라, 세계에서 가장 열악한 사람들은 물론이고 세상 모든 사람을 도울 수 있는 생각과 이해, 지식의 움직임 또한 제거해 버릴 것이다. 그러므로 세계화를 포괄적으로 거부하는 것은 굉장히 비생산적이다. 반세계화 저항 운동의 수사학 속에 한데 뭉뚱그려져 있는 상이한 물음들을 따로 떼어놓을 필요가 있는 것이다. "지역적 지식local knowledge"이 중요함을 제대로 보여주는 훌륭한 사실들이 있기는 하지만, 지식의 세계화는 특별히 선명하게 인식할 만한 가치가 있다.

보통 세계화는 방송 토론이나 수많은 학술서에서 모두 서구화의 과정으로 이해된다. 실제로, 세계화 현상에 대해 낙관적인 관점을 취하는, (정말 축제 분위기의) 일부 사람들은 세계화를 서구 문명이 세계에 공헌한 것으로 이해하기까지 한다. 실제로, 이렇게 진지하게 읽어내려는 경향과 함께하는 근사하게 양식화된 역사가 있다. 이 모든 것은 유럽에서 발생했다. 처음에 르네상스가 일어났고, 그다음으로 계몽주의와 산업 혁명이 이어졌다. 그리고 이는 서구의 생활 수준에 엄청난 향상을 가져왔다. 그리고 이제 서구의 이러한 위대한 성취들이 전 세계에 확산되고 있다. 이런 관점에서 보면, 세계화는 단순히 좋기만 한 게 아니라 세계에 대한 서구의 선물이기도 하다. 이런 식의 역사 읽기를 옹호하려는 사람들은 이런 위대한 시혜를 많은 이들이 재앙으로 여기고 있다는 사실뿐만 아니라, 서구가 세계에 행한 매우 유익한 증여를 비서구 세계에서 배은망덕하게 경멸하고 혹평한다는 사실에 당황하지 않을 수 없다. 양식화가 잘 이루어진 많은 이야기가 그러듯, 이 이야기 역시 그 속에 한 톨의 진리는 담고 있겠지만, 환상 또한 많이 담겨 있다. 공교롭게도 이 환상은 세계를 인위적으로 분할하는 연료를 공급한다.

이와는 또 다른, 어떻게 보면 "반대되는" 이야기가 하나 있다. 이 또한 주목을 받고 있으며 주의를 환기시키는 중요한 역할을 한다. 이것은 서구의 지배를 세계화의 핵심으로 받아들이면서도, 세계화와 관련된 추잡한 특성들 또한 서구의 지배 탓으로 돌리고 있다. 이러한 비판에서는 세계화의 이른바 "서구적인" 특성으로서 탁월한 역할과 해로운 역할을 동시에 부여하는 경우가 많다(이는 현재 진행 중인 저항 운동의 수사학 속에서 쉽게 확인된다). 실제로, 세계화는 때때로 서구 지배의 상관물로, 사실상 서구 제국주의의 속편으로 이해된다. 반세계화 운동의 다양한 분야들이 상이한 관심과 우선순위를 표현하고는 있지만, 서구 지배에 대한 분개는 이러한 수많은 저항 운동 분야들에서 확실히 중요한 역할을 한다. 반세계화 운동의 일부분에는 명백히 "반서구적" 요소가 있다. (4장에서 6장까지 논의된) 종교나(이슬람 근본주의 같은 것) 지역(아시아적 가치 같은 것), 또는 문화(유교 윤리 같은 것) 등과 관련된 다양한 형태의 반서구적 정체성을 찬양하는 것은 전 세계적 분리주의의 열기에 기름을 부을 수 있다.

비판적 탐구를 시작하면서, 이런 물음을 제기할 수 있다. "세계화는 정말 새로운 서구의 저주인가?" 나는 세계화가 전반적으로 새롭지도, 반드시 서구적이지도 않고, 저주 역시 아님을 주장하고자 한다. 실제로, 세계화는 수천 년에 걸쳐 여행과 무역, 이주, 문화적 영향력의 전파, (과학과 기술을 포함한) 지식과 이해력의 확산을 통해 세계의 발전에 기여해 왔다. 이러한 세계적 상호 관계는 세계 여러 나라의 진보에 매우 생산적인 역할을 한 경우가 많았다. 그리고 때로는 적극적인 세계화 행위자들이 서구와는 아주 동떨어진 곳에서 나오기도 했다.

이에 대한 예를 들기 위해, 지난 밀레니엄의 끝자락이 아닌 초기로 되돌아가 보자. 서기 1000년경을 즈음해 과학과 기술, 수학이 세계적으로 확산되어 구세계의 본질을 바꾸고 있었지만, 당시 그 확산의 진원지는 대부분 오늘날 우리가 생각하는 곳의 반대 방향에 있었다. 예컨대, 서기 1000년경 세계의 첨단 기술에는 시계, 쇠사슬을 이용한 현수교, 연, 자기 나침반, 종이, 인쇄술, 격발식 활, 화약, 외바퀴 손수레, 선풍기 등이 포함되어 있었는데, 이와 같은 세계 첨단 기술의 예들은 각각 중국에서 확립되고 광범위하게 이용되었으며, 사실상 다른 곳에는 아직 알려지지 않은 상태였다. 유럽을 포함해 전 세계에 그것을 확산시킨 것이 세계화였다.

토머스 칼라일Thomas Carlyle, 1795~1881은 『결정적이고 잡다한 에세이Critical and Miscellaneous Essays』1838에서 "근대 문명의 위대한 요소 세 가지"는 "화약, 인쇄술, 개신교"라고 주장한다. 중국인을 개신교의 기원이라고 찬양할 수는 (또는 비난할 수는) 없겠지만, 칼라일이 작성한 문명적 요소의 목록에서 중국의 공헌은 화약과 인쇄술, 즉 세 항목 중 둘을 차지하고 있다. 그러나 1620년에 출판된 『신기관Novum Organum』에서 베이컨이 든 문명 요소 목록은 이보다는 더 포괄적이다. 중국은 "인쇄술, 화약, 나침반"의 공헌으로 이 문명 목록을 휩쓸었다.

3장에서 논의되었듯이, 서구 수학에 끼친 동방의 영향에서도 유사한 움직임이 일어났다. 10진법 체계는 2~6세기에 인도에서 고안되어 더욱 발전했으며, 그 이래로 아랍 수학자들이 또한 널리 사용했다. 남아시아와 서아시아의 수학 및 과학의 혁신은 아리아바타, 브라마굽타, 알콰리즈미 같은 뛰어난 지식인 집단이 선도했다. 이러한 연구들은 주로 10세기 후반 유럽으로 유입되었으며, 지난 밀레니엄의 초기에 큰 영향을 미치기 시작해, 유럽을 근본적으로 혁신시켰던 과학 혁명에서 중대한 역할을 수행했다. 세계화 행위자들의 정체성에 관해 무언가 언급할 수 있다고 한다면, 그 정체성은 오로지 서구적이지도, 지역적으로 유럽적이지도 않으며, 또한 반드시 서구의 지배와 연결할 필요도 없다.

지역적인 것 대 세계적인 것 The Parochial versus the Global

사고와 관습의 세계화가 "서구화"를 수반하기 때문에 저지되어야 한다는 잘못된 진단은 (5장에서 간략하게 논의되었듯이) 이미 식민지 시대와 탈식민지 시대의 세계에서도 상당히 퇴보적인 임무를 수행했다. 이러한 진단은 지역적으로 편협한 견해를 조장하고 또한 국경을 초월하는 과학과 지식의 진보를 훼손한다. 실제로, 이는 그 자체로 역효과를 낼뿐더러, 결국에는 비서구 사회들이 스스로 발등을 찍기 좋은, 심지어 자신들의 소중한 문화의 발등을 찍기 좋은 방식으로 끝날 수 있다.

이런 "지역주의적" 견해에 있는 유독 반발적인 성질의 예를 들어보자. 19세기 인도에서 과학과 수학에 서구의 지식과 개념을 사용하는 데 저항이 일었던 것을 생각해 보라. 영국령 인도에서 이루어진 이런 논의는 초점을 서구식 교육에 맞출 것인가 아니면 (마치 유일한 대안일 것처럼 생각된) 인도 고유의 교육에 맞출 것인가에 대해 폭넓은 논쟁이 있었던 것과도 부합한다. 이것은 중재할 수 없는 양극단으로 이해되었다. 강력한 논객인 토머스 매콜리(1835년 인도 교육에 관해 대단히 영향력 있는 "초안Minute"을 작성한 유력한 영국 행정관) 같은 "서구화론자들"은 인도 전통 교육에서는 무엇이 됐건 어떠한 장점도 보지 않았다. 그는 이렇게 설명했다. "나는 그들〔인도 언어와 전통을 옹호하는 사람들〕 가운데서 좋은 유럽 도서관의 서가 한 군데만으로도 인도와 아랍의 토착 문학 전체만 한 가치가 있음을 부정할 수 있는 사람을 단 한 명도 보지 못했다."[3] 전통 교육 옹호자들은 어느 정도는 보복의 의미로 서구식 교육의 유입에 저항하며 전통 학문과 고전적인 인도 교육을 선호했다. 그러나 양측은 대체로 각각의 교육 방법에 서로 필연적인 배타성이 있어야 한다는 것은 받아들이는 것처럼 보였다.

그렇지만 문화와 문명 사이에 상호 관계가 있는 상황에서, 그러한 추정은 분류상으로 매우 곤란한 문제를 초래하지 않을 수 없었다. 광범위한 국제 관계의 본질을 밝혀주는 예리한 사례 하나가, 삼각법 용어인 "사인sine"이 서구의 삼각법으로부터 직접적으로 인도에 당도했을 때 발생했다. 그 근대 용어(즉 "사인")는 19세기 중반 영국으로부터 직접 들어와 옛 산스크리트어 개념들을 대신했다. 그리고 이는 앵글로색슨의 인도 문화 침입을 보여주는 그저 하나의 사례로서 이해되었다.

그렇지만 참 재미있게도, 실제 "사인"의 출처는 인도 자체다. 훌륭한 산스크리트어 명칭에서 비롯되어 다양한 변형을 거쳐 그 대단히 중요한 삼각법 개념이 된 것이다. 실로, 이러한 개념과 전문 용어의 이동은 관념의 세계화가 가지는 역사적인 (그리고 명백히 "전근대적"인) 본질에 대한 이해를 제공한다. 5세기 인도 수학자 아리아바타는 "사인" 개념을 창안하고 그것을 널리 사용했다. 그는 이것을 '지아-아르다jya-ardha'라고 불렀는데, 문자 그대로

"현-반絃-半; chord-half"을 뜻하는 산스크리트어다. 이때부터 이 용어는 하워드 이브스Howard Eves, 1911~2004가 『수학사An Introduction to the History of Mathematics』1953에서 기술하고 있듯이 흥미로운 이동 경로를 따라 전파되었다.

> 아리아바타는 이것을 '아르다-지아ardha-jya'("반-현") 또는 '지아-아르다'("현-반")라고 불렀고, 그다음 이를 줄여 '지아jya'("현")로 사용했다. 이 '지아'에서 아랍인은 음성학상 '지바jiba'를 이끌어냈으며, '지바'는 모음을 생략하는 아랍어의 관례에 따라 'jb'로 표기되었다. 지금 '지바'는 전문적 의미를 제외하고는 아랍어에서 의미 없는 단어다. 이후 'jb'가 의미 없는 단어 '지바'에 대한 약칭임을 우연히 발견한 학자들은 그것을 다시 동일한 철자들을 포함하면서 "소규모 만灣; cove" 또는 "만灣; bay"을 뜻하는 근사한 아랍어 단어 '자이브jaib'로 대체했다. 한참 후인 1150년경 이탈리아 수학자 게라르두스 크레모넨시스Gerardus Cremonensis, 1114~1187는 아랍 수학책을 번역할 때, 아랍어 '자이브'를 동일한 뜻의 라틴어 '시누스sinus'(만 또는 소규모 만을 의미한다)로 옮겼으며, 여기에서 우리가 현재 사용하는 단어인 '사인sine'이 나왔다.[4]

세계사에서 문화적, 지적 상호 연관이 이루어진 상황에서, 무엇이 "서구적"이고 무엇이 서구적이지 않은지의 문제는 결정하기 어려울 것이다. 실제로, 아리아바타의 '지아'는 중국어 '명明'으로 번역되어 월점양명月漸亮明(문자 그대로 "달의 운행 주기를 표현하는 사인 곡선"이다)과 같이 널리 사용된 천문표들에 쓰였다. 만약 매콜리가 세계의 지성사를 좀더 잘 이해했더라면, 자신이 그토록 찬양해 마지않았던 유럽 서적들의 "서가 단 한 군데"로부터 자신의 시야를 넓혀야 했을 것이다. 인도를 옹호하는 그의 반대자들 역시 서구의 서가들을 덜 의심했을 것이다.

사실, 유럽이 두 번째 밀레니엄 초반에 중국과 인도, 이란, 아랍 세계로부터 들어온 수학, 과학, 기술의 세계화에 저항했다면, 지금보다 경제적으로, 문화적으로, 과학적으로 훨씬 더 가난했을 것이다. 그리고 비록 반대 방향이지만, 오늘날에도 동일한 사정이 적용된다. (일부 저항 운동가들이 제기하는 것처럼) 세계화는 서구의 제국주의라는 시각에서 과학과 기술의 세계화를 거부하는 것은 결국 서구의 것으로 알려진 과학과 기술의 배경에 단단히 자리 잡은 세계적(세계 여러 지역으로부터 유래한) 공헌들을 간과하는 것이며, 세계 전체가 지적으로 주고받는 과정을 통해 이익을 얻을 수 있는 상황에서 그러한 거부는 실제적으로 아주 어리석은 결정이 될 것이다. 만일 지난 밀레니엄 초기에 유럽이 과학과 수학에 대한 동양의 영향을 거부했더라면 치명적인 잘못이었을 것과 마찬가지로, 이러한 세계화 현상을 (수사학적 표현에서 자주 나타나듯이) 사상과 신념의 제국주의, 또는 유럽 식민주의와 같다고 여기는 것은 치명적이고 값비싼 오류일 것이다.

물론 세계화 관련 쟁점들 중에는 제국주의와 연결되어 있는 쟁점들이 실제로 존재한다는 사실을 간과해서는 안 된다. 정복, 식민 지배, 외국인 통치, 피정복민 굴욕의 역사는 (앞에서, 특히 5장에서 논의한 것처럼) 오늘날에도 다른 수많은 방식으로 관련되어 있다. 그러나 세계화를 기본적으로 제국주의의 특징으로 이해하는 것은 대단히 잘못된 일일 것이다. 세계화는 제국주의보다 훨씬 대규모이며, 엄청나게 더 위대하다.

경제적 세계화와 불평등 Economic Globalization and Inequality

그렇지만 반세계화 저항 운동가들은 여러 상이한 진영에 속해 있으며, 일부 "경제적 세계화" 반대자들은 (과학과 문학도 포함해) 사상의 세계화에 대해서는 아무런 문제점도 느끼지 않는다. 이들의 견해에 주목할 필요가 있으며, 과학, 기술, 지식의 세계화가 세계에 매우 긍정적인 공헌(이렇게 경제적 세계화를 비판하는 사람이라도 감히 부정하기 어려운 어떤 공헌)을 해왔다는 점에서 이들의 견해는 확실히 기각하기 어렵다.

그렇지만 공교롭게도 세계화가 이룬 수많은 긍정적 성과들, 특히 경제적 세계화의 성과 또한 세계 여러 지역에서 가시적으로 나타난다. 우리는 세계 경제가 일본과 중국, 남한과 같은 지구상의 상당수 지역에, 그리고 브라질에서 보츠와나에 이르는 다양한 지역들에도 훨씬 많은 물질적 번영을 가져왔음을 어렵지 않게 확인할 수 있다. 몇 세기 전 세계에는 가난이 만연했으며, 일부 지역만 드물게 풍족했었다. 토머스 홉스Thomas Hobbes, 1588~1679가 1651년에 출판한 고전 『리바이어던Leviathan』에서 제시했듯이, 인간의 삶은 아주 한결같이 "더럽고 잔인하고 짧다". 그런 가난을 극복함에 있어, 근대적 생산 방식을 개발하고 이용하는 데 경제적 동기를 부여하는 방식뿐 아니라 국가 간의 광범위한 경제적 상호 관계 또한 막대한 영향을 미쳤고 도움이 되었다.

전 세계 가난한 이들이 현대 기술 공학의 큰 이점과, 무역 및 교역의 귀중한 기회, 닫힌 사회보다는 열린 사회의 사회적, 경제적 장점에 접근하지 못하는 상태에서는 그들의 생활 조건이 더 빨리 향상되기를 기대하기는 어려울 것이다. 극빈한 나라의 사람들은 현대 기술 공학의 산물들을 강력히 요구한다(예를 들어 새로 개발된 의약품을 사용하고 싶어 한다. 특히 에이즈 치료제 같은 신약들은 북미와 유럽 에이즈 환자의 생존을 바꿔놓았다). 그들은 설탕에서 직물에 이르는 매우 다양한 생필품을 구하려고 부유한 나라의 시장에 더 쉽게, 더 자주 접근하고자 한다. 또 세계 정세에 대해 더 많은 목소리를 내고 더 많은 주목을 받고 싶어 한다. 설사 세계화의 결과들에 대한 회의론이 있다 하더라도, 그것은 고통을 겪고 있는 인류가 자신의 껍질 속으로 움츠러들고 싶어 하기 때문은 아니다.

사실, 오늘날 가장 주목해야 할 실천적 과제에는 경제적 관계와 기술적 진보, 정치적 기회가 만들어내는 놀랄 만한 혜택을 빈자와 약자의 이익을 적절히 배려하는 방식으로 잘 사용할 수 있는가의 문제도 포함된다. 이는 사실 세계적 경제 관계를 비난하는 문제가 아니라 세계화의 막대한 이익을 더욱 공정하게 분배하는 문제다. "반세계화" 운동이 선택한 용어법에도 불구하고, 그런 비난에서 제기되어야 할 핵심 쟁점은 세계적인 경제 관계 없이도 풍족하다는 주장보다는, 어찌 되었든, 거대한 세계적 불평등과 빈곤이 현실적으로 존재하고 있으며 언제든 복원될 수 있음을 지적하는 것이어야 한다.

세계적 빈곤과 세계적 공정성 Global Poverty and Global Fairness

그렇다면 세계적 불평등과 빈곤을 어떻게 해야 하는가? 이른바 반세계화 저항 운동가들과 현실적인 "친세계화" 옹호자들의 수사학 속에서 명시적이거나 암묵적인 형태로 나타나는 분배에 관한 물음들을 비판적으로 검토할 필요가 있다. 사실, 이러한 분배 문제는 기묘하게 초점을 흩뜨리는 몇몇 물음들이 인기를 얻음에 따라 방치되고 있다.

일부 "반세계화" 저항 운동가들은 세계에서 부유한 사람들은 더 부유해지고 가난한 사람들은 더 가난해지는 것이 핵심 문제라고 주장한다. 하지만 이런 현상이 한결같이 일어나는 것은 아니다(몇몇 지역, 특히 라틴 아메리카와 아프리카에서는 이런 일이 실제로 일어나기는 한다). 그러나 여기서 결정적인 문제는 그런 주장이 오늘날 세계 경제의 공정성과 형평성에 대한 핵심 쟁점들을 이해하는 올바른 방식인가 하는 것이다.

반면, 현실적인 세계화를 옹호하는 열성주의자들은 가난한 사람들이 (흔히 주장되는 것처럼) 더 피폐해지지 않고 일반적으로 점점 가난을 덜고 있다는 이해에 호소하는(그리고 거기에 크게 의지하는) 경우가 많다. 이들은 특히 가난한 사람들 중에 무역과 교역에 종사하는 사람들은 더 이상 가난해지지 않음을, 아니 오히려 그 반대임을 증거로 제시한다. 가난한 이들이 세계 경제에 참여함으로써 더욱 부유해지기 때문에, 고로 (여기서 이런 주장이 나온다) 세계화가 가난한 사람들에게 불공평한 것은 아니라는 것이다. "가난한 사람들도 혜택을 받는다. 그런데 무엇이 불만인가?" 만약 이러한 물음이 중요하다고 받아들여진다면, 이같이 주로 경험적인 논쟁에서는 온통 어느 편이 옳은가를 결정하는 문제로 논의가 전환될 것이다. 즉 "세계 경제에 참여하는 가난한 사람들은 더 가난해지는가, '아니면' 더 부유해지는가?(말해, 말해! 어느 쪽이야?)"

그러나 이것이 과연 올바른 물음일까? 나는 이것이 절대 '그렇지 않다'고 주장할 것이다. 불공정 쟁점을 이런 식으로 이해하는 방식에는 문제가 두 가지 있다. 첫째, (곧 논의할) 작위commission뿐만 아니라 부작위omission의 문제를 포함해 오늘날과 같은 세계적인 편의가 존재하는 상황에서도, 많은 이들이 세계 경제에 전적으로 참여하는 것이 어렵다고 느끼고 있음을 인정해야 한다. 무역에 참여해 이익을 얻는 사람들에게 집중하는 것은 특권층의 경제 활동에서 배제되어 있는(그리고 실제로 환영받지 못하는) 수백만의 사람들을 사실상 방치하는 것이다. 여기서 배제는 불평등한 포용만큼이나 중요한 문제다. 그러한 배제를 시정하기 위해서는 우선은 자국의 국내 경제 정책에서 근본적인 새 출발이 요구된다(예컨대 자국 내에서 기초적인 교육과 보건 시설을 확보하고, 마이크로크레디트

microcredit[가]를 활성화하는 것). 하지만 다른 나라들, 특히 더 부유한 나라들의 국제 정책의 변화 또한 요구된다. 우선, 경제적으로 더 진보한 선진국은 개발도상 국가들이 수출한 상품들, 즉 농산품은 물론이고 섬유 제품이나 다른 산업 생산물을 더욱 환영함으로써 그 자체로 큰 효과를 볼 수 있다. 또한 가난한 나라들의 자유를 그만큼 더 제한하고 있는 과거의 채무를 인도적이고 현실적으로 처리하는 쟁점도 있다(최근 그런 방향에서 첫걸음을 얼마 내딛기 시작했음은 매우 환영할 만하다).[5] 또 지원 및 개발 원조라는 큰 쟁점도 있다. 이런 쟁점에 대해서는 정치적 견해가 나뉘기도 하지만, 관심의 초점을 부적절하게 맞춘 것은 결코 아니다.[6] 그뿐 아니라 현재의 특허권 체계와 같은 현행 법률 조항을 재고할 필요성 등등 다뤄야 할 쟁점이 많다(이 문제들은 곧 다시 다룰 것이다).

그렇지만 두 번째 쟁점은 더 복잡하므로 더욱 명료하게 이해할 필요가 있다. 세계화된 경제에 참여하는 가난한 사람들이 좀더 부유해진다고 할지라도, 이것이 가난한 사람들이 경제적 상호 관계의 이익과 그 관계의 막대한 잠재력에 따른 이익을 '공평하게' 나눠 가진다는 것을 의미하지는 않는다. 또한 국제적 불평등이 근소하게나마 더욱 확대되고 있는지, 축소되고 있는지 묻는 것도 적절치 못하다. 현대 사회를 특징짓는 지독한 가난과 엄청난 불평등에 맞서기 위해, 또는 국제 협력에 따른 혜택의 불공평한 분배에 저항하기 위해서, 불평등의 격차가 엄청나게 클뿐더러 점점

[가] 무담보 소액 대출.

'더 벌어지고 있다'고 주장할 필요는 없다.

상이한 집단과 이질적인 정체성으로 이루어진 세계에서 공정성 쟁점을 좀더 충만하게 이해하는 것이 요구된다. 협력을 통해 이익이 있게 되면 협력하지 않을 때와 비교해 각 당사자에게 이익이 되도록 하는 대안적 제도들이 많이 있을 수 있다. 이익의 배분은 협력의 필요에도 불구하고 차이가 많이 날 수 있다(이것을 때로는 "협력적 대립cooperative conflicts"이라고 부른다).[7] 예를 들어, 새로운 산업을 설비하면 그로부터 상당한 이익을 얻을지 모르지만, 노동자, 자본가, 자원 판매자, 상품 구매자(그리고 소비자), 그리고 해당 지역의 소득 증가에 따른 간접 이익을 얻는 사람들 사이에 여전히 이익을 배분하는 문제가 남는다. 배분은 상대적 가격, 임금, 그리고 교환과 생산을 통제하는 다른 경제적 요인들에 따라 달라질 것이다. 따라서 이익 분배가 '공평하거나 받아들 수 있는지' 묻는 것은 적절하지만, 협력이 없을 때와 비교해 모든 당사자에게 '이익이 있는지' 여부를 묻는 것은 온당치 않다(다른 대안적 제도들이 엄청나게 많을 때라면 그런 물음이 가능할 수도 있다).

수학자이자 게임 이론가(이며 지금은 실비아 네이사Sylvia Nasar, 1947~가 쓴 훌륭한 전기 『뷰티풀 마인드A Beautiful Mind』1998가 영화화되어 엄청난 성공을 거둔 덕에 친숙해진 이름)인 존 내시John F. Nash Jr., 1928~가 이미 50여 년 전에 했던 논의에서(이 논의는 1950년에 출판된 한 논문[가]에 실려 있으며, 그 논문은 1994년 스웨덴 왕립 고등과학원Royal Swedish Academy of Sciences이 내시에게 노벨 경제학상을 수여하면서 인용한 그의 저술들에 포함되어 있다), 특정 제도의 존재가 협력이 전혀 없는 경우에 비해 모두를 위해 더 나은지의 여부는 핵심 쟁점이 아니었다(이는 다른 여러 제도의 경우에는 맞을 수도 있다). 대신에 주된 문제는, 어떤 것이 달리 선택될 수 있는지 제시되는 상황에서, 이용 가능한 여러 대안 가운데 어떤 특정한 분배가 공정한 분배인지 아닌지의 문제였다.[8] 협력을 동반하는 분배 제도는 불공정하다는 비판은(산업 관계의 맥락에서 발표된 비판이든, 가족 제도, 또는 국제 제도의 맥락에서 발표된 비판이든) 협력이 없는 때에 비해 모든 당사자가 더 부유해진다는 사실에만 주목한다고 해서 논박될 수 있는 게 아니다(이는 "가난한 사람들도 혜택을 받는다. 그런데 무엇이 불만인가?"라는, 효과적이라고 추정되는 논증에 잘 반영되어 있다). 이것이 아주 많은, 어쩌면 무한정 많은 제도에도 적용될 것이기 때문에, 진짜 과제는 거기에 있지 않고 오히려 모든 당사자에게 상이한 이익 분배를 할 수 있는 다양한 대안들 '중' 하나를 선택하는 문제에 있다.

유비를 통해 요점을 설명할 수 있다. 특히 불평등하고 성차별적인 가족 제도가 불공정하다는 것을 주장하기 위해, 어떤 여성에게 가족이 없었더라면 상대적으로 더 나았을 것임을 보여줄 필요는 없다("만약 현행 가사 분담이 여성에게 불공정하다고 생각한다면, 왜 가족을 떠나 살지 않는가?"). 그것은 쟁점이 아니다. 가족 내에서

|가| 내시가 1950년 《에코노메트리카Econometrica》에 발표한 논문 「협상 문제The Bargaining Problem」를 말한다. 2인의 당사자가 협상을 맺을 때의 전략을 수학적으로 다룬 것으로, 이는 사전에 양 당사자가 구속력 있는 협약을 맺은 채 하는 '협조적 게임'이다. 내시는 이듬해 비협조적 게임을 위한 균형 이론을 다룬 「비협조적 게임Non-cooperative Games」1951에서 '내시 균형Nash equilibrium'을 발표하면서 게임 이론의 수학적 원리를 확립했다.

더 나은 대우를 받고자 하는 여성이 그 대안으로서 가족 없는 삶도 가능함을 제안하는 것은 아니기 때문이다. 논쟁의 골자는 가족 체계 내의 이익 배분이 현행 제도 속에서, 그리고 대체 가능한 제도들과 비교했을 때 심각하게 불평등한지의 여부다. 수많은 세계화 관련 논쟁이 집중적으로 숙고하고 있는 문제, 즉 가난한 사람들 역시 기존 경제 질서로부터 이익을 얻는지의 여부를 따지는 것은, 정작 평가해야 할 것을 평가하는가의 면에서는 전적으로 초점을 잘못 맞추고 있는 것이다. 오히려 그 대신, 가난한 사람들에게 정치적, 경제적, 사회적으로 덜 불균등한 기회가 주어진다면 그들이 실질적으로 더 나은 그리고 더욱 공정한 대우를 받을 수 있는가를 질문해야 하며, 만약 그렇다고 한다면, 그러한 상황을 이끌어낼 수 있는 국내외적 제도에 어떤 것이 있겠는가를 물어야 한다. 그것이 바로 현실적으로 관여해야 할 지점이다.

보다 공정한 세계의 가능성 The Possibility of More Fairness

그렇지만 먼저 논의되어야 할 몇 가지 예비적 논쟁이 있다. 세계화된 경제적, 사회적 관계 체계를 완전히 전복시키지 않고도 더 공정한 세계 정책이 가능할까? 우리는 특히 상이한 집단들이 세계화된 경제적, 사회적 관계에서 얻어낸 거래를 세계적 시장경제의 이익을 훼손하거나 침해하지 않고도 변경할 수 있는지 물어봐야 한다. 그 대답이 틀림없이 부정적일 것이라는 확신은(이런 확신은 반세계화적 비판에서 암시적으로 연상되는 경우가 많다) 세계 시장이 함께하는 세계의 미래에 대해 비관적인 전망을 낳는 데 결정적으로 중요한 역할을 해왔다. 그리고 이른바 반세계화 저항 운동 진영이 그러한 이름을 선택하게 된 것도 바로 이런 점 때문이었다. 특히, 시장의 존재가 사적 운영과 공공의 주도권, 비시장 제도의 어떤 규칙들과 결합하는지에 관계없이, "시장의 결과market outcome"가 일정하게 존재한다는 이상한 가정이 공통적으로 있다. 사실, 이러한 답변은 쉽게 규명될 정도로 완전히 잘못된 것이다.

시장경제는 다양한 소유권 양식, 자원 이용, 사회 설비, (특허법, 독점 규제, 건강 관리 체계 제공과 생계 보조 등과 같은) 운영 규칙과 조화되어 운용된다. 그리고 시장경제 자체는 이런 조건에 의지해 가격 결정, 무역 조건, 소득 분배를 다양하게 형성하고, 더욱 일반적으로는 매우 상이한 포괄적 결과를 산출하곤 한다.[9] 예를 들어, 공공 병원이나 공립 학교, 대학이 설립될 때마다, 또는 자원이 한 집단에서 다른 집단으로 이동할 때마다, 가격과 수량은 시장의 결과에 반영되면서 불가피하게 바뀐다. 시장은 홀로 작동하지 않으며, 그게 가능하지도 않다. 경제적 자원과 소유권의 분배를 포함해 시장을 통제하는 조건들과 무관하게 존재하는 "시장 결과"는 없다. 사회 안전 및 공공의 개입에 의한 지원을 마련하기 위해 제도적 장치를 도입하거나 강화하는 것 또한 시장의 결과에 중요한 차이를 낳을 수 있다.

시장경제를 운용할 것인지 말 것인가 하는 것은 중심 문제가 아니며, 그렇게 될 수도 없다. 그런 피상적인 물음에는 쉽게 답변할 수 있기 때문이다. 시장과 시장에 의존하는 생산 조건을 대거 이용하지 않고서 엘리트의 상류 사회 생활 이상의 광범위한 번영을 누린 경제는 역사상 존재하지 않는다. 시장 관계가 제공하는 교환 및 전문화의 기회를 폭넓게 사용하지 않은 채 전반적인 경제 번영을 누리기란 불가능하다는 결론은 그리 어렵지 않게 내릴 수 있다. 물론 이것이 시장경제의 운용은 상황에 따라 상당한 결함을 드러낼 수 있다는 기초적인 사실을 부정하는 것은 절대 아니다.[10] 시장경제는 공동으로 소비할 재화(공공 보건 시설과 같은 공공재)를 다루어야 하는 필요성 때문에 그리고 또한 (최근 많이 논의되었듯이) 시장경제의 참여자들이 가진 정보가 서로 균형이 맞지 않는다는(더 일반적으로 말해 불완전하다는) 중요성 때문에 그 운용에서 결함이 있을 수 있다. 예를 들어, 중고차 구매자는 그 차를 판매하는 소유자보다 차에 대한 정보가 훨씬 적기 때문에, 사람들은 부분적인 무지와 특히 불평등한 지식을 가지고 교환 결정을 해야 한다. 하지만 이런 중요하고 심각한 문제들은 시장경제의 작동을 보완해 주는 적절한 공공 정책을 통해 처리될 수 있다. 그러나 우리가 시장 제도 없이 지내려 한다면, 경제 발전의 전망이 철저히 손상되는 것을 피할 길이 없을 것이다.

사실, 시장의 운용은 이야기하기speaking prose와 어느 정도 비슷하다. 이야기를 하지 않고 지내기는 쉽지 않지만, 우리가 어떤 이야기를 선택하느냐에 따라 많은 것이 달라진다. 시장경제도 '세계화된' 관계에서 홀로 작동하지 않는다(특정 국가 '내에서'조차 홀로 작동할 수 없다). 시장을 포함하는 전체 체계가 다양한 작동 조건들(예컨대, 물질적 자원이 분배되고 인적 자원이 개발되는 방식, 우위를 점하고 있는 비즈니스 관계 규칙의 종류나 적절한 사회 보험의 종류, 또는 전문 지식이 공유되는 범위 등등)에 따라 매우 상이한 결과를 산출할 수 있을 뿐만 아니라, 이러한 작동 조건들 자체가 국가 내부적으로나 세계적으로 작동하는 정치적, 사회적, 경제적 제도들에 결정적으로 의존한다.

경험적 연구로 충분히 증명되었듯이, 시장 결과의 특성은 교육과 교양, 전염병 문제, 토지 개혁, 마이크로크레디트 제도, 적절한 법적 보호 등의 공공 정책들에 큰 영향을 받는다. 그리고 이들 각 분야에는 지역적, 세계적 경제 관계의 결과를 근본적으로 바꿀 수 있는 공적 활동을 통해 수행되어야 하는 일들이 있다. 세계 경제를 특징짓는 불평등과 불균형을 바꾸어내기 위해서는 이러한 부류의 상호 의존성을 이해하고 활용해야 한다. 단순히 시장 관계의 세계화 자체만으로 접근하는 것으로는 세계의 번영을 이루어내기에 심각하게 부족할 것이다.

부작위와 작위[가] Omissions and Commissions

세계에 보다 공정한 사회적, 경제적 제도를 마련하기 위해 진력

|가| '작위commission'는 어떠한 의사를 가지고 적극적으로 행위하는 것을 가리키며, '부작위omission'는 어떠한 행위를 해야 할 의무가 있는 자가 그 행위를 하지 않는 것을 말한다. 작위는 위반하지 말아야 할 행위를 하는 것을 말하므로 '위반' 또는 '범죄'로 표현되기도 하며, '부작위'는 해야 할 것을 하지 않은 것이기에 '태만' 또는 '누락'으로 표현되기도 한다.

하는 과정에서 부딪히게 되는 난점이 많다. 예를 들어, 세계의 자본주의는 일반적으로 민주주의 확립이나 공교육 확대, 또는 사회적 약자의 사회적 기회 확대에 신경 쓰기보다는 시장에 훨씬 많이 신경을 쓴다는 증거들이 수두룩하다. 또한 다국적 회사들은 가난한 이들의 광범위한 문맹과 의약품 부족, 기타 악조건들을 해결하기보다는 관리 계급과 특권 노동자의 편리를 먼저 마련하는 데 주력함으로써, 수많은 제3세계 국가에서 공공 지출의 우선순위를 결정하는 데 실질적인 영향력을 발휘할 수도 있다.[11] 라틴아메리카와 아프리카, 아시아의 여러 나라에서 관찰될 수 있는 이런 역행적인 공모 관계는 우리가 직접 맞서고 부딪쳐야 할 대상이다. 그러한 공모 관계가 공정한 발전에 극복하기 어려운 장애물을 드리우지 않을 수도 있지만, 극복해 낼 수 있는 장애물이 무엇인지 분명하게 진단하고 실제로 극복하는 것이 중요하다.

세계 경제의 지속적 불평등은 여러 제도상의 실패들과 밀접히 연계되어 있다(이런 실패는 극복되어야 한다). 바로잡을 필요가 있는 중요한 '부작위'의 문제에 더해, 기본적인 세계 정의global justice를 위해 처리해야 할 중대한 '작위'의 문제가 있다. 이 문제들 중 많은 부분이 문헌상으로 광범위하게 다루어졌지만,[12] 그중 일부 문제들에는 공적 논의에서 지금보다는 훨씬 더한 관심이 요구된다.

계속되는 박탈과 극심한 고통의 원인인 세계적 "작위"는 이상하게도 별로 중요하게 다루어지지 않았다. 앞 장에서 논의되었듯이, 세계적 작위는 세계 열강이 세계화된 무기 거래에 관여하고 있는 것과 관련 있다(최근 몇 해 동안 국제적으로 판매된 무기의 약 85

퍼센트가 세계를 주도하는 열강인 G8 국가들에 의해 판매된 것이다).[13] 이것은 새로운 세계적 발의가 긴급히 요청되는 영역으로, 지금 현재 관심이 심히 집중되어 있는 테러리즘 억제의 필요성보다도 더 긴급한 문제다(물론 테러리즘 억제의 필요성도 중요하다).

유해한 작위에는 더 가난한 나라들의 수출을 억제하는 심하게 제한적인(그리고 효과도 없는) 무역 장벽도 포함된다. 또 다른 중요한 쟁점은 불공정한 특허법 문제다. 이는 에이즈 같은 질병에 필요한 생명 구제 약품을 이용하는 데 역효과를 내는 장애물로 작용할 수 있다. 그런 약들은 보통 아주 값싸게 생산될 수 있음에도, 특허권 사용료 부담 탓에 시장 가격이 천정부지로 치솟는다. 혁신적인 제약 연구의 씨가 마르는 경제적 여건은 만들지 않는 것이 분명 중요하지만, 세계의 가난한 이들이 생명 유지에 긴히 중요한 그 약들을 구매할 수 있게 하면서도 훌륭한 연구 동기 또한 제공할 수 있는 (가변 가격 제도를 포함한) 재치 있는 절충 장치들도 충분히 있다. 가난한 이들이 약품을 살 여력이 없어 약품을 구매하지 못하는 것은 제약 회사의 이윤 동기를 불러일으키는 데 어떠한 도움도 되지 않음을 기억해야 한다. 이 쟁점은 정의의 요구뿐만 아니라 세계적 효율성의 요구도 적절히 이해하여, 효율성에 기초한 고려 사항과 평등의 요구를 지성적이고 인도적인 방식으로 결합시키는 것이다.

현재의 지배적인 역효과적 특허권 체제는 또한 (1회 투약 백신을 포함한) 신약 개발을 목표로 삼는 의약 연구에 매우 부적절한 동기를 제공한다. 의약품을 사기 위해 비싼 가격을 치를 능력이 극히 제한되어 있는 가난한 이들에게는 신약 개발이 특히 유용할 것이다. 하지만 저소득층에게 특정한 이익을 주는 의약 혁신을 이루어내는 일에서는 연구 동기가 미치는 범위가 실로 하찮은 수준일 수 있다. 이러한 점은 제약 연구가 소득이 더 많은 사람들의 비위를 맞추는 방향으로 수행되어야 한다는 강한 편견에 잘 반영되어 있다. 시장경제의 본질이 이러한 상황에서, 그리고 시장경제의 운용에서 이윤 타산의 역할이 불가피하게 이뤄지는 상황에서는 이윤 동기 방식을 근본적으로 바꿀 수 있는 시도들에 집중적으로 관심을 가져야 한다. 그러한 시도로는 (상이한 혁신 유형에 따른 수익에 대한 차별 과세 조치를 포함해) 지적 재산권을 위해 법률 제도를 개정하는 것에서부터 특별히 고안된 원조 프로그램을 통해 공적인 유인책을 제공하는 것까지 다양할 수 있다.[14] 경제적 세계화에 대한 요구들은 단지 시장경제에 참여하고 무역과 교역을 자유화하는 데 한정되지 않고(이 또한 종종 중요하긴 하지만 말이다), 경제적 교류에서 비롯된 이익을 분배하는 제도적 장치를 더욱 공정하고 공평하게 만드는 것까지로 확장된다.[15]

국내 제도를 향상시키는 것 또한 세계적 교역에 더 많이 노출되어 있는 사람들에게 세계화가 영향을 미치는 방식을 결정적으로 바꿀 수 있다. 예를 들어, 경쟁의 완력으로 말미암아 전통적인 생산자 일부는 더 이상 자신들의 관습적 직업을 유지하기 힘들어지는데, 일자리를 잃은 이들이 만약 글을 몰라 작업 지시서를 읽을 수 없고 품질 관리의 새 요구 사항을 따라갈 수 없다면, 또는 생산성과 가동성을 떨어뜨리는 질병을 앓고 있다면, 새로운 직업을 찾아내 세계적 경제와 연결된 새로운 사업에 발을 들여놓기가 쉽지 않을 것이다.[16] 그런 불리한 조건들로 인해, 이들은 세계적 경제의 당근을 미처 맛보기도 전에 채찍질만 당할 수 있다. 이러한 장애물을 제거하기 위해서는 훈련과 교육을 위한 시설의 개발이 요구되며, 또한 건강 관리를 포함한 사회적 안전망을 지원할 필요가 있다. 경제적 세계화는 시장 개방이 전부가 아니다.

실로, 세계적 시장경제는 그것이 동반하는 동료만큼 좋은 것이다.[17] 세계적 목소리들은 도처에서 (세계적 시장을 포함해) 세계화가 더 나은 동료를 사귀도록 도울 수 있다. 인류를 위해 도달해야 할 세계가 있으며, 세계적 목소리는 우리가 이것을 달성하도록 도울 수 있다.

빈곤과 폭력, 그리고 부당함의 감정 Poverty, Violence and the Sense of Injustice

많은 사람의 마음속에서 종교나 공동체가 세계적 폭력과 함께 연상된다고 한다면, 세계적 빈곤이나 불평등 또한 그러하다. 실제로, 빈곤을 없애면 정치적 분쟁과 소란을 가장 확실하게 막을 수 있다는 근거에서 빈곤 퇴치 정책을 정당화하는 경향이 최근 점점 늘어나고 있다. 그러한 이해를 기초로 공공 정책(국내 정책뿐 아니라 국제 정책도 그렇다)을 수립하는 것은 분명한 매력이 몇 가지 있다. 부유한 나라에서 전쟁과 무질서에 대해 공공의 불안이 가중된다면, 빈곤 퇴치에 대한 간접적 정당화(빈곤 퇴치 자체가 목적이 아니라 세계 평화와 평온을 위한 것)는 가난한 사람들을 돕기 위해 이기심에 호소하는 논증을 제공하는 것이다. 그것은 도덕적 관련성이라기보다는 정치적 관련성 때문에 빈곤 퇴치에 더 많은 자원을 할당해야 한다고 주장하는 논증을 제시한다.

그런 방향으로 진행하고 싶은 유혹은 쉽게 이해가 가지만, 가치 있는 대의를 위해서라도 그것은 감행하기에 위험천만한 노선이다. 이것이 어려운 일부 이유는 자칫 잘못하면 경제적 환원주의가 세계에 대한 우리의 이해를 약화시킬 뿐 아니라 빈곤 퇴치를 위한 공적 책무의 공공연한 이론적 근거마저 침식시킬 가능성이 있기 때문이다. 이는 특히 심각한 문제다. 왜냐하면 빈곤과 거대한 불평등은 그 자체로 충분히 끔찍하며, 설령 폭력과 어떠한 연관성도 없다 할지라도 우선순위가 주어질 자격이 있기 때문이다. 덕행이 그 자체로 보상이듯이, 빈곤은 어쨌든 그 자체로 형벌이다. 이는 빈곤과 불평등이 분쟁 및 다툼과 광범위한 관련이 있을 수 있음을, 또는 이미 관련이 있음을 부정하려는 것이 아니다. "훌륭한 대의"를 위한 이러한 불합리한 긴급성을 아무렇지 않게 끌어들이기보다는, 적절한 주의를 기울이고 경험적 조사를 행함으로써 검토하고 탐구해야 한다는 것이다.

물론 극도의 가난함은 기존의 법률과 규칙에 도전하도록 자극할 수도 있다. 그러나 빈곤이 반드시 사람들에게 매우 폭력적인 일을 하도록 하는 발단과 용기, 현실적 능력을 제공하는 것은 아니다. 빈곤은 경제적 허약을 수반할 수도 있지만 정치적 무기력을 수반할 수도 있다. 굶주린 사람은 다투거나 싸움을 하기에는 너무 연약하고 기가 죽어 있으며, 심지어 저항하거나 소리칠 수도 없다. 따라서 매우 극심하고 광범위한 고통과 참상이 있을 때 대체로 이례적인 평화와 침묵이 동시에 일어난다는 사실은 놀랍지 않다.

실로, 정치적 폭동이나 내란, 또는 집단 간 충돌이 없었음에도 수많은 기근이 발생했다. 예를 들어, 아일랜드의 1840년대 대기근 시기는 가장 평화로웠던 시기였다. 굶어 죽어가는 아일랜드에서 기름진 음식물을 싣고 더 큰 구매력을 가진, 잘 먹고사는 영국을 향하는 배들이 잇따라 섀넌Shannon강을 따라 내려갈 때조차 굶주린 군중에 의한 방해 기도는 거의 없었다. 아일랜드인들은 고분고분하고 유순하다는 평판은 그다지 얻지 못했음에도, 대기근 동안의 아일랜드는 전반적으로 (극소수의 예외적인 경우를 제외하고는) 법과 질서의 시기였다. 다른 곳으로 눈을 돌려 봐도 그렇다. 1943년 벵골 대기근 동안 콜카타에서 유년기를 보낸 나는 유리창 안쪽으로 겹겹이 진열된 먹음직스러운 음식들이 보이는 제과점 앞에서 사람들이 굶어 죽어가던 모습을 기억하고 있다. 깨진 유리가 단 한 조각도 보이지 않았고, 법과 질서도 붕괴되지 않았다. 벵골인들은 수많은 폭동에 책임이 있었지만(그중에서 영국의 식민통치에 저항하는 폭동이 1942년, 즉 1943년의 대기근 바로 전해에 발생했다), 대기근이 든 바로 그해에는 모든 것이 평온했다.

타이밍 문제는 사람들을 쇠약하게 하고 무기력하게 하는 기근과 박탈의 효과들이 사라지고 난 뒤에 특히 더 중요하다. 왜냐하면 부당함에 대한 의식은 매우 오랜 기간에 걸쳐 불만을 키울 수 있기 때문이다. 극빈과 황폐의 기억은 좀처럼 사라지지 않으며, 폭동과 폭력을 발생시키는 데 호출되어 이용될 수 있다. 1840년대 아일랜드 대기근은 평화로운 시기였을 것이다. 그러나 부당함의 기억과 정치적, 경제적 경시에 대한 사회적 비통함은 아일랜드인과 영국인을 심각하게 불화하게 만드는 결과를 낳았으며, 150년 이상 동안 영국과 아일랜드의 관계를 폭력으로 특징짓는 데 크게 기여했다. 경제적 궁핍이 직접 폭력에 이르지는 않을 테지만, 이를 근거로 빈곤과 폭력 사이에 어떠한 관련성도 없다고 추정하는 것은 잘못된 것일 테다.

마찬가지로, 오늘날 아프리카가 겪는 곤경을 무시하는 것 역시 장기적인 측면에서 볼 때 장래의 세계 평화에 부정적인 결과를 초래할 수 있다. 적어도 아프리카 인구의 4분의 1이 에이즈, 말라리아, 그리고 여타 질병을 포함하는 전염병들로 절멸당할 위협에 처해 있는 것처럼 보일 때, 세계의 나머지 지역(특히 부유한 나라들)이 했던 일, 또는 하지 않은 일은 앞으로 매우 오랫동안 잊히지 않을 것이다. 우리는 힘의 불균형과 결합된 빈곤, 박탈, 무시, 굴욕이 오랜 기간을 거치면서 폭력을 더 쉽게 발생시키는 데 어떻게 관여하는지를, 그리고 분리된 정체성의 세계에서 우위를 차지한 세력에 대한 불만을 끌어모으는 대결로 어떻게 연결되는지 더욱더 분명하게 이해해야 한다.

무시는 분노를 일으키는 정도로 충분하지만, 침해받았다는 느낌이나 신분이 강등된 느낌, 굴욕의 감정은 반란과 폭동에 더 쉽게 동원될 수 있다. 군사력의 도움을 받아 팔레스타인인들을 추방하고 진압하며 지배할 수 있는 이스라엘의 능력은 당장에 이스라엘에 가져다줄지 모를 직접적인 정치적 이득을 능가하는 광범위하고 장기적인 결과를 초래한다. 팔레스타인인들의 권리를 멋대로 침해하는 데서 비롯된 부당함의 감정은 폭력적인 "보복"(상대편에서 보았을 때)으로 여겨지는 일에 자원할 준비가 되어 있는 감정으로 남는다. 복수는 팔레스타인인들만이 아니라, 아랍인, 무슬림, 혹은 제3세계 정체성 등을 통해 팔레스타인인들과 연결된 더 큰 집단으로부터 발생할 수도 있다. 세계가 가진 자들과 못가진 자들로 분리된다는 의식은 불만을 키우는 데 크게 일조하며, 그리하여 흔히 "보복적 폭력"으로 이해되는 일에 새 인력을 충원하게 되는 가능성을 열어놓는다.

이것이 어떻게 작동하는지 이해하려면, 우선 폭력적 저항의 지도자들과 그 지도자들이 지지를 기대하며 의지하고 있는, 훨씬 더 많은 인구의 사람들 사이를 구별할 필요가 있다. 오사마 빈라덴 같은 지도자들은 (아무리 최소한으로 지적한다 해도) 가난 때문에 고생한 적이 없으며 세계적 자본주의의 결실을 공유하지 못한 채 배제된다는 감정을 느낄 만한 경제적 이유가 전혀 없다. 그럼에도 이 유복한 지도자들이 이끄는 운동들은 전형적으로 기존의 세계 체제가 만들어낸 것으로 간주되는 부당, 부정, 굴욕의 감정에 크게 의존한다. 가난과 경제적 불평등이 당장은 테러리즘을 양성하지도 또는 테러 단체 지도자에 영향을 주지 않을지도 모르지만, 그럼에도 테러리스트 캠프의 보병을 충원하는 토대를 많이 만들어내는 데 일조할 수 있다.

둘째, 다른 때는 평화를 애호하는 주민들이 테러리즘에는 관대한 것은 오늘날 세계의 많은 지역에서, 특히 세계적인 사회적, 경제적 진보에 뒤처져 부당하게 대우받았다는 의식이 있는 곳에서, 혹은 과거에 정치적으로 핍박을 받은 기억이 강렬하게 남아 있는 곳에서 일어나는 또 다른 특이 현상이다. 세계화의 혜택을 좀더 공정하게 분배하는 것은 ① 테러리즘의 총알받이 병사들의 충원과 ② 테러리즘을 관용하는 (때로는 찬양하기까지 하는) 전반적인 분위기 형성, 이 두 가지를 모두 막는 장기적인 예방적 조치에 기여할 수 있다.

빈곤과 세계적 부당함의 감정이 폭력의 분출로 곧장 이어지지는 않더라도, 확실히 거기에는 폭력 가능성에 중대한 영향을 미칠 수 있는 모종의 관련성이 있으며, 이는 오랜 기간에 걸쳐 작동한다. 여전히 서아시아에는 수십 년, 어쩌면 100년 전에 서구 강대국들이 중동 지역을 부당하게 대우했던 기억이 다양한 형태로 남아 있는데, 이는 대결을 지휘하는 이들이 폭력 지원자를 모집하는 테러리스트의 능력을 향상시키기 위해 조장하고 과장한 것일 수도 있다. 소련에 대한 분노, 특히 아프가니스탄 정책에 대한 분노는 미국 전략가들에게는 냉전 시대에 사용할 수 있는 멋진 무기로 여겨졌을 테지만, 그것은 유럽과 미국에 맞서는 이슬람 정체성이라는 고립주의 관점을 통해 서구 세계에 적대적인 방향으로 쉽게 바뀌었다(그러한 단일 관점에서는 자본주의 미국과 공산주의 소련의 구분이 그다지 중요하지 않을 것이다). 그런 이중의 분류법에서, 세계적 부당함의 수사학은 그 구조적인 상관물로부터 떼어지고, 그 대신 적절하게 개조된 형태로 폭력과 보복의 분위기를 북돋도록 배치되는 것이다.

자각과 정체성 Awareness and Identity

사실, 불평등과 세계적 부당함의 감정에 응수할 수 있는 대안들은 오늘날 사람들의 이목을 끌기 위해 어느 정도 서로 경쟁할 수 있다. 하나의 관점에서 보면 세계적 형평성을 추구하는 동기가 되는 진단법인데, 다른 관점에서 보면 세계적 복수의 대의를 조장하기 위해 왜곡되고 편협해지며 거칠어질 수 있는 좋은 원료일 수도 있다.

세계적 불평등의 함의를 평가할 때 정체성 쟁점이 어떻게 검토되는가에 따라 실로 많은 것이 결정될 것이다. 그러한 검토는 우리를 몇 가지 상이한 방향으로 안내할 수 있다. 우선, 파괴적인 결과를 가져오는 방향으로는, 과거의 굴욕이나 현재의 불균형을 지각함으로써 불만을 조장하고 촉진하는 것이 있다. 이것은 특히 (5장에서 논의된) "서구·반서구" 공식을 통해 정체성을 고립주의적으로 대조하는 것을 토대로 한다. 서구에 맞설 준비를 갖추기 위해 호전적인 종교 정체성(특히 이슬람 정체성)을 보충하고 어느 정도는 육성까지 하는 그러한 공식은 지금 이 순간에도 많이 목격되고 있다. 이는 단일하게 분리된 정체성의 세계이며, 이 세계에서는 정치적, 경제적 대립들이 ("하위 의제subtheme"로서) 종교적 민족성의 차이들과 일치하도록 맞춰진다.

다행히, 세계적 불평등 및 과거와 현재의 굴욕 문제를 제기하는 데는 다른 방법도 있다. 첫째, 현실적인 관련 쟁점과 가능한 개선 방향(이 장의 많은 부분이 이와 관련 있다)을 더욱 충분히 이해해 세계적 불평등과 불만을 더 명시적으로 제기함으로써 건설적인 반응을 이끌어낼 수 있다. 둘째, 세계화 자체가 건설적인 역할을 담당할 수도 있다. 즉 (앞서 논의된) 다른 제도적 장치에 의해 보완되는 세계적인 경제 관계를 운용함으로써 번영을 창출할 수 있고 더욱 공정하게 분배할 수 있을 뿐 아니라, 세계적 차원에서 경제가 밀착되어 사람들 사이의 접촉이 광범위하게 이루어짐으로써 국경을 초월한 관심을 이끌어낼 수 있다.

최근 세계는 더 긴밀하게 통합되고 소통이 더 빠르게 이루어지며 접근이 더 쉬워짐으로써 상당히 축소되었다. 그렇지만 이미 230여 년 전에, 데이비드 흄David Hume, 1711~1776은 사회적, 경제적 관계들이 점증함으로써 우리가 정체성 의식의 범위와 정의에 관해 더 많은 관심을 가지게 되었음을 말한 바 있다. 1777년 출판된 『도덕 원리 탐구An Enquiry Concerning the Principles of Morals』에서 흄은 이러한 연관성을 (「정의에 관하여Of Justice」라는 장에서) 다음과 같이 지적했다.

> 이질적인 몇몇 사회가 상호 편리와 이익을 위해 일종의 교류를 유지한다고 다시 가정해 보자. 정의의 범위는 인간의 시각이 커지고 인간의 상호 관계가 강해지는 것에 비례해 더욱더 확대된다. 우리

가 정의라는 미덕의 광범위한 효용을 알게 되는 것과 비례해, 이러한 인간 감정의 자연적인 진보를 통해, 그리고 점차 확대되는 정의에 대한 우리의 관심을 통해 우리는 역사와 경험, 이성으로부터 충분히 배운다.[18]

흄은 국가 간의 무역과 경제적 연결로 말미암아 멀리 떨어져 있는 사람들이 서로의 관계를 더욱 향상시킬 수 있음을 말했던 것이다. 사람들이 서로 더욱 가까이 접촉함에 따라, 그 이전이라면 단지 어렴풋하게만 지각되었을 존재인 멀리 떨어진 사람들에 대해 관심을 가지기 시작할 수 있다.

세계적 불평등과 불균형에 대한 광범위한 관심(반세계화 저항 운동은 이의 일부다)은 더욱 긴밀한 경제 관계가 멀리 떨어진 사람들을 "점차 확대되는 정의에 대한 우리의 관심"의 범위 내로 인도할 것이라는 흄의 주장을 구현하고 있는 것으로 이해할 수 있다. 이는 세계적 저항 운동의 목소리가 오늘날 세계에서 새롭게 개진되는 세계화 윤리의 일부가 된다는 앞서 제시된 주장과도 일맥상통한다. 형평성을 무시하는 세계적 자본주의에 대한 비판이 그저 비난으로만 그치는 경우가 많을지라도, 이는 적절한 제도 변경을 통해 세계적 형평성을 더욱 요구하도록 쉽게 확장될 수 있다.

세계의 약자들이 받고 있는 불평등하고 부당한 대우에 초점 맞추고 있는 "반세계화" 비판을 (이 비판에 세계적 윤리를 강력히 적용한다면) 진정한 반세계화라고 이해하는 것은 사리에 맞지 않는다.

우리에게 동기를 부여하는 그 생각들은 적절하게 변경된 세계 질서 속에서 가난한 사람들과 불행한 사람들을 더욱 공정하게 대우하는 것을 추구하고 기회를 더욱 공정하게 분배할 필요가 있음을 제안하고 있는 것이다. 이 긴급한 쟁점들에 대해 세계적으로 논의가 이루어진다면 세계적 부당함을 줄일 방법과 수단을 건설적으로 탐색하는 기초로 삼을 수 있다. 그러한 탐색은 그 자체로 결정적으로 중요하며, 세계적 부당함에 대한 논의에서 가장 첫 번째로 주요하게 거론되어야 한다. 그러나 그러한 탐색은 또한 우리가 첨예하게 편을 가르는 정체성들의 대결에서 벗어나는 데 매우 실질적인 역할을 할 수도 있다. 우리가 우리 자신을 어떻게 보기로 선택하느냐가 차이를 만들어낸다.

Chapter 

다문화주의와 자유

Multiculturalism and Freedom

오늘날 세계에서는 다문화주의에 대한 요구가 강력하다. 특히 서유럽과 북미에서는 사회, 문화, 정치 정책을 입안하는 과정에서 다문화주의가 거론되는 일이 많다. 세계적 접촉과 상호 작용이 잦아지면서, 그리고 특히 광범위한 이주가 이루어지고 상이한 문화의 다양한 관습들이 서로 자리를 마주하게 된 상황에서 이는 전혀 놀라운 일이 아니다. "네 이웃을 사랑하라"라는 권고는 일반적으로 이웃들이 대체로 거의 동일한 종류의 삶을 살아갈 때 받아들여졌을 것이다("이 대화는 오르간 연주자가 쉬는 다음 일요일 아침에 계속하자"). 그러나 자신의 이웃을 사랑하라는 바로 그 간청은 이제 사람들에게 주변 사람들이 영위하는 매우 다양한 생활양식에 관심을 가질 것을 요구하는 것이다. 세계화된 현대 사회에서는 다문화주의가 제기하는 난해한 물음들을 무시하는 호사를 허용하지 않는다.

이 책의 주제(정체성 관념 및 세계의 폭력과 정체성의 관계)는 다문화주의의 본질과 함의, 장점(혹은 단점)에 대한 이해와 밀접하게 연결되어 있다. 곧 논의하겠지만, 기본적으로 다문화주의를 이해하는 두 가지 구별되는 접근법이 있다. 하나는 가치로서의 다양성 자체를 증진하는 데 주력한다. 다른 하나는 이성적 추론과 의사 결정의 자유에 초점을 맞추며, 사람들이 가능한 한 자유롭게 선택하는 한에서 문화적 다양성을 찬양한다. 이들 주제는 앞에서(특히 6장에서) 간략하게 논의되었으며, 또한 내가 다른 책에서 옹호하고자 한 전반적인 사회적 진보(『자유로서의 발전』[1])에 대한 폭넓은 접근과 잘 들어맞는다. 그러나 이 쟁점들은 오늘날, 특히 유럽과 북미에서의 다문화주의 관행을 평가하는 특정 맥락 속에서 더욱 면밀한 검토가 요구된다.

그 핵심 쟁점에는 인간을 어떻게 이해하는가가 포함되어야 한다. 인간은 자신이 태어나 우연히 속하게 된 공동체가 물려받은 전통들, 특히 물려받은 종교에 따라 범주화되어야 하는가? 즉 자신이 직접 선택한 것이 아닌 그 정체성에, 정치나 직업, 계급, 젠더, 언어, 학식, 사회관계, 그 외의 많은 연결 고리들과 관련된 다른 소속 관계들보다 더 높은 우선순위를 자동적으로 부여해야 하는가? 아니면 인간을 자신이 직접 우선순위를 정하는(그런 이성적 선택에 따른 책임도 지는) 수많은 소속 관계와 교제 관계를 가지고 있는 존재로 이해해야 하는가? 또 다문화주의의 공정성을 평가할 때 기본적으로, 상이한 문화적 배경을 가진 사람들이 어느 정도 "간섭받지 않는지"에 따라 평가해야 하는가, 아니면 교육의 사회적 기회와, 시민 사회 및 그들 나라에서 현재 진행되는 정치적,

경제적 과정에 참여하는 것을 통해 그들의 이성적 선택 능력이 어느 정도 적극적으로 뒷받침되는지에 따라 평가해야 하는가? 다문화주의를 공정하게 평가하고자 한다면 이러한 더욱 근본적인 물음들을 피해 가는 방법은 없다.

다문화주의의 이론과 실천을 논할 때 영국의 경험에 각별히 주목하는 것은 유익하다. 영국은 포용적인 다문화주의를 증진하는 데 앞장서 왔으며, 그 과정에는 성공과 곤경이 섞여 있다. 이는 또한 유럽의 다른 나라들과도, 미국과도 연관이 있는 문제다.[2] 영국에서는 1981년 런던과 리버풀에서 인종 폭동이 있었고(2005년 가을의 프랑스에서만큼 심각하지는 않았다), 이로 인해 인종 통합을 위한 더 많은 노력이 있었다. 그래서 지난 사반세기 동안은 상황이 아주 안정적이고 평온했다. 영연방 출신으로서 영국에 거주하는 모든 사람(영국으로 이주한 이들은 대부분 백인이 아니다)은 심지어 영국 시민권이 없어도 즉시 영국에서 완전한 선거권을 가진다는 사실은 영국의 이런 통합 과정을 크게 촉진시켰다. 또한 의료와 교육, 사회 보장에서 이주자들에게 차별 없는 대우를 한 것 또한 통합을 크게 고무시켰다. 그렇지만 이 모든 것에도 불구하고, 영국에서는 최근 이주자 집단의 소외가 있었으며, 영국에서 태어나 교육받고 자란 이민 2세대 일부 젊은 무슬림들이 자살 폭탄으로 런던에서 수많은 사상자를 내는 완전히 자생적인 테러리즘이 있었다.

따라서 영국의 다문화주의 정책에 대한 논의가 끼치는 영향력은 훨씬 더 광범위하며, 예상되는 표면적인 주제 범위보다 훨씬 더 큰 관심과 열정을 불러일으킨다. 2005년 여름 런던에서 테러 공격이 있은 지 6주 후, 프랑스 유력지 《르몽드Le Monde》가 "위기에 처한 영국식 다문화주의 모델"이라는 제목의 논평을 싣자, 곧바로 이 논쟁에 또 다른 자유주의적 기득 세력liberal establishment 지도자 제임스 골드스턴James A. Goldston이 합류했다. 미국의 단체인 열린 사회의 정의 실현Open Society Justice Initiative의 지도자인 그는 《르몽드》 기사를 "허풍 떨기"로 기술하면서 다음과 같이 응수했다. "영국이 인종 관계 분야에서 사반세기가 넘도록 이루어온 것을 깔아뭉개기 위해 테러리즘이라는 진짜 위협을 이용하지 말라."[3] 여기에는 논의하고 평가해야 할 다소 중요한 보편적인 쟁점이 있다.

나는 실제 쟁점은 (골드스턴이 다문화주의에 대한 여러 비판들 중 하나를 요약해 놓은 것처럼) "다문화주의가 너무 멀리 나아간 것은 아닌지"의 문제가 아니라, 다문화주의가 어떤 특정 형태를 취해야 하는가의 문제임을 논증할 것이다. 다문화주의는 단지 문화의 다양성에 대한 관용일 뿐인가? 문화적 관행이 "공동체의 문화"라는 이름으로 강제되는지의 여부와는 관계없이, 또 그 문화적 관행이 사람들이 다른 관행에 대해 알고 판단할 수 있는 적절한 기회를 가진 상태에서 자유롭게 선택한 것인지의 여부와 관계없이, 누가 문화적 관행을 선택하는가의 문제가 중요한가? 사회에서뿐만 아니라 학교에서도, 상이한 세상 사람들의 신앙(과 비신앙)에 대해 배우고 인간이 (은연중에라도) 해야 하는 선택들에 관해 이성적으로 추론하는 법을 이해하기 위해, 서로 다른 공동체의 구성원들에게는 어떤 편의가 갖추어져 있는가?

영국의 성취 Britain's Achievements

1953년 내가 학생으로 처음 왔던 영국은 다양한 문화를 위한 여지를 두는 점에서 특히 인상적이었다. 내가 영국까지 이동한 거리가 여러 면에서 보통이 아니었던 모양이다. 케임브리지 시절 나의 첫 하숙집 주인이 내 피부색이 목욕 중에 벗겨질지도 모른다고 걱정하던 것이 기억난다(나는 하숙집 주인에게 내 피부색은 아주 억세기 때문에 변할 일이 없다고 안심시켜야 했다). 또한 글쓰기는 서구 문명의 특별한 발명이었다고 설명해 주던 집주인의 배려를 기억한다("성경이 발명한 것이다"). (띄엄띄엄이긴 하지만 오랜 기간 동안) 영국의 문화적 다양성이 크게 진화하는 과정을 겪으며 살아온 사람에게는 오늘날의 영국과 반세기 전 영국이 보이는 차이는 그저 놀라울 뿐이다.

문화적 다양성을 장려하는 것은 확실히 삶에 공헌한 것이 많다. 문화적 다양성으로 말미암아 영국은 여러 면에서 이례적으로 생기 넘치는 장소가 되었다. 다양한 문화의 음식, 문학, 음악, 춤, 예술을 즐기는 것에서부터 정신을 잃게 하는 노팅힐 축제Notting Hill Carnival의 현란함에 이르기까지, 영국은 온갖 상이한 배경을 가진 자국민에게 신 나게 즐기고 놀 만한 것들을 많이 안겨준다. 또한 (앞서 언급된 투표권 보장과 대체로 비차별적인 공공 서비스, 사회

보장과 더불어) 문화적 다양성의 수용은 출신이 매우 상이한 사람들이 더욱 편안함을 느낄 수 있도록 만들었다.

그렇지만 각양각색의 생활 양식과 다양한 문화적 우선순위를 수용하는 것이 영국에서조차 항상 쉬운 것은 아니었다는 점은 상기할 만하다. 이민자들이 자신들의 전통적 생활 방식을 포기하고 그들이 이주해 살게 된 사회의 지배적 생활 양식을 채택해야 한다는 요구가 간헐적이지만 지속적으로 있어왔다. 그런 요구는 때때로 아주 사소한 행동에 관한 쟁점마저 포함하는 등 문화에 대해 아주 세세한 관점을 취해 왔다. 보수당의 유명한 정치 지도자 노먼 테빗Norman Tebbit, 1931~이 제안한 유명한 "크리켓 테스트"는 이러한 사례를 잘 보여준다. 크리켓 테스트는 영국 사회에 잘 통합된 이민자라면 크리켓 경기에서 (파키스탄 같은) 자신의 모국과 영국이 서로 맞대결할 경우 영국을 응원한다는 것을 말한다.

우선 긍정적인 것을 먼저 말하자면, 테빗의 "크리켓 테스트"는 명확하다는 장점이 있어 부러워할 만하며 이민자에게 영국 사회로 통합되었음을 확증해 주는 아주 명쾌한 절차를 제공한다. 곧 "영국 크리켓 팀을 응원하라. 그러면 괜찮을 것이다"이다. 이민자가 영국 사회에 진정으로 통합되었다는 점을 확실히 하는 것이 가혹한 일이 될 수 있는 경우가 있다면 순전히 한 가지 이유 때문일 것이다. 이민자가 따라야 할 영국의 지배적인 생활 양식이 실제 무엇인지 이제 더 이상 확인하기 쉽지 않다는 것이다. 예를 들어, 카레는 지금의 영국 식단에서는 너무 흔해서 영국 관광청에서조차 "진정한 영국 음식"으로 간주한다. 2005년 16세가량의 학생들이 치르는 중등교육자격시험General Certificate of Secondary Education (GCSE)에서 "여가와 여행"에 포함된 두 가지 질문은 다음과 같았다. "인도 음식과는 다르고, 보통 테이크아웃 레스토랑에서 제공하는 다른 유형의 음식을 하나 말해 보라", 그리고 "인도식 테이크아웃 레스토랑의 배달 서비스를 받기 위해 고객이 해야 하는 것을 기술하라". 보수적 신문 《데일리 텔레그래프Daily Telegraph》는 그해의 중등교육자격시험에 관해 보도하면서 불만을 표했는데, 전국적으로 치르는 이 시험에 문화적 편견이 등장한 것에 대해서가 아니라, 영국인이면 어떤 특별한 교육을 받지 않고도 누구나 답변할 수 있을 "쉬운" 출제 경향에 대해서였다.[4]

또한 얼마 전 런던의 한 신문에서 한 영국 여성을 두고 의심할 여지 없이 영국답다며 묘사한 기사를 본 기억이 난다. "그 여인은 수선화나 치킨 티카 마살라chicken tikka masala[가] 만큼이나 영국적이다." 사정이 이렇다면, 영국으로 건너온 남아시아 이민자는 외부 입국자로서 영국인임을 판별해 줄 확실한 검사라는 것을 따라야 한다는 데 대해 약간 당황스러울 것이다. 테빗의 친절한 도움이 없었더라면 말이다. 그런데 앞의 논의가 경솔한 언동으로 보일 수도 있음을 뒷받침하는 중요한 쟁점이 있다. 문화적 접촉이 현재 전 세계적으로 그와 같은 행동 양식의 혼종화hybridization로 이어짐에 따라, 어떤 "지역 문화"든 시대를 초월해 진정 토착적인 것이라고 식별해 내기가 어렵다는 것이다.[5] 그러나 테빗 덕택에,

[가] 닭의 뼈를 발라내고 각종 향신료를 섞은 '마살라'로 양념해 구워내는 카레 요리. 인도 출신 영국인들이 인도 전통 요리를 유럽인의 입맛에 맞게 만든 것이다.

영국다움을 확립하는 과제가 훌륭하게 알고리즘화되어 놀랄 만큼 쉽게 이루어질 수 있다(바로 앞에서 인용한 중등교육자격시험 문제에 답하는 것만큼이나 쉽다).

테빗은 최근 자신의 "크리켓 테스트"를 이용했더라면 파키스탄계 영국 태생 투사들의 테러 공격을 막는 데도 도움이 되었을 것이라고 말했다. "내 의견이 실행되었더라면, 그런 공격은 일어날 가능성이 거의 없었을 것이다."[6] 이런 자신만만한 예측은 테러리스트가 되려 하는 이들이 (알카에다의 훈련을 받았든 받지 않았든) 자신의 행동 방식을 조금도 바꾸지 않은 채 영국 크리켓 팀을 응원하는 "크리켓 테스트"를 쉽게 통과할 수 있다는 점을 과소평가하는 것이다.

나는 테빗 자신이 크리켓을 얼마나 좋아하는지는 알지 못한다. 크리켓을 즐기는 사람이라면, 어느 한쪽 팀을 응원할지는 당연히 국가에 대한 충성심이나 거주지에 따른 정체성뿐 아니라, 경기의 질, 시합 및 연속 경기에 대한 전반적인 관심 등 여러 다양한 요소에 의해 결정되는 것이다. 특정한 결과를 원하는 것은 대체로 우연적인 특성을 가지므로, 이는 (영국이든 다른 나라든) 어떤 팀에 대해 변치 않는 영구적인 응원을 고집하기 어렵게 만들 것이다. 나는 인도 출신으로 인도 국적을 가지고 있음에도, 가끔은 영국과의 경기뿐 아니라 인도와의 경기에서도 파키스탄 크리켓 팀을 응원한 적이 있음을 고백하지 않을 수 없다. 2005년에 개최된 파키스탄 팀의 인도 원정 기간 동안, 파키스탄이 여섯 경기 시리즈 중 첫 두 경기에서 졌을 때, 나는 시리즈가 활기차고 흥미진진했으면 하는 바람에서 세 번째 경기에서는 파키스탄을 응원했다. 그 시리즈에서, 파키스탄은 내 바람보다 훨씬 선전해 나머지 네 경기를 모두 이김으로써 4 대 2로 인도를 확실하게 패배시켰다(인도인들이 그토록 불평하는 파키스탄의 "극단성"을 보여주는 또 하나의 사례다!).

더 심각한 문제는, 테빗의 크리켓 테스트에 담겨 있는 그와 같은 훈계들이 영국 시민권이나 거주의 의무와는 전적으로 무관하다는 명백한 사실에 있다. 즉 영국 정치에 참여하거나 영국 사회생활에 합류하기, 폭탄 제조를 단념하는 것과 같은 일들과는 관련이 없다는 것이다. 또한 그런 훈계들은 영국에 완전히 융화된 생활을 해나가기 위해 필요한 것들과도 거리가 아주 멀다.

제국주의 이후 영국에서는 이 점을 신속히 포착했다. 그리고 테빗의 크리켓 테스트 같은 제안들의 견제가 있었음에도, 영국의 정치적, 사회적 전통이 가지고 있는 포용적 성격으로 말미암아 영국 내의 다양한 문화 양식들은 다민족적 영국에서 전적으로 받아들여질 수 있는 것으로 이해될 수 있었다. 놀랄 일은 아니지만, 토박이들 중에는 그러한 역사적 흐름이 엄청난 실수라고 지속적으로 느끼는 사람도 많이 있으며, 보통 그런 불만은 영국이 그처럼 완전히 다민족 국가가 되어버렸다는 격심한 분노를 동반한다(그러한 분노를 표하는 이를 내가 마지막으로 본 것은 한 버스 정류장에서였다. 갑자기 "너희 속셈을 다 알아"라는 말이 내게 들려왔다. 하지만 그 안다는 사람이 자신이 무얼 아는지 말하기를 거부해서 실망스러웠다). 그러나 영국 여론의 무게중심은 문화적 다양성을 관용하는, 심지어 찬양하는 쪽으로 꽤 강력히 와 있다. 적어도 최근까지는 그랬다.

이 모든 것, 그리고 (앞서 논의한) 투표권과 차별 없는 공공 서비스가 기여한 포용의 역할은 최근, 특히 프랑스가 누리지 못한 일종의 인종 간 평온에 이바지해 왔다. 그렇지만 그런 포용의 역할은 여전히 다문화주의의 일부 핵심 쟁점들을 완전히 미해결의 상태로 남겨두었다. 이제 이 이야기를 꺼내고 싶다.

다원적 단일문화주의의 문제들 Problems of Plural Monoculturalism

중요한 쟁점 한 가지는, 다문화주의와 "다원적 단일문화주의plural monoculturalism" 정도로 불리는 것을 구분하는 문제에 관한 것이다. 다양한 문화들이 마치 한밤중의 선박들처럼 서로를 지나쳐 가는 식으로 존재하는 것을 다문화주의의 성공적인 경우로 봐야 하는가? 영국이 현재 '상호 작용'과 '고립' 사이에서 갈팡질팡하고 있기 때문에 이런 구분이 핵심적으로 중요하다(심지어 테러리즘 및 폭력과도 관계가 있다).

이 구분을 설명하기 위해, 인도 음식과 영국 음식이 진정으로 다문화적이라고 주장할 수 있다는 사실에 주목함으로써 대조를 시작해 보자. 칠리는 포르투갈인들이 아메리카 대륙에서 가져오기 전까지는 인도에 없었다. 그러나 칠리는 오늘날 인도 음식 대부분에 실제 사용되고 있으며 거의 모든 카레 요리의 주재료가 되는 것 같다. 예를 들어, 칠리는 빈달루vindaloo[가]에서 혀가 타는 듯한 맛을 내 존재감을 확실히 드러낸다. 빈달루는 그 이름이 말하고 있듯이, 와인에 감자를 곁들여 먹던 기억을 이민자들에게 불러낸다. 또한 탄두리tandoori[나] 요리도 완성은 인도에서 이루어졌을지 몰라도 원래 서아시아에서 인도로 전해진 것이다. 한편, 카레 가루는 명백하게 영국의 발명품으로, 로버트 클라이브Robert Clive, 1725~1774[다] 이전에는 인도에 알려진 적이 없었으며, 내 생각으로는 영국 군대에서 개발된 것 같다. 그리고 현재 런던의 세련된 아대륙 계열 레스토랑에서 새로운 스타일의 인도 음식을 조리하기 시작하는 것이 보인다.

이와 대조적으로, 두 가지 스타일이나 전통이 서로 만나는 일 없이 나란히 공존하는 것은 실제로 "다원적 단일문화주의"로서 이해되어야 한다. 요즘 다문화주의를 옹호하는 목소리가 자주 들리지만 이는 대개 다원적 단일문화주의를 위한 구실에 지나지 않는다. 만약 보수적인 이민자 가정의 젊은 여성이 영국 남성과 데이트를 하러 나가려 한다면, 그것은 확실히 다문화적 마음에서 발원된 것일 테다. 이와 대조적으로, 그 여인의 보호자들이 그 외출을 제지하려고 시도하는 것은(보통 충분히 일어날 수 있는 일이다) 다문화적 조처가 될 수 없다. 왜냐하면 이는 문화를 고립시키려 하는 것이기 때문이다. 그럼에도 다문화주의자라고 자처하는 사

[가] 고기에 레드 와인과 감자를 곁들여 먹는 포르투갈 요리가 인도에 전해지면서 카레 요리로 발전한 것. 고기로는 양고기나 닭고기가 주로 쓰인다.

[나] 흙으로 만들어진 인도의 원통형 전통 화덕에서 향신료와 요구르트로 닭을 양념해 구워내는 인도 전통 닭 요리.

[다] 벵골 총독을 두 차례1755~1760, 1764~1767 역임한 영국의 정치가이자 군인. 인도의 영국 식민지화 과정 초기에 핵심적인 역할을 담당했다.

람들은 (다원적 단일문화주의에 기여하는) 부모의 금지령은 전통문화의 중요성을 존중하는 것이라며 큰 목소리로 옹호하고 있는 것 같다. 마치 그 어린 여성의 문화적 자유는 상관없다는 듯이, 그리고 서로 다른 문화는 어떻게든 서로 차단되어 있어야 한다는 듯이 말이다.

특정한 사회적 배경 속에서 태어나는 것이 (앞서 논의되었듯이) 그 자체로 문화적 자유의 행사는 아니다. 왜냐하면 그것은 선택에 의한 행위가 아니기 때문이다. 이와 대조적으로, 확고하게 전통 양식 '내에' 머물려는 결정은, 만약 그러한 선택이 다른 대안들을 고려한 이후에 이루어진 것이라면 자유의 행사가 될 것이다. 마찬가지로, 기존의 행위 양식에서 적게든 많게든 '벗어나려는' 결정도 숙고와 이성적 추론의 과정을 거친 끝에 내린 것이라면 또한 자유의 행사로서 적절할 것이다. 실제로, 문화적 자유는 자주 문화적 보수주의와 충돌할 수 있다. 그리고 설령 다문화주의가 문화적 자유의 이름으로 옹호된다고 해도, 물려받은 문화적 전통 내에 확고히 머무는 것에 대해 흔들림 없는 무조건적인 지지를 요구하는 것이 다문화주의라고 이해될 수는 없을 것이다.

두 번째 문제는 이 책에서 많이 논의된 것으로, 종교나 민족성이 사람들에게 중요한 정체성일 수 있겠지만(특히 사람들에게 물려받은 전통이나 귀착되어 있는 전통을 찬양하거나 거부할 수 있는 선택의 자유가 있다면 말이다), 사람들에게는 또한 소중하게 여길 만한 다른 소속 관계나 교제 관계도 존재한다는 사실과 관련된다. 다문화주의를 매우 기이하게 정의하는 일이 없기만 한다면, 다문화주의는 시민 사회에 참여하거나 국내 정치에서 역할을 맡거나 또는 사회적 관행에 순응하지 않는 삶을 살려는 개인의 권리보다 우선할 수 없다. 게다가, 다문화주의가 아무리 중요하다 하더라도, 다문화주의가 자동적으로 전통적 문화가 내리는 지시dictates에 최고의 우선순위를 부여하는 것으로 이어질 수는 없다.

앞서 논의되었듯이, 사람들을 단지 그 사람의 종교적 소속 관계에 의해서만(즉, 종교 연합의 관점에서만) 파악할 수는 없다. 똑같은 이유로, 다민족 국가인 영국은 민족 공동체들의 집합체로 이해될 수 없다. 그렇지만 "연합주의적" 관점은 오늘날 영국에서 많은 지지를 얻고 있다. 게다가 사람들을 주어진 "공동체들"의 엄격한 상자 속에 집어넣으려는 전제주의적 혐의가 있음에도, 이러한 관점이 개인적 자유와 같은 편이라고 자주 해석되어 당혹스럽다. 심지어 "다민족 영국의 미래"라는 "시각"도 많이 회자되고 있는데, 이러한 시각에서는 다민족 영국을 "관심과 애정의 공동 연대감과 집단적 존재 의식을 통해 함께 유지되는 문화들의 느슨한 연합"[7]으로 이해한다.

그러나 한 개인이 영국이라는 국가와 맺는 관계가 그 사람이 태어난 가족의 "문화"를 '통해 매개되어야' 하는 것일까? 개인은 아마도 이런 미리 정해진 문화들 중 하나 이상과 친밀한 관계를 맺으려고 하거나, 아니면 정말이지 아무것과도 친밀한 관계를 맺으려고 하지 않을 수도 있다. 또한 개인이 자신의 민족적 정체성 또는 문화적 정체성보다 자신의 정치적 신념이나 직업적 책임감, 학문적 신조가 자신에게는 더 중요하다고 결정하는 일도 충분히 있을 수 있다. 낯설게 상상된 "문화의 연합" 속에서 그 개인이 어디에 자리하고 있는지에 상관없이, 이는 개인이 선택할 문제다.

이는 추상적인 관심사도 아니며 또한 현대적 삶의 복잡성을 보여주는 구체적인 특징도 아니다. 영국 제도諸島에 일찍이 도착한 한 남아시아인의 경우를 생각해 보자. 코르넬리아 소라브지Cornelia Sorabji, 1866~1954는 1880년대에 인도에서 영국으로 건너왔다. 그리고 그의 정체성들에는 다른 사람들과 마찬가지로 그가 맺었던 소속 관계의 다양성이 반영되어 있다. 그는 자신과 다른 사람들에 의해 "인도인"으로 묘사되었고(그는 결국 인도로 돌아가 『인도가 부른다India Calling』1934라는 매력적인 책을 썼다), 또한 영국을 고향으로 여겼던 사람으로 묘사되었다("고향이 영국과 인도 두 나라다"). 또한 파르시인으로("나는 민족적으로 파르시인이다"), 기독교도로("기독교 교회의 초기 순교자들"을 열성적으로 찬양한다), 사리sari[가]를 입은 여인으로(《맨체스터 가디언The Manchester Guardian》[나]은 그를 "항상 화려한 색감의 실크 사리를 완벽하게 차려입었다"라고 묘사했다), 법률가 및 법정 변호사로(영국 링컨 법학원Lincoln's Inn의 변호사), 여성 교육 및 특히 격리된 여성들의 법적 권리를 위해 싸운 투사로(그는 베일에 감춰진 여성들, 즉 "푸르다나신purdahnashins"[다]의 법률 고문을 전담했다), 영국 식민 통치의 헌신적 지지자로(그는 마하트마 간디가 "6~7세의 아기들"에게서도 서명을 받았다며 비난하기까지 하는, 그다지 공

|가| 인도 여인이 몸에 두르는 길고 가벼운 옷.
|나| 영국 일간지 《가디언》의 예전 제호.
|다| 힌두교 법에 따라 외부 세계의 남자들과 소통하는 것이 금지된 은둔 여성들.

정치 못한 행동을 했다), 항상 인도에 대한 향수에 젖어 있는 사람으로("부다가야Buddha Gayā의 녹색 잉꼬들, 인도의 어느 마을에서 피어오르는 푸른 장작 연기"), 여성과 남성 간에 불균형이 있다고 굳건히 믿는 사람으로(그는 "현대 여성"으로 비치는 것을 자랑스러워했다), 오로지 남자뿐인 대학의 교사로("남자 대학에서 18번을"), 그리고 ("시험을 볼 수 있는 허가를 받기 위해 교직원 회의 특별 결의"를 요구해) 옥스퍼드 대학에서 민법 학사 학위를 받은 경력이 '조금이라도' 있는 "첫 번째 여성"으로 묘사되었다.[8] 코르넬리아 소라브지의 선택들은 그의 사회적 출신과 배경에서 영향을 받은 것이 틀림없겠지만, 그는 스스로 결정했으며 자신의 우선순위도 스스로 택했다.

만약 한 개인의 정체성은 그 사람이 (언어, 계급, 사회관계에서부터 정치적 관점, 시민으로서의 역할에 이르기까지 다양하게) 맺고 있는 다른 모든 소속 관계는 간과된 채 공동체나 종교에 의거해 정의되어야 한다는 주장이 받아들여진다면, 또 개인의 정체성은 숙고와 선택에 의해서가 아니라, 물려받은 종교나 전통에 자동적으로 우선순위를 부여함으로써 정의되어야 한다는 주장이 받아들여진다면, 다문화주의의 도덕적, 사회적 주장들에는 심각한 문제가 있는 것이다. 그럼에도 다문화주의에 대한 그러한 편협한 접근이 최근 몇 해 동안 영국 당국의 공식 정책의 일부로서 지대한 역할을 담당해 왔다.

예를 들어, (기존의 기독교 학교에다) 무슬림, 힌두교, 시크교 아이들을 위해 신규로 고안된 새로운 "종교 학교"를 적극적으로 장려하는 국가 정책은 교육적으로도 문제가 있을 뿐만 아니라 인종 차별이 철폐된 영국에서의 삶이 요구하는 것들에 대한 파편화된 인식을 조장하는 것이다. 종교적 우위가 전 세계에서 발생하는 폭력의 주요 원천이 되고 있는 지금, 그러한 새 제도들 중에는 이러한 시기와 정확히 맞물려 시행되는 것들이 많다(그 자체가 분리 교육과 무관하지 않은 북아일랜드의 가톨릭·개신교 분열을 포함해, 영국 자체에서 발생한 그런 폭력의 역사에 추가적으로 일어나는 것이다). 토니 블레어 총리가 "그런 학교들은 정신과 가치에 대한 의식이 매우 강하다"라고 지적한 것은 정확하게 옳다.[9] 그러나 아이들을, 심지어 매우 어린 아이들을 과거에서 물려받은 낡은 정신에 젖어 들도록 하는 것만 교육인 것은 아니다. 교육은 또한 어른이라면 누구나 내려야 할 새로운 결정들에 대해 이성적으로 추론할 수 있는 능력을 계발하도록 아이들을 돕는 것이기도 하다. 기존의 종교 학교들과 함께해 온 구세대 영국인들과 어떤 형식적인 "동등한" 관계를 만드는 것이 중요한 목표가 아니다. 아이들이 하나의 통합된 나라에서 자라고 있는 만큼 "검토하며 사는 삶examined lives"을 살 수 있는 능력을 최대한 향상시킬 수 있는 것이 무어냐는 것이다.

이성의 우선순위 The Priority of Reason

오래전인 1590년대 이성과 신앙에 관해 주목했던 인도 황제 아크바르는 핵심 쟁점을 아주 명료하게 제기했다. 무굴 제국 황제 아크바르는 무슬림으로 태어나 무슬림으로 죽었지만, 신앙이 이성에 대해 우선순위를 가질 수 없다고 주장했다. 어느 누구든 물려받은 신앙을 정당화하거나 거부하는 일이 필요할 때는 이성을 통해서만 가능하기 때문이다. 직관적인 신앙을 옹호하는 전통주의자들에게 공격을 받자, 아크바르는 자신의 친구이자 신임하는 부관인 아불 파즐Abu'l-Fazl ibn Mubarak, 1551~1602(아랍어와 페르시아어뿐 아니라 산스크리트어에도 능한 학자로, 힌두교와 이슬람교를 비롯해 여러 종교에 정통했다)에게 다음과 같이 말했다.

> 이성을 추구하고 전통주의를 거부하는 것은 논증할 필요가 없을 정도로 아주 명백하다. 만약 전통주의가 타당하다면 그 예언자들은 단지 그 조상들을 따르기만 하면 되었을 것이다(그리고 새로운 메시지도 가져오지 않아도 되었을 것이다).[10]

이성이 최고가 되어야 했다. 왜냐하면 이성을 논박할 때조차 우리는 이성을 사용해 근거를 대야 하기 때문이다.

다문화적 인도의 다양한 종교에 진지하게 관심을 가져야 한다고 확신한 아크바르는 (앞서 논의되었듯이) 16세기의 주류인 힌두교와 이슬람교 출신 사람들뿐만 아니라 기독교도, 유대인, 파르시인, 자이나교도, 심지어 기원전 6세기 무렵부터 2천 년 넘게 인도에 왕성하게 번창했던 무신론적 사유를 하는 학파인 차르바카 추종자들과도 끊임없는 대화를 시도했다.[11]

아크바르는 어느 한 신앙에 대해 타협의 여지가 없는 "전부 아니면 무"의 관점을 취하기보다, 다방면을 가진 각 종교 특유의 요소들에 관해 논리적으로 파고들기를 좋아했다. 예를 들어, 아크바르는 자이나교도들과 논쟁하면서, 그들의 종교 의식에 대해서는 여전히 회의적이었으나 채식주의 주장에는 수긍하게 되었으며 마침내는 육식 일반을 개탄하기에 이르렀다. 이 모든 것이 종교적 신념을 이성적 추론이 아닌 신앙에 바탕을 두려는 사람들을 격분케 했음에도, 아크바르는 자신이 "이성의 길"(라히 아클)이라고 불렀던 것을 고수했으며 열린 대화와 자유로운 선택의 필요성을 역설했다. 아크바르는 또한 자신이 가진 이슬람교의 종교적 신념은 "맹목적 신앙"도, "전통의 늪지대"도 아닌, 이성적 추론과 선택에서 비롯되었다고 주장했다.

추가적인 물음이 더 있다. '비'이민자 공동체들에서는 다문화적 교육의 요구를 어떻게 볼 것인가에 대한 (특히 영국과 관련된) 문제다. 그 방식은 각 공동체가 자기 자신의 고유한 역사를 상찬하도록 내버려 두는 형식을 취할 것인가? "구세대 영국인들"이 (3장에서 7장에 걸쳐 논의된) 세계 문명의 기원과 발전 과정의 세계적 상호 관계를 더욱 충분히 깨달아야 할 필요가 있다는 점에 대해서는 아무런 반응도 하지 않고서? 만약 이른바 서구 과학이나 문화의 뿌리가 가령 중국의 기술 혁신들, 인도와 아랍의 수학, 또는 서아시아의 그리스·로마 유산 보존(예컨대 잊힌 그리스 고전의 아랍어 번역본들은 수 세기 뒤에 라틴어로 다시 번역되었다)에 의지하고 있다면, 과거의 왕성한 상호 작용에 대해 현재 다민족 영국의 학교 교과 과정에 담긴 내용 이상으로 훨씬 더 많이 반영이 되어야 하지 않을까? 다문화주의의 우선순위들은 다원적 단일문화주의 사회의 우선순위와는 상당히 다를 수 있다.

종교 학교와 관련된 하나의 쟁점이 이성적 추론을 거치지 않는 신앙에 이성적 추론보다 높은 우선순위를 부여하는 문제적 성격에 관한 것이라면, 여기 중대한 쟁점이 하나 더 있다. 바로, 사람들을 범주화하는 데 있어 (다른 분류 근거는 배제되는 상황에서) 종교의 역할과 관련한 문제다. 사람들의 우선순위와 행동은 순전히 종교만이 아니라 자신의 소속 관계와 교제 관계 모두에 영향을 받는다. 예를 들어, 파키스탄에서 방글라데시가 분리된 것은 (앞서 논의되었듯이) 정치적 우선순위들과 추가적인 언어적이고 문학적인 이유들 때문이었지, 분리되기 이전 동서 파키스탄 모두가 공유했던 종교 때문이었던 것은 아니다. 신앙 외의 모든 것을 무시하는 것은 종교를 넘어서는 정체성을 주장하도록 사람들을 움직여온 중요한 현실을 지워버리는 것이다.

현재 영국에 있는 방글라데시 공동체와 마찬가지로, 규모가 큰 방글라데시 공동체의 경우 종교적인 계산으로 보면 같은 종교를 믿는 다른 모든 신자와 함께 하나의 거대 집단으로 융합되며, 다른 문화와 우선순위는 인정하지 않는다. 이는 이슬람 사제나 종교 지도자들을 기쁘게 할지는 모르나, 분명 방글라데시의 풍족한 문화를 경시하고 방글라데시가 가지고 있는 풍부하고 다양한 정체성들을 약화시킨다. 이는 또한 방글라데시가 형성된 역사 자체를 완전히 무시하는 쪽을 택하는 것이기도 하다. 공교롭게도 현재 방글라데시 '내부에는' 세속주의자와 그 비방자(여기에 종교 근본주의자들이 포함된다) 사이에 정치적 투쟁이 진행 중이다. 그래서 영국의 공식 정책이 왜 전자 쪽보다 후자 쪽의 장단에 더 맞춰야 하는지는 불분명할 수밖에 없다.

이러한 쟁점이 가지는 정치적 중요성은 과장되었다고 할 수는 없을 것이다. 그 문제가 영국의 최근 정부들에서 비롯된 것은 아니라는 점은 인정되어야 한다. 실제로, 영국의 공식적인 정책은 오래전부터 아대륙 출신의 영국 시민과 거주자 들을 우선적으로 그들 각자의 공동체에 의거해 이해하려는 경향이 있다는 인상을 주고 있다. 그리고 최근 (근본주의를 포함해) 세계적으로 신앙심이 강조된 이후로, 이제 공동체는 더욱 넓게 규정된 문화들을 고려하기보다 우선적으로 신앙 면에서 규정된다. 이 문제는 학교 교육에만 국한되지 않으며, 또한 무슬림에만 국한되지도 않는다. 힌두교나 시크교 종교 지도자를 각각 영국의 힌두교나 시크교도들의 대변인으로 여기는 경향 또한 그러한 동일한 과정의 일부다. 다양한 배경을 가진 영국 시민들을 시민 사회 속에서 서로 상호 작용하도록 권장하고 시민으로서 영국 정치에 참여하도록 장려하는 것이 아니라, 그러한 자극이 그들 "자신의 공동체 내에서만" 작동한다.

이러한 환원주의적 사유의 제한된 지평은 상이한 공동체의 생활 양식에 직접적으로 영향을 미치며, 이민자들과 그 가족의 삶에 특히 가혹한 강압 효과를 낳을 수 있다. 그러나 2005년 영국에서 벌어진 사건들이 보여주듯이, 그런 강압 효과 이상으로 나아가게 되면, 시민이나 주민 들이 자신을 어떻게 바라보느냐가 다른 사람의 삶에까지 영향을 미칠 수도 있다. 한 가지 얘기를 해보자면, 만약 누군가 (반드시 폭력적이지는 않더라도) 종파적인 방식으로 길러지고 교육받는다면 종파적 극단주의의 영향에 대한 취약성은 훨씬 커질 것이라는 점이다. 영국 정부는 종교 지도자의 증오로 가득 찬 설교를 중단시키고자 시도하고 있고 그것이 옳은 일임에는 틀림없지만, 이 문제는 확실히 그 정도보다는 훨씬 더 광범위하다. 그것은 이주 배경을 가진 시민들이 우선적으로 자신을 특정 공동체와 특정 종교를 가진 민족의 구성원으로 이해하고, 오직 그러한 소속을 '통해서'만 스스로를 (하나의 가상적인 공동체 연합인) 영국 사람으로 이해하는지의 여부와 관계되는 문제다. 어떤 국가라도 이렇게 유난히 단편적인 시각을 가진다면 그 국가는 종파적 폭력을 부추기는 설교와 교육에 더욱 쉽게 노출될 것이라는 점은 이해하기가 그리 어렵지 않다.

토니 블레어는 "밖으로 나와" "무슬림 공동체 내의" 테러와 평화에 관해 논쟁하고 그리하여 "곧장 그 공동체 내부로 들어가고자" 하는 좋은 명분이 있었다.[12] 블레어가 공정성과 정의를 위해 헌신했음은 논쟁의 여지가 없다. 그럼에도 다민족 영국의 미래는 (상이한 민족성과 종교와 더불어) 정치관과 언어 유산, 사회적 우선순위가 서로 다른 시민들이, '시민 자격'을 포함한 다양한 자격으로 상호 작용할 수 있는 수많은 상이한 방식들을 인식하고 지지하며 촉진하는 데 있어야 한다. 특히 시민 사회는 모든 시민의 삶에서 매우 중요한 역할을 한다. 영국 이민자들(무슬림뿐만 아니라 여타 출신자)의 참여는 우선적으로 "공동체 관계들"의 바구니 속에서 이루어져서도 안 되며(이런 현상이 현재 증가하고 있다), 그러한 참여를 종교 지도자들("온건한" 사제들과 "관대한" 이맘imam들[가], 그리고 종교 공동체들의 여타 듣기 좋은 대변인들)에 의해 매개되는 것으로 간주해서도 안 된다.

사회적 정체성에 대한 개념적 혼란을 피하고 또한 이런 개념적 혼란으로 생겨나거나 심지어 어느 정도 조장되기까지 하는 편 가르기를 의도적으로 악용하는 것을 제지하려면 다문화주의에 대한 이해를 현실적으로 재고할 필요가 있다. (만약 앞서 거론한 분석이 옳다면) 특히 문화적 자유를 수반하는 다문화주의와, 신앙에 입각한 분리주의를 수반하는 다원적 단일문화주의 사이의 혼동은 특히 피해야 한다. 하나의 국가는 미리 정해진 구획에 고정된 자리를 할당받은 시민들로 이루어진, 고립된 구획들의 집합으로 여겨질 수 없다. 또한 영국은 명시적으로나 암묵적으로나 종교 민족들의 가상적 국가 연합으로 간주될 수 없다.

간디의 주장 Gandhi's Arguments

오늘날 영국이 직면한 문제와 과거 영국령 인도가 직면했던 문제 사이에는 섬뜩한 유사점이 하나 있다. 마하트마 간디는 이것을 영국 식민 정부가 직접적으로 격려했던 문제라고 생각했다. 간디는 인도가 종교 공동체의 집합이라는 당국의 시각에 대해 특히 비판적이었다. 간디는 1931년 영국 정부가 소집한 "인도 원탁회의Indian Round Table Conference[나]" 참석차 런던에 왔을 때, 자신이 "연방 구성 위원회"라고 적힌 특정 분파 진영에 자리를 배정받았음을 알았다. 무엇보다도 간디는 자신이 힌두교도들, 특히 인도 인구의 절반을 차지하는 "카스트 힌두교도들"의 대변자로 묘사되고 있다는 사실에 분개했다. 물론 인도 인구의 나머지 절반도 영국 총리가 지명한 "다른 공동체" 각각의 대표자들이 대표하고 있었다.

간디는 자신이 힌두교도인 것은 맞지만 자신이 이끄는 정치 운동은 철저히 보편주의적이지 힌두교 공동체에 기반한 운동은 아니라고 역설했다. 그의 운동은 인도의 온갖 다양한 종교 단체에서 지지를 받았다. 간디는 종교 분류법에 따라 인도인들을 구분하는 것도 가능하지만 또 다른 구분 방식들 역시 마찬가지로 타당하다는 사실을 지적했다. 그는 인도인들이 가진 다양한 정체성의 '다원성'을 알아줄 것을 영국 통치자들에게 강력히 탄원했다. 실제로, 그는 단순히 힌두교도들만이 아니라 "인도 인구의 85퍼센트 넘게" 차지하는 "무식하고, 노동에 시달리고, 반기아 상태에 빠져 있는 수백만의 사람들"을 대변하고자 한다고 말했다.[13] 그는 심지어 그 밖의 사람들, 즉 "왕족들…… 지주 계층, 교육받은 계급"을 대변할 수도 있다며 추가적인 노력을 기울였다.

간디는 젠더가 중요한 구분의 또 다른 토대였음에도 영국의 범

|가| 이슬람 지도자.

|나| 인도 원탁회의는 인도 독립에 대한 요구가 나날이 늘어가자 영국 정부가 인도의 장래 문제를 토의하기 위해 1930~1932년에 세 차례에 걸쳐 소집한 것이었다. 인도의 자치 및 연방 제도, 주권의 지위, 공동체 대표권 문제 등에 대한 토의가 이루어졌지만 구체적 성과 없이 끝나고 말았다. 간디는 2차 원탁회의에 참석했다.

주는 이를 무시했고, 이로 말미암아 인도 여성들의 처지를 고려할 만한 특별한 여지가 전혀 마련되지 못했다고 지적했다. 간디는 영국 총리에게 다음과 같이 말했다. "당신은 여성을 위한 특별 대표를 완전히 묵살했다." 그리고 계속해서 "여성은 인도 인구의 절반을 차지한다"라고 지적했다. 원탁회의에 간디와 함께 참석한 사로지니 나이두Sarojini Naidu, 1879~1949는 그 회의의 유일한 여성 대표였다. 간디는 나이두가 인도에서 압도적인 최대 정당인 국민회의Congress Party의 의장으로 선출되었다는 사실을 언급했다(이는 1925년의 일이었고, 공교롭게도 영국의 유력 정당에서 여성이, 즉 1975년 마거릿 대처Margaret Thatcher, 재임 1979~1990가 당수로 선출되기 50년 전이었다). 나이두는 영국 정부의 "대표 구성" 방침에 따라 참석하게 되었지만 인도 국민의 절반, 즉 인도 여성을 대변할 수 있었다. 또 다른 대표인 압둘 카이윰Abdul Qaiyum은 "인도의 나이팅게일"이라 불리는 나이두가 또한 그 회의에서 뛰어난 시인이었다고 지적했다. 그것은 힌두 정치가로 이해되는 것과는 다른 종류의 정체성이었다.

간디는 영국을 방문하는 동안 왕립 국제문제연구소Royal Institute of International Affairs가 마련한 회의에서, 자신은 또한 "하나의 국가 전체를 생체 해부하는 것"에 저항하고 있다고 주장했다.[14] 간디가 1947년 인도 분할을 저지하기 위해 의회의 지도력으로 허용할 수 있는 시간보다 협상할 시간을 더 많이 벌려고 했다는 것이 알려졌지만, 알다시피 "함께 머물려는" 간디의 시도는 결과적으로 성공하지 못했다. 간디가 2002년 자신의 구자라트Gujarat주에서 종파주의적 힌두교 지도자들이 조직한 반무슬림 폭력을 접했더라면 또한 극히 고통스러워했을 것이다.[15] 그렇지만 인도인들 대부분이 그러한 잔학 행위들을 엄청나게 규탄했다는 것을 알게 되면 그래도 마음이 놓였을 것이다. 이러한 규탄으로 말미암아 그 후 (2004년 5월) 인도 총선에서 구자라트 폭력에 연루된 정당들은 쓰라린 패배를 맛보아야 했다.

간디는 오늘날 인구의 80퍼센트 이상이 힌두교도인 인도를 시크교도 총리(만모한 싱Manmohan Singh, 재임 2004~)와 무슬림 대통령(압둘 칼람Abdul Kalam, 재임 2002~2007)이 이끌고 그 집권 정당을 기독교 출신의 한 여성(소냐 간디Sonia Gandhi, 1946~)이 통솔한다는 사실에 다소 안심했을 것이다. 이런 사실은 1931년 런던에서 개최된 원탁회의에서 말한 그의 대의와도 관계된다. 종교 공동체들의 그러한 혼합은 문학과 영화에서부터 사업과 스포츠에 이르기까지 인도인의 삶의 영역 대부분에서 발견될 수 있으며, 특별한 것으로 이해되지 않는다. 무슬림들이, 예를 들어 인도의 가장 뛰어난 사업가이자 가장 부유한 사람(아짐 프렘지Azim Premji, 1945~), 혹은 인도 크리켓 팀의 감독(만수르 알리 칸 파타우디Mansoor Ali Khan Pataudi, 1941~와 모하마드 아자루딘Mohammad Azharuddin, 1963~), 혹은 여자 테니스계의 일류 국제 스타(사냐 미르자Sania Mirza)의 지위를 차지한다고 해서, 그들 모두가 이런 맥락에서 인도인 일반으로 이해되지 특별히 인도 무슬림으로만 이해되지는 않는다는 것이다.

1984년 인디라 간디Indirā Gāndhī, 재임 1966~1977, 1980~1984[가]가 자신의 시크교도 경호원에 의해 암살된 직후 발생한 시크교도 살인 사건의 재판 보고서를 놓고 최근 의회 토론이 벌어졌을 때, 인도 총리 만모한 싱은 의회에 다음과 같이 답변했다. "나는 시크교 공동체뿐만 아니라 인도 전국에 주저 없이 사과하겠습니다. 왜냐하면 1984년에 발생한 사건은 인도의 국민 개념을, 그리고 우리 헌법에 간직되어 있는 정신을 부정한 것이기 때문입니다."[16] 만모한 싱이 인도 총리이자 국민회의(또한 1984년에 집권당이었다) 지도자로서, 그 자신이 한 구성원인 (어디에서나 푸른색 터번을 쓰는) 시크교 공동체에, 그리고 물론 한 시민으로서 자신이 소속된 전 인도에 사과했을 때, 그의 다중적 정체성들은 매우 두드러져 보인다. 만약 각자 하나의 정체성만을 고려하는 "고립주의적" 관점에서 사람들을 이해한다면, 이 모든 것이 매우 곤혹스러울 것이다. 그러나 정체성의 다중성과 그 역할은 간디가 런던 회의에서 지적한 근본적인 의미와 아주 잘 들어맞는다.

무슬림이 다수를 차지하는 세계의 거의 모든 나라보다 많은 무슬림이 살고 있는 (그리고 파키스탄만큼이나 많은 1억 4,500만 명 이상의 무슬림이 있는) 인도에서 이슬람의 이름으로 활동하는 자생적 테러리스트가 거의 배출되지 않았으며, 알카에다와도 거의 관련이 없다는 사실을 분석하는 글이 많이 있었다. 여기에는 (칼럼니스트이자 작가인 토머스 프리드먼Thomas Friedman, 1953~이 주장했듯이, 성장 일로의 통합적인 인도 경제의 영향을 포함해) 수많은 인과적 영향이 있을 것이다.[17] 그러나 또한 인도 민주주의 정치의 성격에도

|가| 인도의 정치가로 국민회의 의장을 지냈으며 제4대 총리를 지냈다. 인도 초대 총리인 자와할랄 네루Jawaharlal Nehru, 1889~1964의 딸이다.

어느 정도 공이 있었음을 인정해야 한다. 그리고 마하트마 간디가 옹호했던 이념, 즉 종교 민족성 말고도 다른 수많은 정체성들이 있다는 이념을 인도에서 폭넓게 수용하고 있다는 사실에도 공을 돌려야 한다. 이 정체성들은 인간의 자기 이해와도 관련되고 자국 내 다양한 배경을 지닌 시민들 사이의 관계와도 관련되는 것이다.

현재 영국을 포함한 여러 서구 국가를 위협하고 있는, 이슬람교와 연결된 토착 테러리즘으로부터 인도가 상당히 피해 갈 수 있었던 것이 마하트마 간디와 다른 이들(여기에는 자신의 가족 배경을 "힌두교, 이슬람교, 영국, 이 세 문화의 합류"라고 기술한 가장 위대한 인도 시인 타고르가 "인도의 이념"에 대해 내놓은 명민한 분석도 포함된다)의 지도력 덕분이라고 주장하기에는 다소 당혹스러운 면이 있다는 것은 인도인인 나도 인정한다. 그러나 간디가 "하나의 국가 전체가 생체 해부되어 조각조각 찢어진다고 상상해 보라. 그렇게 되면 어떻게 하나의 국가를 이룰 수 있나?"라고 물은 것은 인도에 특정되지 않는 매우 보편적인 우려를 표현한 것이었다.

그러한 의문은 인도의 미래에 대한 간디의 깊은 염려에 따른 것이었다. 그렇지만 그 문제는 인도에 특정되지 않고 1947년까지 인도를 지배했던 나라를 포함해 다른 나라들에 대해서도 또한 제기될 수 있다. 사람들을 그들의 종교적 민족성에 의해 규정함으로써, 그리고 다른 모든 정체성을 제쳐두고 공동체에 근거한 관점(간디는 인도의 영국 통치자들이 이러한 관점을 지지하고 있다고 생각했다)에 미리 정해진 우선순위를 부여함으로써 빚어지는 비참한 결과들이 슬프게도 그 통치자들 자신의 나라를 계속 괴롭히게 된 것인지도 모른다.

1931년 원탁회의에서 간디는 바라던 것을 얻지 못했다. 그리고 회의에서 제기한 그의 반대 의견조차 그 의견이 누구에게서 나온 것인지에 대한 언급도 없이 짧게 기록되었다. 간디는 그 회의에서 영국 총리 앞으로 다음과 같은 정중한 불만을 표현했다. "이 보고서의 대부분에 반대 의견이 있음을 알게 될 것이다. 그리고 그 반대 의견 대부분은 불행히도 내 의견이다." 그렇지만 한 국가를 종교와 공동체 들의 연합으로 파악하는 것을 간디가 선견지명 있게 거부한 것은 단지 그에게만 "속하는" 의견인 것은 아니었다. 그것은 또한 간디가 주목을 이끌어내고자 했던 그 심각한 문제를 기꺼이 이해하려고 하는 세계에 속하는 의견이기도 하다. 그것은 오늘날 영국에도 속할 수 있다. 적어도 나는 그러기를 바란다.

Chapter  사유의 자유

Freedom to Think

내가 살인 사건을 처음으로 접한 것은 열한 살 때로, 1944년 영국의 통치가 거의 끝나감을 보여주는(영국의 식민 지배는 1947년 종식되었다) 종파 폭동이 일어났을 때였다. 나는 하염없이 피를 흘리는 한 낯선 사람이 우리 집 정원으로 비틀거리며 들어오면서 도움을 청하고 물을 구하는 것을 보았다. 그에게 물을 건네주면서 나는 부모님을 소리쳐 불렀다. 아버지는 그를 급히 병원으로 옮겼지만 그는 상처가 악화되어 죽고 말았다. 그의 이름은 카데르 미아Kader Mia였다.

독립에 앞서 일어난 힌두·무슬림 폭동으로 나라는 인도와 파키스탄으로 분할되었다. 대학살은 드라마처럼 갑작스레 자행되었으며, 평화로웠던 벵골의 일상을 가만 놔두지 않았다. 카데르 미아는 다카에서 살해되었는데, 그때만 해도 다카는 분할되지 않은 벵골의 제2도시(콜카타 다음으로 큰 도시)였으며, 분할 이후 동파키스탄의 수도가 되었다. 아버지가 다카 대학 교수였기에, 우리는 대학과 멀지 않은, 대부분 힌두교도 지역이었던 구舊다카의 와리Wari라는 지역에 살았다. 카데르 미아는 무슬림이었고, 그를 덮친 잔인한 힌두 폭력배들에게는 그가 가진 다른 모든 정체성이 중요하지 않았다. 폭동이 일어난 그날, 수백 명의 무슬림과 힌두교도 들이 서로를 살해했고, 이것이 나날이 계속되었다.

대학살은 갑자기 일어난 것처럼 보였지만, 실은 당연히 분파주의적 조장에 의해 신중하게 기획된 것이었고, 나라를 분할하려는 강한 정치적 요구들과 여러 면에서 맞물려 있었다. 살의 가득한 폭동은 그리 오래가지 않을 터였다. 벵골 분할 이후 곧 양쪽 모두에서 사라질 터였다. 힌두·무슬림 폭력의 격렬함은 자기 자신과 다른 사람들이 서로 다른 관점을 가지고 있다는 사실을 인정하고 인간 정체성의 다른 특징들을 부각시키면서 빠르게 진정될 터였다. 실제로, 내가 살고 있던 다카는 몇 년 내에 벵골의 언어, 문학, 음악, 문화를 열렬히 찬양하는 벵골 애국주의가 팽배해졌는데 이는 벵골의 무슬림과 힌두교도 모두에게 공통적인 것이었다. 공유하고 있는 풍부한 벵골 문화에 대한 열렬한 자긍심의 부활은 그 자체로 중요하다. 힌두·무슬림 폭력으로 당혹스러웠던 격분의 기간 동안에 엄격히 가려 있었기 때문이다. 그러나 그것은 정치적으로도 강한 상관관계가 있었다. 특히 불완전하게 통합된 이슬람 국가의 양 반절[가] 사이에서 정치적 권력, 언어의 지위, 경제적 기회 등 심각한 불평등을 겪고 있던 동파키스탄(즉 파키스탄의 벵골

[가] 동파키스탄과 서파키스탄.

쪽 반절)의 분노와 관련되어 있었다.

파키스탄 내 벵골인들의 소외는 결국 1971년 12월 파키스탄의 분리를 가져왔고, 다카를 새 수도로 세속적이고 민주적인 새로운 국가 방글라데시를 수립하는 계기가 되었다. 파키스탄 군대가 벵골의 반란을 광적으로 진압하고자 했던 고통스러운 분리의 과정이 한창이던 1971년 3월 다카에서 대학살이 있었다. 이때 정체성 분리는 동파키스탄의 무슬림인 반대자들(또는 반대자로 의심받았던 사람들)을 잔인하게 진압하고 살상하는 서파키스탄의 무슬림 병사들이 믿는 종교가 아니라 주로 언어와 정치의 방향에 따라 이루어졌다. 그때부터 새롭게 조직된 "무크티 바히니Mukti Bahini"("해방 군대")는 파키스탄으로부터 방글라데시의 완전한 독립을 위해 투쟁했다. "해방을 위한 투쟁"에 연료를 공급한 정체성 분리는 종교적 차이가 아닌, 언어와 문화에 (그리고 물론 정치에) 단단히 연결되었다.

카데르 미아가 죽은 지 60년이 지난 지금, 나는 1940년대의 참혹한 힌두·무슬림 폭동을 회상하려 할 때마다 그런 끔찍한 일들이 실제로 일어났다는 사실을 내 자신에게조차 확신시키기가 어렵다. 하지만 벵골에서 발생한 종파 폭동이 완전히 일시적인 것이고 단기간의 것이었다 할지라도(그리고 그 뒤로 인도의 다른 지역에서 발생한 소수의 폭동 중에는 그 규모와 영향력 면에서 1940년대의 사건들과 비교될 만한 게 없었다 해도), 그 폭동은 수천수만의 힌두교도와 무슬림의 주검을 남겼다. 그러한 죽음을 사주한 정치 선동가들은 (저마다 "우리 국민"을 대표한다면서) 다른 때 같았으면 평화를 애호했을 양쪽 공동체의 수많은 사람들을 폭력에 맹목적으로 뛰어드는 살인자 집단으로 탈바꿈하도록 부추겼다. 사람들은 자신을 단지 ("다른 공동체"에 복수를 해야 하는) 힌두교도로만 혹은 무슬림으로만 생각하게 되었으며 결코 다른 어떤 사람으로, 즉 인도인이나 아대륙인, 아시아인, 공통 인류의 구성원으로 생각하게 되지는 않았다.

두 공동체의 압도적 다수는 그런 편협하게 광적인 용어들로 사유하지 않았다 할지라도, 너무 많은 사람이 갑작스레 그런 사악한 사유 양식의 함정에 빠져들었으며, (보통은 각 공동체가 막다른 상황에 처하게 되었을 때) 그들 중 더욱 잔혹한 사람들이 (그들 각자가 정의된 방식 그대로) "우리를 죽이는 적들"을 죽이도록 유도되었다. 사람들은 다양한 면모를 지니고 있음에도 종파적 단일성이라는 애매한 렌즈를 통해 각자 정확히 하나의 정체성을 가지고 있는 것으로, 즉 종교와 관련되어 있거나, 더 정확히는 종교적 민족성과 관련된 정체성을 가지고 있는 것으로 이해되었다(왜냐하면 자신이 물려받은 종교를 실천하지 않는 사람은 어떠한 비난도 면치 못할 것이기 때문이다).

무슬림 날품팔이였던 카데르 미아는 품삯이 적은 일이라도 하겠다고 이웃집에 가는 도중 칼에 찔려 죽었다. 그는 자신과 일면식조차 없었고 이전에는 그에게 눈길 한번 준 적도 없을 것 같은 어떤 사람들에게 거리에서 칼에 찔려 죽었다. 열한 살 아이였던 내게 그 기억은 틀림없는 악몽이었음은 말할 나위도 없으며 심각하게 당혹스러운 사건이었다. 사람이 왜 갑자기 칼에 찔려 죽어야 할까? 자신을 알지도 못하는 사람들에게, 자신이 어떤 위해도 가했을 리 없는 사람들에게, 왜? 카데르 미아에게 단지 하나의 정체성, 즉 "공격해야" 하고 가능하면 죽여야 하는 "적" 공동체의 구성원이라는 정체성만이 있다고 이해되었다는 것은 정말이지 믿을 수 없을 것 같았다. 혼란스러운 한 아이에게, 정체성의 폭력은 극히 이해하기 어려웠다. 여전히 혼란스러운 나이 든 어른에게도 그다지 쉽지는 않다.

우리 차에 태워 병원으로 급히 옮기는 동안 카데르 미아는 우리 아버지에게 자기 아내가 폭동 기간에는 적대 지역에 가지 말라고 간청했었다고 말했다. 하지만 그는 몇 푼 안 되는 수입이라도 일을 찾아 나서야 했다. 가족이 아무것도 먹지 못하고 있었기 때문이다. 경제적 박탈이 초래한 그러한 궁핍의 대가는 결국 죽음으로 나타났다. 경제적 가난과 포괄적인 부자유(심지어 생존할 자유의 결여) 사이의 끔찍한 관계는 내 어린 마음을 압도적인 힘으로 엄습하는, 심히 충격적인 깨달음으로 다가왔다.

카데르 미아는 무슬림 희생자로 죽었지만, 동시에 매우 어려운 시대에 그 가족의 생존에 필요한 조금의 일과 약간의 돈을 필사적으로 구하려는 가난한 실직 노동자로 죽은 것이기도 했다. 어느 공동체든 이런 폭동에서는 가장 가난한 구성원들이 가장 쉽게 희생된다. 왜냐하면 그들은 정말 무방비 상태로 날마다 생계를 위해 밖으로 나가야 하기 때문이며, 그들의 허름한 은신처는 폭력단이 쉽게 침범하고 파괴할 수 있기 때문이다. 힌두·무슬림 폭동에서, 힌두 암살자들이 가난한 무슬림 약자들을 손쉽게 죽였으며, 무슬림 암살자들은 가난한 힌두 희생자들을 닥치는 대로 암살했다. 잔인하게 희생된 두 집단의 공동체적 정체성은 꽤 상이했지만, (경제적 수단이 거의 없었던 가난한 노동자로서) 그들의 계급 정체성은 거의 동일했다. 그러나 단일 범주화에 맞춰진 그 시절의 극단적인 시각에서는 종교적 민족성 외의 다른 어떠한 정체성도 고려될 수 없었다. 오직 대결적 현실만이 존재한다는 환영은 인간을 철저히 축소시켰으며 주체의 사유할 자유마저 침식시켜 버렸다.

폭력의 양성 The Cultivation of Violence

오늘날 전 세계에 걸친 종파적 폭력은 60년 전 못지않게 잔인하고 환원주의적이다. 그 조악한 야만성의 근저에는 또한 정체성에 대한 중요한 개념적 혼동이 있으며, 이런 개념적 혼동은 다차원적 인간을 일차원적 생물로 바꾸어 버린다. 1994년 후투족의 군중 학살에 동참하기 위해 모집된 사람은 암묵적으로라도 자신을 (표적으로 삼은 투치족과 공유하던 정체성인) 르완다인이나 아프리카인 또는 인간으로서가 아니라 오직 "투치족에게 마땅한 대가를 치르게" 해야 할 의무가 있는 후투족으로서만 이해하도록 요구받고 있었다. 내 파키스탄인 친구 샤리아르 칸Shahryar Khan, 1934~은 유엔 사무총장이 학살이 일어난 르완다에 파견한 매우 존경받는 선임 외교관이었다. 나중에 칸은 내게 다음처럼 말했다. "당신과 나는 1940년대 아대륙에서 폭동의 야만성을 목격했다. 하지만 르완다에서 벌어진 살인의 엄청난 규모에 대해 그리고 그곳에서 자행된 조직적인 인종 청소의 광범위성에 대해 나는 마음의 준비가 전혀 되어 있지 않았다."[1] 르완다의 학살과 이웃 나라 부룬디에서 벌어진 후투족과 투치족 사이의 폭력은 단 며칠 만에 100만 명 이상의 목숨을 앗아 갔다.

사람들을 증오하는 것은 쉬운 일이 아니다. 오그던 내시Ogden Nash, 1902~1971의 시(「누구에게도 적의를 품지 않기를 기도함A Plea for Less Malice Toward None」1933)는 이것을 정확히 이해하고 있다.

> 사랑은 어린 학생도 바보처럼 할 수 있는 것,
> 하지만 증오는, 여보게, 예술일세.

그럼에도 우리가 상이한 인간 집단들 사이에서 발생하는 수많은 증오와 폭력적 충돌을 목격한다면, 이런 물음이 즉각 제기될 것이다. "이런 '예술'은 어떻게 작동하는가?"

단일 정체성의 환영은 그와 같은 대결을 획책하는 사람들의 폭력적 목적에 봉사하며, 박해와 학살의 명령자들에 의해 능란하게 양성되고 선동된다. 폭력을 선동하는 일을 업으로 하는 사람들에게는 대결 목적을 위해 이용할 수 있는 독보적 정체성의 환영을 만들어내는 일이 호소력 있을 것이라는 점은 놀랍지 않으며, 바로 그러한 환원주의를 추구한다는 사실 역시 비밀이 아니다. 그러나 명백히 다원적인 소속 관계가 있는 세계에서 그런 논제의 터무니없는 순진함을 고려해 볼 때, 단일성의 조장이 왜 그렇게 성공적인지에 대해 커다란 의문이 생긴다. 수많은 정체성 중 오직 하나의 정체성에만 의거해 인간을 이해하는 것은 물론 (앞선 장들에서 논증하고자 한 것처럼) 아주 조잡한 지적 활동이다. 그럼에도 그 영향력을 보고 판단하건대, 이렇게 배양된 단일성의 망상은 쉽게 옹호하고 쉽게 장려할 만하다는 점은 명백하다. 폭력적 목적을 위해 독보적 정체성을 옹호하는 것은 특정 초점에 맞춰 (주변의 폭력적 목적과 직접적으로 연결되어 있는) 하나의 정체성 집단을 분리해 내는 형태를 취한다. 그리고 그로부터 더 나아가, 우리가 다른 교제 관계나 소속 관계와 관련되어 있다는 사실을 은폐하게 된다. 이때 선택적 강조와 선동을 이용한다("여러분은 우리 국민이 학살당하고 우리 여성들이 강간당하고 있는 지금, 어떻게 이런 다른 것들에 관해 말할 수 있습니까?").

폭력을 양성하는 호전적인 기술은 사유할 자유와 침착한 이성적 추론의 가능성을 차단하기 위해 기본적인 본능을 일부 끌어들여 사용한다. 그러나 그것은 또한 일종의 논리, 즉 '단편적' 논리 또한 끌어들이고 있음을 우리는 인식해야 한다. 특정한 활동을 위해 분리된 특정 정체성은 대부분의 경우 새로 충원되는 사람의 진정한 정체성이다. 즉 후투족은 실제 후투족'이며', "타밀 호랑이"는 분명 타밀족이고[가], 세르비아인은 알바니아인이 아니며, 나치의 세계관에 물든 비유대교 독일인은 분명 비유대교 독일인이다. 그러한 의미의 자기 이해를 잔인한 도구로 바꾸기 위해 ① 다른 모든 소속 관계 및 교제 관계와의 관련성을 무시하는 일, ②

"단 하나의" 정체성에 대한 요구를 각별히 호전적인 형태로 재정의하는 일이 행해진다. 여기가 바로 개념적 혼동뿐만 아니라 추잡함이 슬며시 끼어드는 지점이다.

고급 이론의 무딘 날 The Low Edge of High Theory

사람들에게 그들의 사고를 각각 하나의 정체성에만 한정하도록 요구하는 것이 특히 조잡한 권유로 보일지 모르지만, 이렇게 사람들을 단일 정체성의 칸 속으로 억지로 밀어 넣는 것이, 사실은 현재 상당한 영향력이 있는 문화와 문명에 대한 여러 고급 이론의 특징이기도 하다는 점은 상기해 볼 가치가 있다(이 또한 앞 장들에서 논의되었다). 물론 이런 이론들이 폭력을 옹호하거나 용인하는 것은 아니다. 오히려 그런 것과는 거리가 멀다. 그렇지만 이 이론들은 인간을 다양한 정체성을 가진 개인이 아니라 특정한 사회 집단이나 공동체의 구성원으로만 이해하려 하는 경향이 지배적이다. 물론 집단 성원권이 중요할 수 있겠지만(인간이나 개인에 대한 아무리 진지한 이론이 있다 해도 이러한 사회관계를 무시할 수는

|가| 타밀족은 스리랑카 인구의 20퍼센트 가까이 차지하는 민족이다. 스리랑카 인구의 70퍼센트를 넘는 신할리즈족이 불교를 믿고 신할리즈어를 쓰는 데 반해, 타밀족은 힌두교를 믿고 타밀어를 쓴다. 식민 지배 당시 영국이 민족 간 갈등 유발 정책을 펴 두 민족 간의 감정의 골이 깊어졌으며, 1948년 스리랑카가 영국에서 독립한 뒤, 신할리즈족이 타밀족 등 소수 민족을 배제한 독자 정권을 수립하고, 강제 이주 정책과 신할리즈어 강제 사용 정책 등을 실시했다. 1976년 타밀족의 분리 독립을 주장하며 무장 투쟁에 나선 '타밀 호랑이'가 등장했고, 1983년 정부군의 타밀족 학살과 타밀 호랑이의 반격 등이 이어지면서 오늘날까지 스리랑카 전역에서 내전 상태가 지속되었다. 그러나 지나치게 무력에 의존하고 비타협적인 노선을 유지한 타밀 호랑이는 2009년 5월 정부군에 항복을 선언했다.

없다), 각 개인에서 (다른 모든 범주는 무시하고) 단지 하나의 성원권 범주만을 주목해 인간 존재를 축소하는 것은 우리가 가진 친화력의 다면성과 연루 관계의 폭넓은 관련성을 일거에 말살하는 것이다.

예를 들어, 문명론에 따라 분류하는 학자들은 인도를 "힌두 문명"의 칸에 집어 넣는 일이 많았다. 이러한 분류는 앞에서도 논의되었듯이, (인도의 시크교도, 자이나교도, 기독교도, 파르시인을 비롯한 다른 종교인들은 그렇다 쳐도) 무엇보다도 인도의 1억 4,500만 이상의 무슬림을 염두에 두지 않는 것이며, 또한 종교를 통해서는 전혀 작동하지 않지만 정치와 사회, 경제, 상업, 미술, 음악, 그 밖의 다른 문화 활동의 참여를 통해 작동하는 인도 국민들 사이의 광범위한 상호 관계를 무시하는 것이기도 하다. 덜 직접적인 방법으로는, 공동체주의 사고를 하는 그 유력한 학파에서는 또한 공동체 성원권에 근거해 정확히 '한 사람당 하나의 정체성'을 신성시하며, 인간을 복잡하게 뒤얽힌 사회적 생물로 만드는 다른 모든 소속 관계를 사실상 경시한다.

이런 맥락에서, 공동체주의적 사고가 적어도 부분적으로는, 인간을 "사회적 맥락" 속에서 이해하려 함으로써 정체성에 대해 건설적으로 접근하기 시작했음을 상기하는 것은 흥미로운 일이다.[2] 그러나 인간을 더 "충실히" 그리고 더 "사회적으로" 이해하려는 아주 존경스러운 이론적 시도로서 시작된 것이, 결국 인간을 정확히 한 집단의 구성원으로 이해하려는 매우 제한된 이해로 대부분 끝나고 말았다. 슬프게도 그러한 사고에는 "사회적 맥락"이 충분하지 않았다. 왜냐하면 개개의 인간에게는 상이한 교제 관계와 애착 관계가 무수히 있으며, 그 각각의 중요성은 맥락에 따라 크게 다르기 때문이다. "개인을 사회 속에 자리매김하는" 칭찬할 만한 그 과업(이는 사회 이론에서 반복적으로 제기되어 온 것이다) 속에는 광대한 시각이 잠재되어 있음에도, 그러한 시각을 실제로 적용하는 것은 인간의 다원적 사회관계의 타당성을 무시하는 형태, 즉 인간의 "사회적 상황"이라는 다중적 특성의 풍부함을 심각하게 과소평가하는 형태를 자주 취해 왔다. 그런 근본적인 시각에서는 인간을 철저히 축소한 형태로 이해한다.

고립주의적 환영의 형벌 Penalties of Solitarist Illusion

인간 정체성을 고립주의 관점에서 축소화하는 일이 초래하는 결과는 광범위하다. 사람들을 독보적으로 굳어진 범주로 나누기 위해 끌어들인 환영은 집단 간 투쟁을 선동하는 토대로 이용될 수 있다. 물론, 고급 이론들이 문명에 따른 분할이나 공동체주의적 틀 속에 감금하기와 같은 고립주의적 특징들을 지니고 있더라도 어떻게든 대결의 씨앗을 뿌리려는 목적을 지닌 것은 아니다. 실제로는 정반대다. 예를 들어 "문명의 충돌" 이론이 제시되고 장려될 때, 그 목적은 이미 현존하고 있는 현실로서 간주되는 것을 식별하는 것이며(나는 이것이 잘못된 방식으로 수행되지만, 연구 동기나 추진력과는 별개의 쟁점이라고 주장했다), 그 이론가들도 스스로를 대결을 야기하거나 가중시키는 일을 하는 것이 아니라, 오히려 대결의 실체를 "밝혀내는" 일을 하는 것으로 이해한다.

그럼에도 이론은 사회사상과 정치 활동, 공공 정책에 영향을 미칠 수 있다. 인간을 단일 정체성 속으로 인위적으로 축소시키는 것은 세계를 편 가르는 결과를 낳고 세계를 잠재적으로 훨씬 더 선동적이게끔 만들 수 있다. 예컨대 인도를 앞에서 언급한 "힌두 문명"으로 특정하는 환원주의적 관점은 이른바 힌두트바 운동의 종파적 행동주의자들에게서 박수갈채를 받아왔다. 실제로, 이런 행동주의 운동은 당연히 인도에 대한 자신들의 축소된 관점을 지지하는 것으로 보일 수 있는 개념적 범주화라면 어느 것이든 끌어들이려는 경향이 있다. 심지어 이 운동의 극단주의 분파는 2002년 구자라트에서 발생한 폭력 사태를 조장하는 데 결정적으로 중요한 역할을 했으며, 결국 그 희생자들은 대부분 무슬림이었다. 이론은 현실에서 실제로 접했을 때 이론가들 스스로가 예상하는 것보다 더 중대한 것으로 여겨질 때가 가끔 있다. 그리고 그 이론들이 개념적으로 혼동될 뿐만 아니라 종파적 배타성을 강조하기 위해 쉽게 이용될 수 있을 때, 이론은 사회적 대결과 폭력을 이끄는 이들에게서 열렬한 환영을 받을 수 있다.

마찬가지로, 이슬람교의 배타성을 주장하는 이론이 무슬림들이 가진 (자신의 종교적 소속 관계 외의) 다른 모든 정체성의 타당성을 무시하는 일과 결합되면, 폭력 버전의 지하드를 지지하는 개념적 근거를 제공하는 데 이용될 수 있다(지하드는 평화를 위한 노력과 격렬한 선동 둘 다를 위해 호출될 수 있는 유연한 용어다). 이슬람 테러리즘으로 오도되어 불리는 것의 최근 역사를 살펴보면, 이러한 경로를 이용해 폭력을 조장한 경우를 충분히 발견할 수 있다. 무슬림이 가진 상이한 정체성들, 예컨대 학자, 과학자, 수학자, 철학자, 역사가, 건축가, 화가, 음악가, 작가로서의 상이한 무슬림 정체성들이 역사적으로 풍요로웠던 것은 무슬림이 과거에 이룬 성취에 (그리고 3~6장에서 이미 논의된 바 있는 세계적 유산에) 크게 공헌했으나, (이론의 도움을 약간 받아) 호전적 종교 정체성만을 외곬으로 옹호하는 주장들이 이를 압도하면 파괴적인 결과로 이어질 수도 있다.

불만에 가득 찬 무슬림 행동주의자들은 현대 사회를 굴욕 및 불평등의 체계화와 관련지어 생각한다. 앞서 논의되었듯이, 그들이 이 현대 사회를 바꾸기 위해 무엇을 할지 결정할 때, 이슬람의 종교적 위업에만 초점을 맞추어야 하는 이유는 없으며, 또한 다른 수많은 영역에서 무슬림이 성취한 위대한 업적에 집중해야 하는 이유도 없다. 그럼에도 인간을 오로지 호전적인 종교적 정체성에 의거해 고립주의적으로만 이해함으로써 마련된 환원주의는 폭력적 지하드 선동가들에 의해 재앙처럼 이용될 수 있다. 그들은 무슬림이 자신들의 광범위한 역사적 전통과도 일맥상통하다고 여겨 쉽게 취할 만한 다른 모든 수단을 봉쇄해 버린다.

마찬가지로, 이런 유의 테러리즘에 맞서 싸울 때는 종교적 정체성(이러한 테러리즘에 필요한 인력을 새로 충원할 때는 이런 종교적 정체성을 끌어들인다)만이 아닌 다양한 정체성들의 풍부함에 호소할 만한 좋은 이유가 있다. 그러나 앞서도 논의했듯이, 이러한 저항의 지적 구성 요소는 해당 종교를 비난하거나(이슬람에 대한 맹렬한 비난은 이런 맥락에서 많이 사용되었다) 그 종교를 옳고 그름 중 "옳은" 쪽에 위치시키기 위해 종교를 정의(혹은 재정의)하고자 애쓰는 일에 국한되는 경향이 있었다(토니 블레어의 매력적인 말을 이용해 예를 들자면, "이슬람의 온건하고 진실한 목소리"를 끌어들이는 것이다). 이슬람 투사들이야 이슬람 신앙의 정체성 외의 무슬림의 다른 모든 정체성을 부정할 만한 이유가 있겠지만, 그런 호전성에 저항하려는 사람들마저 무슬림이 동시에 가지고 있는 다른 수많은 정체성을 고려하지 않고 이슬람교에 대한 해석과 주해에 그토록 의존해야 하는 이유는 결코 분명치 않다.

때때로 단일성은 이슬람교도라는 일반적 범주가 허용하는 것보다 훨씬 더 편협하다. 예를 들어 시아파와 수니파 사이의 구별은 이러한 두 무슬림 집단 간의 종파적 폭력을 일으키려는 목적에 강력한 효용을 발휘해 왔다. 파키스탄에서 이라크에 이르기까지, 그러한 충돌은 훨씬 제한적인 용어로 정의되는 정체성의 폭력에 또 다른 차원을 덧붙인다. 실로, 내가 이 책을 마무리하는 시점에도 새 이라크 헌법이 시아파 및 쿠르드족 지도자들과 함께 수니파 지도자들로부터 지지를 얼마나 많이 받을 것인지 그리고 앞으로 과연 무슨 일이 일어날지 여전히 불분명하다.

물론 이라크를 보전하는 일을 방해하는 역사적 요인들은 많이 있다. 여기에는 서구 식민주의자들이 멋대로 이라크 국경을 결정한 것과, 불충분하고 자의적인 정보를 토대로 이루어진 군사 개입에 의해 불가피한 편 가르기가 초래된 것도 포함된다. 그러나 여기에 더해, (간디가 그렇게 불만을 토로했던, 식민지 인도에 대한 영국의 공식 접근과 결코 다르지 않은) 점령군 지도자들이 종파에 입각해 정치적 접근을 감행하는 것은 불난 집에 기름을 끼얹는 격이다.

이라크를 단순히 시아파나 수니파 또는 쿠르드족으로 파악되는 개인들로 이루어진 공동체의 총합으로 보는 시각은 이라크 소식을 전하는 서구 뉴스의 지배적 보도 경향이었다. 그러나 이는 또한 사담 후세인 이후의 이라크 정치가 어떻게 전개되었는지가 반영된 것이기도 하다. 사둔 알주바이디Sa'Doon al-Zubaydi(이라크 입법위원회 위원)가 BBC의 제임스 노티James Naughtie 기자에게 다음과 같이 요구하는 것은 당연했다. "나를 수니파가 아니라 이라크인으로 기술해 주겠소?"[3] 그러나 이라크의 종파주의적 정치와 현재 진행되고 있는 일에 대한 혼란스러운 군사주의적 정책이 결합함으로써, 여러 문제로 곤란한 이라크에서 오늘날 이라크와 바그다드가 직면하고 있는 공동체 간의 문제보다 더 광범위하고 더 국가적인 과제가 우선 다루어지기를 기대하는 것을 어렵게 만든다.

미국이 주도하는 정치 세력은 이라크를 시민의 집합체라기보다 종교 공동체의 집합체로 이해하려는 경향이 있었기 때문에, 거의 모든 협상이 종교 공동체 지도자들의 결정과 발언에 집중되어 왔다. 이라크에 이미 긴장이 존재한 데다 점령 자체가 만들어낸 새로운 긴장들이 추가되는 상황에서, 이는 확실히 일을 진행하기 쉬운 방법이었다. 그러나 특별히 엄청나게 위급하고 중요한 일이 있을 때, 특히 국가가 종교적 민족들의 집합체가 아닌, 시민의 복합체가 되어야 할 필요가 있는 나라에서, 단기적으로 가장 손쉬운 처방이 언제나 그 나라의 미래를 건설하는 최선의 방법이 되는 것은 아니다.

이 문제는 앞에서, 특히 바로 앞 장에서 이라크와는 매우 다른 나라, 즉 전혀 다른 역사와 배경을 가진 영국의 맥락에서 논의되었다. 그럼에도 한 나라를 공동체의 연합으로 이해할 때, 즉 개인이 국가에 속하기 '이전에' 이미 속해 있는 공동체의 연합으로 이해할 때의 근본적인 난점은 두 경우 모두에 존재한다. 간디도 그렇게 공동체에 근거해 독보적인 정체성을 갖도록 조성하고 그에 우선순위를 부여하는 것을, 국가를 "해부하는" 것으로 언급한 바 있으며, 그런 분획화sectionalization에 대해 정치적 관심을 가져야 하는 정당한 이유들이 있다. 그 외에도 종교뿐 아니라 젠더와 계급 등을 포함하는 이라크인 정체성의 다원적 성격에 주목하는 것 또한 무척 중요하다. 우리는 식민 통치가 이루어지고 있던 1931년 간디가 영국 총리에게 여성이 "인도 인구의 절반에 해당한다"고 상기시켰던 것을 기억한다. 이러한 생각은 오늘날의 이라크와도 일부 관련이 있다. 과거에도 늘 그랬던 것처럼 오늘날에도 이라크의 이러한 폭넓은 사항들에 주목하는 일이 강력히 필요하다.

세계적 목소리의 역할 The Role of Global Voices

고립주의의 환영은 또한 세계적 정체성들을 이해하고 호소하는 방식과도 관련된다. 만약 한 개인이 하나의 정체성만을 가질 수 있다면, 국가 정체성과 세계 정체성 사이의 선택은 "전부 아니면 전무"의 대결이 된다. 그리고 우리가 가지고 있는 어떤 세계적 의미의 소속감과, 우리를 움직이는 지역적 충성심 사이의 경쟁도 그렇게 된다. 그러나 이 문제를 그토록 경직되고 배타적인 용어로 이해하는 것은 인간 정체성의 본성, 특히 인간 정체성의 불가피한 다원성에 대한 심각한 오해를 반영하는 것이다. 세계적 정체성의 요구를 고려하는 일이 필요하다는 것을 인정한다고 해서, 지역적이고 국가적인 문제에 많은 주의를 기울일 가능성이 없어지는 것은 아니다. 우선순위를 결정할 때의 이성적 추론과 선택의 역할이 굳이 그와 같은 양자택일의 형태일 필요는 없다.

앞에서 세계적 차원의 여러 정치적, 경제적, 사회적 문제들과, 이와 관련해 긴급히 처리되어야 할 정책 쟁점들을 감별하고자 했다. 세계화를 더욱 공정하게 조정하기 위해 요구되는 그와 같은 변화를 촉진할 수 있게 제도적 개혁이 이루어져야 하는 충분한 이유가 있다. 취약 계층과 불안정 계층이 직면한 불행은 다양한 분야에서 제기되고 처리되어야 한다. 필요한 활동의 범위는 (예컨대 교육과 공중 보건의 범위를 긴급히 확장하는) 국가 정책에서부터 (예컨대 무기 거래를 억제하고, 가난한 나라가 부유한 나라의 경제 시장에 더욱 쉽게 접근하도록 시장을 개방하고, 세계의 빈자들이 필요로 하는 의약품의 개발과 이용에 더욱 도움이 되도록 특허법과 보조금 제도를 제정하기 위한 국제 협정과 관련된) 국제적 발의와 제도적 개혁에 이르기까지 다양하다. 이러한 변화는 그 자체로 중요하겠지만, 7장에서 논의했듯이, 또한 인간의 안전을 더욱 확보하는 일이나 테러리즘 및 테러 훈련을 위한 인원 충원을 억제하는 데에도 기여할 수 있다. 이러한 변화는 더 나아가 폭력을 관용하는 사회 분위기를 변화시키는 데 기여할 수 있다. 왜냐하면 깊은 불만이 누적된 사회에서는 폭력을 관용하는 사회 분위기 자체가 테러리즘이 자랄 수 있는 요소이기 때문이다.

또한 세계의 역사를 다루는 데 있어 지적 공정성이라는 쟁점도 있다. 이는 인류의 과거를 더욱 완전히 이해하기 위해서도(이는 만만찮은 과제다), 그리고 전혀 근거 없이 정체성 대결을 조장하는, 서구의 포괄적 우월성에 대한 잘못된 의식을 극복하기 위해서도 중요하다. 예를 들어 유럽이나 미국의 이민 출신자들이 서구 문명에 대해 더 배울 필요가 있는지에 관해서는 최근 일부 논의가 (정당하게) 있었던 반면, "구세대 영국인", "구세대 독일인", "구세대 미국인"을 비롯한 다른 사람들이 세계의 지성사를 배울 필요가 있는지에 대해서는 이상하게도 여전히 그 중요성을 거의 인식하지 못하고 있다.

세계 여러 지역의 역사 속에는 과학, 수학, 공학에서 철학, 문학에 이르기까지 다양한 영역에서 놀랄 만한 업적이 있었을 뿐 아니라, 오늘날 "서구 문명"과 "서구 과학"이라고 불리는 그 수많은 특징들 또한 (3장에서 7장까지 줄곧 논의한 것처럼) 전 세계에 걸쳐 여러 나라의 공헌에 깊은 영향을 받아 그 토대가 이루어진 것이다. "다른" 사회의 역할을 무시하는 문화 이론이나 문명 이론은 "구세대 유럽인" 또는 "구세대 미국인"의 지적 지평을 제한해 그들이 받는 교육을 유난히 단편적인 상태로 남겨둔다. 그뿐 아니라 다분히 인위적인 "서구·반서구" 대결 전선에 따라 사람들을 가르는 데 일조하는 분리와 갈등이라는 그럴싸한 의식을 반서구 운동에 부여한다.

가능한 세계 A Possible World

가까운 미래에 민주적인 세계 국가global state를 수립하는 것은 불가능하다는 주장이 명백한 정당성을 갖춘 채 자주 등장한다. 이는 사실 맞다. 그럼에도 민주주의를 공공의 추론의 관점에서, 특히 세계적 문제에 관한 전 세계적 논의의 필요성 면에서 바라본다면(이미 앞에서 이렇게 보아야 한다고 주장했다), 글로벌 민주주의의 가능성을 막연히 냉장 보관의 상태로 남겨둘 필요는 없다. 이것은 "전부 아니면 전무"의 선택이 아니며, 설령 그 과정이 미치는 범위에 불가피한 한계와 약점이 여전히 많이 남아 있기는 해도, 광범위한 공적 논의를 진전시킬 만한 충분한 이유가 있다. 이러한 세계적 정체성의 행사 과정에서는 물론 유엔을 포함한 수많은 기관들이 호출될 수 있겠지만, 시민 단체와 여러 NGO 기구, 독립적인 뉴스 매체 들이 헌신적인 노력을 하는 것도 가능하며, 일부는 이미 시작되었다.

또한 ("정의의 범위는 더욱더 확대된다"라는 앞서 인용된 흄의 기대와 더불어) 세계적 정의에 더 많은 관심을 가져야 한다는 요구에 마음이 움직인 수많은 개인이 솔선하는 것도 중요한 역할을 한다. 이른바 반세계화 저항 운동 일부에서 글로벌 비즈니스에 대해 눈이 휘둥그레질 만하게 비난한 데 대해 시카고나 파리, 도쿄가 질겁했듯이, 워싱턴과 런던은 이라크에서 수행하는 합동 작전을 두고 곳곳에서 광범위한 비판이 나오고 있는 데 대해 초조할 것이다. 저항 운동가들의 지적이 늘 옳은 것은 아니지만, 내가 밝히고자 했던 것처럼, 매우 적절한 질문을 던지는 저항 운동가들이 많이 있으며 그렇게 함으로써 공공의 추론에 건설적으로 기여한다. 이는 어떤 거대한 세계 국가가 완전히 제도화된 형태로 나타나기를 기다리지 않고도 어느 정도 이미 글로벌 민주주의가 시작된 것이라고 볼 수 있다.

오늘날 세계에서는 세계화의 경제와 정치에 대해서는 물론, 글로벌 세계에 대한 우리의 관념을 형성하는 가치와 윤리, 소속감에 대해서도 질문해야 할 필요성이 강하게 대두하고 있다. 인간 정체성에 대한 비고립주의적인 이해에서 본다면, 그러한 쟁점들과 관련된다고 해서 우리의 국가적 충성과 지역적 충성 모두를, 거대한 "세계 국가"를 운영하는 데 반영될 수 있는 세계적 소속감으로 '대체해야' 한다고 요구할 필요는 없다. 사실, 세계적 정체성은 우리의 다른 충성들을 배제하는 일 없이도 정당한 지분을 가지기 시작할 수 있다.

이와는 아주 상이한 맥락에서, 데릭 월컷은 카리브해 사람들을 (인종과 문화, 관심사, 배경 등이 엄청나게 다양함에도) 통합적으로 이해하면서 다음과 같이 노래했다[가].

나는 마음이 수평선에 의해 반으로 갈리는
그 순간을 결코 발견하지 못했다 —
바라나시에서 온 금장이,
광둥에서 온 석수장이를 위해,
낚싯줄이 가라앉듯, 수평선은
기억 속에 가라앉는다.[4]

이 책의 관심사인 인간의 축소화에 대해 저항하면서, 우리는 또한 쓰라린 과거의 기억을 극복할 수 있고 곤경에 처한 현재의 불안을 억누를 수 있는 세계의 가능성을 열어놓을 수 있다. 머리에 피를 흘리는 채로 내 무릎 위에 누운 카데르 미아를 위해 열한 살 소년인 내가 할 수 있는 것은 많지 않았다. 하지만 나는 우리의 능력으로 불가능하지 않은 또 다른 세상을 상상한다. 그 속에서 그와 나는 (적대적인 단일주의자들이 그 입구에서 아우성치더라도) 서로에게 공통된 수많은 정체성을 함께 확인할 수 있다. 무엇보다도 우리는 우리 마음이 어떠한 수평선으로도 나뉘지 않는다는 것을 확신해야 한다.

|4| 월컷이 1976년 발표한 시집 『바닷말Sea Grapes』에 수록된 시 「이름들Names」의 일부다.

주

1장. 환영에 의한 폭력

1 Langston Hughes, *The Big Sea: An Autobiography* (New York: Thunder's Mouth Press, 1940, 1986), pp. 3-10.

2 Robert D. Putnam, *Bowling Alone: The Collapse and the Revival of the American Community* (New York: Simon & Schuster, 2000) 참조.

3 자민족중심주의가 반드시 외국인 혐오증과 연결되지 않는다는 유력한 경험적 증거가 있다. 이에 대한 예로, 다음을 참조하라. Elizabeth Cashdan, "Ethnocentrism and Xenophobia: A Cross-cultural Study," *Current Anthropology* 42, (2001). 그럼에도 민족적이거나 종교적, 인종적, 또는 다른 선택적 충성들이 과장된 형식으로 사용되어 다른 집단에 대한 폭력으로 이어지는 현저한 사례들이 많이 있다. "고립주의적" 선동에 대한 취약성은 여기서 다루어야 할 핵심 쟁점이다.

4 Jean-Paul Sartre, *Portrait of the Anti-Semite*, trans. Erik de Mauny (London: Secker & Warburg, 1968), p. 57. (원제: Jean-Paul Sartre, *Portrait de l'antisémite*)

5 *The Merchant of Venice*, act III, scene i, line 63.

6 Alan Ryan, *J. S. Mill* (London: Routledge, 1974), p. 125 참조. 밀은 여성 참정권에 대한 자신의 견해가 "내 자신의 일시적 변덕"으로 간주되고 있다고 기록했다. John Stuart Mill, *Autobiography* (1874; reprint, Oxford: Oxford University Press, 1971), p. 169.

7 Samuel P. Huntington, *The Clash of Civilizations and the Remaking of the World Order* (New York: Simon & Schuster, 1996).

8 *International Herald Tribune*, August 27, 2004, p. 6에서 인용했다.

9 이 쟁점은 4장과 8장에서 논의된다.

2장. 정체성의 이해

1 V. S. Naipaul, *A Turn in the South* (London: Penguin, 1989), p. 33.

2 Leon Wieseltier, *Against Identity* (New York: Drenttel, 1996) 또한 참조.

3 나의 책 『윤리학과 경제학』(한울아카데미, 2000) 참조. *On Ethics and Economics* (Oxford: Blackwell, 1987).

4 다음 논문에서 나는 주류 경제학 일부에서 가정하는 이러한 인간관에 지적 한계가 있음을 논하려고 했다. "Rational Fools: A Critique of the Behavioral Foundations of Economic Theory," *Philosophy and Public Affairs* 6 (1977). 이 논문은 *Choice, Welfare and Measurement* (Oxford: Blackwell, 1982; Cambridge, Mass.: Harvard University Press, 1997)로 출판되었고, 또한 Jane J. Mansbridge, ed., *Beyond Self-Interest* (Chicago: Chicago University Press, 1990)에도 실렸다.

5 George Akerlof, *An Economic Theorist's Book of Tales* (Cambridge: Cambridge University Press, 1984); Shira Lewin, "Economics and Psychology: Lessons for Our Own Day from the Eary 20th Centry," *Journal of Economic Literature* 34 (1996); Christine Jolls, Cass Sunstein, and Richard Thaler, "A Behavioral Approach to Law and Economics," *Stanford Law Review* 50 (1998); Matthew Rabin, "A Perspective on Psycology and Economics," *European Economic Review* 46 (2002); Amartya Sen, *Rationality and Freedom* (Cambridge, Mass.: Harvard University Press, 2002), essays 1-5; Roland Benabou and Jean Tirole, "Intrinsic and Extrinsic Motivation," *Review of Economic Studies* 70 (2003) 참조.

6 George Akerlof and Rachel Kranton, "Economics and Identity," *Quarterly Journal of Economics* 63 (2000); John B. Davis, *The Theory of the Individual in Economics: Identity and Value* (London and New York: Routledge, 2003); Alan Kirman and Miriam Teschl, "On the Emergence of Economic Identity," *Revue de Philosophie Économique* 9 (2004); George Akerlof and Rachel Kranton, "Identity and the Economics of Organizations," *Journal of Economic Perspectives* 19 (2005).

7 Jörgen Weibull, *Evolutionary Game Theory* (Cambridge, Mass.: MIT Press, 1995); Jean Tirole, "Rational Irrationality: Some Economics of Self-management," *European Economic Review* 46 (2002) 참조.

8 Karl Marx, *Critique of the Gotha Programme*, 1875; English translation in K. Marx and F. Engels (New York: International Publishers, 1938), p. 9. (원제:

Karl Marx, *Kritik des Gothaer Programms*)

9 Pierre Bourdieu, *Sociology in Question*, trans. Richard Nice (London: Sage, 1993), pp. 160-61. (원제: Pierre Bourdieu, *Questions de sociologie*)

10 E. M. Forster, *Two Cheers for Democracy* (London: E. Arnold, 1951).

11 자아와 공동체의 관계에 대해서는 찰스 테일러Charles M. Taylor, 1931~의 계몽적인 분석을 볼 수 있는 다음 책들을 참조하라. Charles Taylor, *Sources of the Self and the Making of the Modern Identity* (Cambridge, Mass.: Harvard University Press, 1984) and *Philosophical Arguments* (Cambridge, Mass.: Harvard University Press, 1995). 그리고 이 주제와 관련한 쟁점에 대해 윌 킴리카Will Kymlicka의 통찰력 있는 평가를 볼 수 있는 다음 책을 참조하라. Will Kymlicka, *Contemporary Political Philosophy: An Introduction* (Oxford: Clarendon Press, 1990).

12 자유주의적 정의론에 대한 공동체주의의 비판에 대해서는 특히 다음의 책을 참조하라. Michael Sandel, *Liberalism and the Limits of Justice* (Cambridge: Cambridge University Press, 1982; 2nd ed., 1998); Michael Walzer, *Spheres of Justice* (New York: Basic Books, 1983); Charles Taylor, "Cross-Purposes: The Liberal-Communitarian Debate," in Nancy L. Rosenbaum, ed., *Liberalism and the Moral Life* (Cambridge, Mass.: Harvard University Press, 1989). 또한 샌들과 다른 학자들이 자신의 정의론을 비판한 것에 대해 존 롤스John Rawls, 1921~2002는 "Justice as Fairness: Political Not Metaphysical," *Philosophy and Public Affairs* 14 (1985)와 *Political Liberalism* (New York: Columbia University Press, 1993)에서 답하고 있다. 후자의 책에 대해 샌들은 1998년 *Liberalism and the Limits of Justice*의 2판에서 또다시 응수했다. 이렇게 활발하게 진행된 논쟁에 대해 다음과 같은 유용한 논평들이 있다. Will Kymlicka, *Contemporary Political Philosophy: An Introduction*, chapter 6; Michael Walzer, "The Communitarian Critique of Liberalism," *Political Theory* 18 (1990); Stephen Mulhall and Adam Swift, *Liberals and Communitarians* (Oxford: Blackwell, 1992, 1996). 내가 공동체주의의 정의론 비판에 대해 회의를 표한 것이 다음의 책에 있다. *Reason Before Identity* (Oxford: Oxford University Press, 1999).

13 이와 관련된 문제에 대해서는 다음을 참조하라. Frédérique Apffel Marglin and Stephen A. Marglin, eds., *Dominating Knowledge* (Oxford: Clarendon Press, 1993).

14 인도 전통에서 반대와 논증의 역할은 내 책 『아마티아 센, 살아 있는 인도』(청림

출판, 2008)에서 논의한 바 있다. *The Argumentative Indian* (London: Allen Lane; and New York: Farrar, Straus & Giroux, 2005).

15 Sandel, *Liberalism and the Limits of Justice*, pp. 150-51.

16 정체성 윤리는 바로 우리의 여러 소속 관계 중에서 우선순위에 관한 불가피한 선택이기 때문에 개인의 행위에서 핵심이 된다. 이에 대해서는 콰메 앤터니 애피아Kwame Anthony Appiah의 유려한 분석이 돋보이는 다음의 책을 참조하라. Kwame Anthony Appiah, *The Ethics of Identity* (Princeton, N.J.: Princeton University Press, 2005). 또한 Amin Maalouf, *In the Name of Identity: Violence and the Need to Belong* (New York: Arcade Publishing, 2001)도 참조.

3장. 문명의 감금

1 Samuel P. Huntington, *The Clash of Civilizations and the Remaking of the World Order* (New York: Simon & Schuster, 1996).

2 여기서 논의된 몇몇 쟁점들은 나의 책 『아마티아 센, 살아 있는 인도』에서 충분히 탐구되었다. *The Argumentative Indian* (London: Allen Lane; New York: Farrar, Straus & Giroux, 2005).

3 나는 『아마티아 센, 살아 있는 인도』에서 인도가 다종교적이며 다문화적인 역사를 가지고 있음을 논했다.

4 Huntington, *The Clash of Civilizations and the Remaking of the World Order*, p. 71.

5 Oswald Spengler, *The Decline of the West*, ed. Arthur Helps (New York: Oxford University Press, 1991), pp. 178-79.

6 *Nihongi: Chronicles of Japan from the Earliest Times to A.D. 697*, trans. by W. G. Aston (Tokyo: Tuttle, 1972), pp. 128-33 참조. (원제: 『日本書紀』)

7 Nakamura Hajime, "Basic Features of the Legal, Political, and Economic Thought of Japan," in Charles A. Moore, ed., *The Japanese Mind: Essentials of Japanese Philosophy and Culture* (Tokyo: Tuttle, 1973), p. 144 참조.

8 로마 역사가 아리아노스Arrianos, ?~175?에 의하면, 알렉산드로스는 이러한 평등주의적 비난에 대해 자신이 디오게네스를 만났을 때 그의 삶을 예찬한 것과 똑같은 방식의 예찬을 하는 것으로 응답했다. 물론 그 자신의 행동을 전혀 바꾸지는 않았지만 말이다("그때 그가 찬양한다고 공언한 것과는 정반대였다"). Peter Green, *Alexander of Macedon, 356-323 B.C.: A Historical Biography* (Berkeley: University of California Press, 1992), p. 428 참조.

9 Alexis de Tocqueville, *Democracy in America*, trans. George Lawrence (Chicago: Encyclopaedia Britannica, 1990), p. 1. (원제: Alexis de Tocqueville, *De la démocratie en Amérique*)

10 Nelson Mandela, *Long Walk to Freedom* (Boston: Little, Brown, 1994), p. 21.

11 공공의 추론에서의 인쇄의 중요성은 나의 책 『아마티아 센, 살아 있는 인도』에서 논했다. *The Argumentative Indian*, pp. 82-83, 182-84.

4장. 종교적 소속과 무슬림의 역사

1 *Corpus of Early Arabic Sources for West African History*, trans. J. F. P. Hopkins, edited and annotated by N. Levtzion and J. F. P. Hopkins (Cambridge: Cambridge University Press, 1981), p. 285. 또한 *Ibn Battuta: Travels in Asia and Africa 1325-1354*, trans. H. A. R. Gibbs (London: Routledge, 1929), p. 321 참조.

2 *Corpus of Early Arabic Sources for West African History*, p. 286. 홉킨스Hopkins의 번역본에서는 "Shariah"가 "Shar"로 축약되어 있다.

3 Pushpa Prasad, "Akbar and the Jains," in Irfan Habib, ed., *Akbar and His India* (Delhi and New York: Oxford University Press, 1997), pp. 97-98 참조.

4 아우랑제브의 셋째 아들 아크바르와 제휴한 마라타 왕국의 왕 삼바지Sambhaji, 재위 1680~1689의 아버지는 다름 아닌 시바지Shivaji, 재위 1664~1680다. 시바지는 오늘날 힌두 정치 행동가들이 영웅으로 대접하는 인물이며, 결코 관용적이지 못한 힌두 정당 시브 세나Shiv Sena는 바로 시바지의 이름을 본떠 지은 것이다(다른 면에서는 시바지를 절대 칭찬하지 않는 무굴 제국의 역사가 카피 칸Khafi Khan도 시바지 자신은 매우 관용적이었다고 보고한다).

5 Iqtidar Alam Khan, "Akbar's Personality Traits and World Outlook: A Critical Reappraisal," in Habib, ed., *Akbar and His India*, p. 78.

6 María Rosa Menocal, *The Ornament of the World: How Muslims, Jews, and Christians Created a Culture of Tolerance in Medieval Spain* (New York: Little, Brown, 2002), p. 86.

7 같은 책, p. 85.

8 Harry Eyres, "Civilization Is a Tree with Many Roots," *Financial Times*, July 23, 2005 참조. 잰 리드Jan Reed는 "무어인의 관개 사업은 나중에 많이 확장되어 스페인과 포르투갈의 메마르고 건조한 지역에서 농업의 초석이 되었다"라고 주목했다. *The Moors in Spain and Portugal* (London: Faber & Faber, 1974), p. 235.

9 Michael Vatikiotis, "Islamizing Indonesia," *International Herald Tribune*, September 3-4, 2005, p. 5 참조. 또한 Vatikiotis, "The Struggle for Islam," *Far Eastern Economic Review*, December 11, 2003과 M. Syafi'i Anwar, "Pluralism and Multiculturalism in Southeast Asia: Formulating Educational Agendas and Programs," *ICIP Journal* 2 (January 2005) 참조.

10 폭넓은 해석에 대한 필요성을 포함해 사회, 정치적 맥락에서 이슬람이 어떻게 해석되어야 하는가에 대한 관련 쟁점도 있다. 폭넓은 해석의 필요성에 대해서는 다음을 참조. Ayesha Jalal, *Self and Sovereignty: Individual and Community in South Asian Islam Since 1850* (London: Routledge, 2000). 또 Gilles Kepel, *The War for Muslim Minds: Islam and the West* (Cambridge, Mass: Harvard University Press, 2004) 참조.

11 용기 있고 통찰력 있는 저널리스트들의 참여 덕에, 파키스탄에서 활기차고 대체로 독립적인 언론이 정착되고 있는 것은 파키스탄의 평화와 정의를 위해 중요하고도 긍정적인 발전이며, 이는 파키스탄 외부에서 인정받는 것처럼 내부에서도 더 큰 인정을 받을 자격이 있다. 《프라이데이 타임스Friday Times》(용기 있고 혜안 있는 나잠 세티Najam Sethi가 창간에 선구적 역할을 했다) 및 《헤럴드Herald》 같은 시사 잡지, 그리고 《돈Dawn》, 《더 네이션The Nation》, 《데일리 타임스Daily Times》, 《더 뉴스 인터내셔널The News International》 같은 일간지가 확립한 파키스탄 언론의 파급력과 대담함의 전통은 파키스탄의 미래에 상당한 희망을 던져준다. 과거 파키스탄 독립 언론이 군사정부와 정치적 극단주의에 의해 파괴되기 전에 독립 언론의 발전을 위해 매진했던 위대한 시인이자 《파키스탄 타임스Pakistan Times》의 탁월한 초기 편집인인 파이즈 아메드 파이즈Faiz Ahmed Faiz, 1911~1984가 이런 상황을 알면 기뻐할 것이다.

12 Husain Haqqani, "Terrorism Still Thrives in Pakistan," *International Herald Tribune*, July 20, 2005, p. 8. 또한 그의 통찰력 있고 유익한 다음 책도 참조하라. *Pakistan: Between Mosque and Military* (Washington, D.C.: Carnegie Endowment for International Peace, 2005). 또한 Ahmed Rashid, *Taliban: The Story of the Afghan Warlords* (London: Pan, 2001)와 *Taliban: Islam, Oil and the New Great Game in Central Asia* (London: Tauris, 2002) 참조.

13 마부브 울하크가 처음으로 입안하고 수년 동안 주도한 기획인 유엔개발계획United Nations Development Programme (UNDP)에서 해마다 발간하는 「인간 개발 보고서Human Development Report (HDR)」를 보라. 마부브 울하크의 때 이른 죽음 뒤, 이 다년간의 대규모 사업은 그가 생전에 파키스탄에 설립했던 연구소에 의해 수행되었

다(지금은 그의 부인 카디자 하크Khadija Haq가 이 연구소를 운영하고 있다).

14 Judea Pearl, "Islam Struggles to Stake Out Its Position," *International Herald Tribune*, July 20, 2005.

15 여기서는 마무드 맘다니Mahmood Mamdani, 1947~가 명징하게 제시한 날카로운 구분에 주목하는 것이 특히 적절하다. "나의 목적은 극단주의적 종교 경향을 정치적 테러리즘과 동일시할 수 있다는…… 널리 받아들여진 추정에 이의를 제기하는 것이다. 테러리즘은, 근본주의적이든 세속적이든, 종교적 경향의 필연적 결과가 아니다. 오히려 테러리즘은 정치적 충돌의 산물이다." *Good Muslim, Bad Muslim: America, the Cold War, and the Roots of Terror* (New York: Doubleday, 2004), pp. 61-62.

16 이는 이슬람교의 교리 영역이 다소 다른 방식으로 정의될 수 있음을 부정하는 것은 아니다. 예컨대, 샤피 안와르가 다음 논문에서 "법률적, 배타적 접근법"과 "실질적, 포괄적 접근법"을 구별한 것을 참조하라. "The Future of Islam, Democracy, and Authoritarianism in the Muslim World," *ICIP Journal* 2 (March 2005). 하지만 종교에 대한 어떠한 해석도 종교를 모든 것을 포괄하는 정체성으로 삼을 수는 없다.

5장. 서구와 반서구

1 Albert Tevoedjre, *Winning the War Against Humiliation* (New York: UNDP, 2002), Report of the Independent Commission of Africa and the Challenges of the Third Millennium. 이것은 프랑스어 원본 보고서 *Vaincre l'humiliation* (Paris, 2002)의 영어판이다.

2 윌리엄 댈림플William Dalrymple, 1965~의 다음 작품은 인도에 거주하는 영국 남성의 약 3분의 1이 인도 여성과 살았던 18세기에 인종 장벽을 뛰어넘은 사랑을 이야기한 매혹적인 소설이다. William Dalrymple, *White Mughals* (London: Flamingo, 2002). 그러나 제국주의적 관계가 더욱 견고해진 그다음 세기에서 이러한 이야기가 되풀이되기는 어려웠을 것이다.

3 James Mill, *The History of British India* (London, 1817; republished, Chicago: University of Chicago Press, 1975), p. 247.

4 존 클라이브John Clive가 제임스 밀의 『영국령 인도 역사』에 부친 머리말에서 인용(Mill, *The History of British India*, p. viii.).

5 Mill, *The History of British India*, pp. 225-26.

6 윌리엄 존스는 흔히 철저한 "동양학자"로 여겨지는데, 그는 분명한 의미에서 그러했다. 그러나 윌리엄 존스에서 제임스 밀에 이르는 모든 동양학자가 공유하는

태도에서 어떤 지배적인 공통점을 찾으려고 한다면 지지를 얻기 힘들다. 이에 관해서는 나의 책 『아마티아 센, 살아 있는 인도』 7장 "인도를 바라보는 서구적 시각"을 참조하라. *The Argumentative Indian* (London: Allen Lane; New York: Farrar, Straus & Giroux, 2005).

7 밀은 고대 인도 수학과 천문학에 대한 존스의 신념으로부터 "맹신의 증거"를 발견했다면서 존스가 "한동안 그런 맹신을 가지고 힌두 사회의 상태를 보았다"고 주장했다. 또 밀은 존스가 인도에 대한 이러한 속성 부여를 "확신을 가지고" 했다고 재미있어했다. *The History of British India*, pp. 223-24. 내용 면에서 보면, 밀은 ① 중력의 원리, ② 지구의 자전, ③ 지구의 공전에 관해 별개의 주장들을 혼합한다. 아리아바타와 브라마굽타의 관심사는 주로 ①, ②에 있으며, ①, ②에 관해 상세한 주장을 했지 ③에 관해서는 그러지 않았다.

8 Mill, *The History of British India*, pp. 223-24.

9 같은 책, p. 248.

10 *The Argumentative Indian*, chapters 6, 7, and 16.

11 Partha Chatterjee, *The Nation and Its Fragments* (Princeton, N.J.: Princeton University Press, 1993), p. 6.

12 이에 관한 쟁점에 대해서도 나의 책 『아마티아 센, 살아 있는 인도』를 참조하라. *The Argumentative Indian*, chapters 1-4 and 6-8.

13 Akeel Bilgrami, "What Is a Muslim?," in Anthony Appiah and Henry Louis Gates, eds., *Identities* (Chicago: University of Chicago Press, 1995).

14 Mamphela Ramphele, *Steering by the Stars: Being Young in South Africa* (Cape Town: Tafelberg, 2002), p. 15.

15 "Culture Is Destiny: A Conversation with Lee Kuan Yew," by Fareed Zakaria, *Foreign Affairs* 73 (March-April 1994), p. 113.

16 *International Herald Tribune*, June 13, 1995, p. 4에서 인용. 또한 리콴유의 통찰력 있는 자서전인 다음을 참조하라. *From Third World to First: The Singapore Story, 1965-2000* (New York: HarperCollins, 2000).

17 1993년 빈 제2차 세계인권회의에서 싱가포르 외무부 장관이 행한 다음의 연설을 참조하라. W. S. Wong, "The Real World of Human Rights."

18 John F. Cooper, "Peking's Post-Tienanmen Foreign Policy: The Human Rights Factor," *Issues and Studies* 30 (October 1994), p. 69에서 인용. 또한 다음을 참조하라. Jack Donnelly, "Human Rights and Asian Values: A Defence of 'Western' Universalism," in Joanne Bauer and Daniel A. Bell, eds., *The East Asian Challenge for Human Rights* (Cambridge: Cambridge

University Press, 1999).

19 나는 이에 대한 증거를 다음 강연에서 논의했다. *Human Rights and Asian Values: Sixteenth Morgenthau Memorial Lecture on Ethics and Foreign Policy* (New York: Carnegie Council on Ethics and International Affairs, 1997). 이 강연은 다음에서 요약본으로 다시 공개되었다. *The New Republic*, July 14 and 21, 1997. 또한 나의 다음 두 책을 참조하라. *Development as Freedom* (New York: Knopf; Oxford: Oxford University Press, 1999). "The Reach of Reason: East and West," *New York Review of Books*, July 20, 2000, reprinted in *The Argumentative Indian* (2005).

20 나의 책 『자유로서의 발전』. *Development as Freedom*. 그리고 또한 장 드레즈Jean Drèze, 1959~와 공동 저술한 다음의 책도 있다. *Hunger and Public Action* (Oxford: Clarendon Press, 1989).

21 스톡홀름평화연구소(Stockholm Peace Research Institute; http://www.sipri.org)가 제출한 자료에서 추산한 것이다.

22 Kwame Anthony Appiah, *In My Father's House: Africa in the Philosophy of Culture* (London: Methuen, 1992), p. xii.

23 Meyer Fortes and Edward E. Evans-Pritchard, *African Political Systems* (New York: Oxford University Press, 1940), p. 12.

24 Appiah, *In My Father's House: Africa in the Philosophy of Culture*, p. xi.

25 팔레스타인이 자신들의 영토와 주권을 요구하는 것과 같이 특정한 정치 운동들이 지역적 현안에 관계되어 있을 때에도, 이러한 지역적 대립을 서구의 지배에 대한 전반적인 반대로 이해하려는 근본주의적인 정치 읽기가 있다. 그러한 해석이 그 특정한 지역 분쟁의 본질에 관한 대다수 지역 사람들(이 경우에는 팔레스타인인들)의 해석과 아무리 차이가 나더라도 말이다.

6장. 문화와 포로

1 나는 다음의 글에서 이 쟁점을 다루려고 시도했다. "How Does Culture Matter?," Vijayendra Rao and Michael Walton, eds., *Culture and Public Action* (Stanford, Calif.: Stanford University Press, 2004).

2 이 어려운 쟁점에 대해서는 다음 책에 나온 균형 있는 평가를 참조하라. Joel Mokyr, *Why Ireland Starved: A Quantitative and Analytical History of the Irish Economy, 1800-1850* (London: Allen & Unwin, 1983), pp. 291-92. 또한 "영국은 아일랜드를 이질적인, 심지어 적대적인 국가로 간주했다"(p. 291)라고 한 모키어Joel Mokyr의 결론을 참조하라.

3 Cecil Woodham-Smith, *The Great Hunger: Ireland, 1845-9* (London: Hamish Hamilton, 1962), p. 76 참조.

4 Andrew Roberts, *Eminent Churchillians* (London: Weidenfeld & Nicolson, 1994), p. 213 참조.

5 Lawrence E. Harrison and Samuel P. Huntington, eds., *Culture Matters: How Values Shape Human Progress* (New York: Basic Books, 2000), p. xiii.

6 이에 대해서는 다음을 참조하라. Noel E. McGinn, Donald R. Snodgrass, Yung Bong Kim, Shin-Bok Kim and Quee-Young Kim, *Education and Development in Korea* (Cambridge, Mass.: Council on East Asian Studies, Harvard University, 1980).

7 William K. Cummings, *Education and Equality in Japan* (Princeton, N.J.: Princeton University Press, 1980), p. 17.

8 Herbert Passin, *Society and Education in Japan* (New York: Teachers College Press, Columbia University, 1965), pp. 209-11 참조. 또한 Cummings, *Education and Equality in Japan*, p. 17도 참조.

9 Shumpei Kumon and Henry Rosovsky, *The Political Economy of Japan*, vol. 3, *Cultural and Social Dynamics* (Stanford, Calif.: Stanford University Press, 1992), p. 330에서 인용.

10 Carol Gluck, *Japan's Modern Myths: Ideology in the Late Meiji Period* (Princeton, N.J.: Princeton University Press, 1985) 참조.

11 유엔의 「2004년 인간 개발 보고서Human Development Report 2004」에 수록되어 있는 "인간 개발"이라는 항목에 문화적 자유가 포함된 것은 인간 개발 분석의 적용 범위를 실질적으로 풍부하게 한다. United Nations' *Human Development Report 2004* (New York: UNDP, 2004).

12 다음 두 군데에 수록된 글 「다른 사람들Other People」을 참조하라. "Other People," *Proceedings of the British Academy 2002*. "Other People—Beyond Identity," *The New Republic*, December 18, 2000.

7장. 세계화와 목소리

1 *The Advancement of Learning* (1605; reprinted in B. H. G. Wormald, *Francis Bacon: History, Politics and Science, 1561-1626* [Cambridge: Cambridge University Press, 1993]), pp. 356-57.

2 나는 이 쟁점을 2000년 6월 8일 하버드 대학 학위 수여식 강연에서 발표했으며, 이 강연문은 다음에 수록되어 있다. "Global Doubts," *Harvard Magazine* 102

(August 2000).

3 T. B. Macaulay, "Indian Education: Minute of the 2nd February, 1835," reproduced in G. M. Young, ed., *Macaulay: Prose and Poetry* (Cambridge, Mass.: Harvard University Press, 1952), p. 722.

4 Howard Eves, *An Introduction to the History of Mathematics*, 6th ed. (New York: Saunders College Publishing House, 1990), p. 237. 또한 Ramesh Gangolli, "Asian Contrubutions to Mathematics," Portland Public Schools Geocultural Baseline Essay Series, 1999 참조.

5 토니 블레어와 고든 브라운Gordon Brown, 재임 2007~의 지도력하의 영국이 G8 국가들을 이러한 방향으로 이끌어 가는 데 중요한 역할을 해온 것은 인정되어야 한다. 화려하면서도 동정심이 많은 밥 겔도프Bob Geldof, 1951~ 같은 공인들이 이끄는 대중 운동들 또한 그러한 발의를 지지하는 데 있어 중요한 역할을 해왔다(물론 반향을 일으키는 이런 운동들에 대해 학계에서는 회의론을 표명했지만 말이다).

6 Jeffrey Sachs, *The End of Poverty: How We Can Make It Happen in Our Lifetime* (London: Penguin Books, 2005) 참조.

7 나는 「젠더와 협력적 대립Gender and Cooperative Conflict」에서 협력과 대립의 결합에 대한 적절성과 범위를 논했다. Amartya Sen, "Gender and Cooperative Conflict," in Irene Tinker, ed., *Persistent Inequalities* (New York: Oxford University Press, 1990).

8 J. F. Nash, "The Bargaining Problem," *Econometrica* 18 (1950); Sylvia Nasar, *A Beautiful Mind* (New York: Simon & Schuster, 1999) 참조.

9 사실, 애덤 스미스, 레옹 발라Léon Walras, 1834~1910, 프랜시스 에지워스Francis Edgeworth, 1845~1926에서 존 힉스John Hicks, 1904~1989, 오스카르 랑게Oskar Lange, 1904~1965, 폴 새뮤얼슨Paul Samuelson, 1915~, 케네스 애로Kenneth Arrow, 1921~에 이르는 선도적인 시장경제 이론가들은 시장 결과들이 자원 분배와 다른 결정 요소들에 깊이 의존하고 있다는 점을 분명히 하려고 했다. 그리고 스미스 이래로 그들은 제도를 더 공평하고 공정하게 만들 방법과 수단을 제안해 왔다.

10 Paul A. Samuelson, "The Pure Theory of Public Expenditure," *Review of Economics and Statistics* 35 (1954); Kenneth Arrow "Uncertainty and the Welfare Economics of Medical Care," *American Economic Review* 53 (1963); George Akerlof, *An Economic Theorist's Book of Tales* (Cambridge: Cambridge University Press, 1984); Joseph Stiglitz, "Information and Economic Analysis: A Perspective," *Economic Journal* 95 (1985) 참조.

11 이에 관해서는 George Soros, *Open Society: Reforming Global Capitalism*

(New York: Public Affairs, 2000) 참조.

12 여러 기고가 있는데 그중에서 다음을 참조하라. Joseph Stiglitz, *Globalization and its Discontents* (London: Penguin, 2003), and Sachs, *The End of Poverty: How We Can Make It Happen in Our Lifetime.*

13 스톡홀름평화연구소의 조사 결과에 따르면, 1990년대를 통틀어 그 비율은 84.31퍼센트였다. 그리고 최근의 지표는 이런 상황이 반전되지 않고 오히려 더 강화됨을 나타낸다. 이 쟁점은 6장에서 더 충분히 논의되었다(G8 국가들 중 일본 한 나라만 무기를 수출하지 않는다).

14 백신위원회The Vaccine Board와 세계백신면역연합The GAVI Alliance은 가난한 나라들에서 백신이 널리 이용되도록 하기 위해 많은 일을 해왔다. 백신과 같은 약품의 개발 동기를 증대시키는 혁신적인 제안을 소개하자면, 그것은 전 세계 NGO와 여타 국제 기구를 통해 미리 보증된 상품을 대량으로 구매할 수 있도록 하는 것이며, 이러한 가능성은 다시 의약 연구를 위한 유인책으로 제안될 수 있다. Michael Kremer and Rachel Glennerster, *Strong Medicine: Creating Incentives for Pharmaceutical Research on Neglected Diseases* (Princeton, N.J.: Princeton University Press, 2004) 참조.

15 "근대 의학의 세계 최전선"의 전반적인 문제는 다음에서 계몽적으로 제기되고 있다. Richard Horton, *Health Wars* (New York: New York Review of Books, 2003). 또한 Paul Farmer, *Pathologies of Power: Health, Human Rights, and the New War on the Poor* (Berkeley: University of California Press, 2003)과 Michael Marmot, *Social Determinants of Health: The Solid Facts* (Copenhagen: World Health Organization, 2003) 참조.

16 시장 과정을 공정하게 운영하기 위한 공공 서비스의 역할은 장 드레즈와 내가 공동 저작한 『인도, 발전과 참여India: Development and Participation』에서 많은 예증을 통해 논의된다. Amartya Sen and Jean Drèze, *India: Development and Participation* (Delhi and Oxford: Oxford University Press, 2002).

17 이에 관해서는 나의 다음 글을 참조하라. "Sharing the World," *The Little Magazine* (Delhi) 5 (2004).

18 David Hume, *An Enquiry Concerning the Principles of Morals* (first published in 1777; republished, La Salle, Ill.: Open Count, 1966), p. 25.

8장. 다문화주의와 자유

1 *Development as Freedom* (New York: Knopf; Oxford: Oxford University Press, 1999).

2 미국과 유럽이 공유하는 문제들에 관해서는 다음 또한 참조하라. Timothy Garton Ash, *Free World: Why a Crisis of the West Reveals the Opportunity of Our Time* (London: Allen Lane, 2004).

3 James A. Goldston, "Multiculturalism Is Not the Culprit," *International Herald Tribune*, August 30, 2005, p. 6. 다른 관점에 대해서는 다음 책의 7장을 특히 참조하라. Gilles Kepel, *The War for Muslim Minds: Islam and the West* (Cambridge, Mass.: Harvard University Press, 2004), chapter 7 ("Battle for Europe").

4 "Dumbed-Down GCSEs Are a 'Scam' to Improve League Tables, Claim Critics," by Julie Henry, *Daily Telegraph*, August 28, 2005, p. 1.

5 현대 세계의 혼종화에 대한 광범위한 관련성에 관해서는 다음을 참조하라. Homi Bhabha, *The Location of Culture* (New York: Routledge, 1994).

6 Agence France-Presse report, August 18, 2005.

7 이러한 설명은 「우리 모두가 속한 영국A Britain We All Belong To」에서 "다민족 영국의 미래 위원회Commission on the Future of Multi-ethnic Britain"의 저명한 의장 비쿠 파레크Bhikhu Parekh, 1935~가 한 말이다. "A Britain We All Belong To," *Guardian*, October 11, 2000. 그 글에는 유사한 종류의 다른 표현들이 많이 있는데, 대체로 더 조잡한 형태의 "연합" 체계를 요구하고 있다. 하지만 정작 파레크 자신은 다문화주의에 대한 다른 통찰력 있는 시각을 제시해 왔다. 특히 다음을 참조하라. *Re-thinking Multi-culturalism: Cultural Diversity and Political Theory* (Basingstoke: Palgrave, 2000).

8 Cornelia Sorabji, *India Calling* (London: Nisbet, 1934)과 Vera Brittain, *The Women at Oxford* (London: Harrap, 1960) 참조.

9 2005년 7월 26일 있었던 블레어 총리의 기자 회견문에서 인용했다. 토니 블레어는 새로 설립한 이슬람 학교들을 더 오랜 역사를 가진 기독교 학교들과 동일한 방식으로 대우하고자 하는 문화적 공정성에 대해 강한 의욕을 보인다. 이 쟁점은 또한 6장에서 논의되었다.

10 M. Athar Ali, "'The Perception of India in Akbar and Abu'l Fazl," in Irfan Habib, ed., *Akbar and His India* (Delhi: Oxford University Press, 1997), p. 220 참조.

11 (불가지론과 무신론을 포함해) 다른 종교 사상 학파들에 관해 추론하는 전통에 관해서는 나의 책 『아마티아 센, 살아 있는 인도』를 참조하라. *The Argumentative Indian* (London: Allen Lane; New York: Farrar, Straus & Giroux, 2005).

12 2005년 7월 26일 기자 회견.

13 *Indian Round Table Conference (Second Session) 7th September, 1931-1st December, 1931: Proceedings* (London: Her Majesty's Stationery Office, 1932). 또한 C. Rajagopalachari and J. C. Kumarappa, eds., *The Nation's Voice* (Ahmedabad: Mohanlal Maganlal Bhatta, 1932) 참조.

14 M. K. Gandhi, "The Future of India," *International Affairs* 10 (November 1931), p. 739.

15 2002년 구자라트에서 발생한 끔찍한 사건과 관련된 잔학한 행위 외에도, 그런 대규모로 계획된 폭력으로 말미암아 불거진 이데올로기적 쟁점들은 라피크 자카리아Rafiq Zakaria, 1920~2005가 다음에서 명확히 논하고 있다. Rafiq Zakaria, *Communal Rage in Secular India* (Mumbai: Popular Prakashan, 2002).

16 *Indian Express*, August 13. 2005.

17 Thomas Friedman, *The World Is Flat* (New York: Farrar, Straus & Giroux, 2005). 그렇지만 인도가 특히 카슈미르Kashmir 문제를 다루어온 내력은 훨씬 덜 만족스럽다. 카슈미르 정치는 해외로부터는 테러리즘이 난입하는 수난을 당했고 국내에서는 폭동이 일어나는 고통을 겪어야 했다.

9장. 사유의 자유

1 또한 샤리아르 칸의 심금을 울리면서도 우울하게 조명하는 책인 다음을 참조하라. 메리 로빈슨Mary Robinson, 재임 1990~1997이 서문을 썼다. Shaharyar M. Khan, *The Shallow Graves of Rwanda*, with a foreword by Mary Robinson (New York: I. B. Tauris, 2000).

2 Will Kymlicka, *Contemporary Political Philosophy: An Introduction* (Oxford: Clarendon Press, 1990) 참조.

3 "The Real News from Iraq," *Sunday Telegraph*, August 28, 2005, p. 24 참조.

4 Derek Walcott, "Names," in *Collected Poems: 1948-1984* (New York: Farrar, Straus & Giroux, 1986).

인명 찾아보기

* 쪽 번호 뒤에 붙은 f와 n은 각각 각주와 미주를 나타낸다. 인명은 성姓을 기준으로 정렬하였다.

ㅁ

ㅂ

블레어, 토니Blair, Tony 23 138 139 256 261 284 302n 304n

ㅅ

ㅇ

ㅈ

ㅊ

ㅋ

ㅌ

ㅍ

ㅎ

주제 찾아보기

* 쪽 번호 뒤에 붙은 f와 n은 각각 각주와 미주를 나타낸다.

ㄱ

ㄴ

ㄷ

ㄹ

ㅁ

ㅂ

ㅅ

ㅇ

ㅎ

지은이 소개

인도 벵골 출신으로, 콜카타 대학을 졸업하고 영국 케임브리지 대학에서 박사학위를 받았다. 빈곤의 근본적인 메커니즘과 기아, 불평등의 문제, 소득 분배와 경제 윤리, 후생경제학, 인간 개발 이론, 정치적 자유주의 연구 등으로 널리 알려진 경제학자이자 철학자로, 1998년 후생경제학에 대한 공헌을 인정받아 아시아인 최초로 노벨 경제학상을 수상했다. 케임브리지 트리니티 칼리지의 학장을 지냈으며 현재 하버드 대학 교수로 재직 중이다.

『집단적 선호와 사회복지Collective Choice and Social Welfare』1970, 『경제적 불평등On Economic Inequality』1973, 『윤리학과 경제학On Ethics and Economics』1987, 『불평등의 재검토Inequality Reexamined』1992, 『자유로서의 발전Development as Freedom』1999, 『아마티아 센, 살아 있는 인도The Argumentative Indian』2005 등 다양한 저서가 있다.